魏武帝

曹操传

中国历史上的军事皇帝

文 轩 ◎ 编著

内蒙古文化出版社

图书在版编目(CIP)数据

魏武帝曹操传 / 文轩编著 .-- 呼伦贝尔：内蒙古文化出版社，2017.9

（古代帝王传记丛书）

ISBN 978-7-5521-1351-8

Ⅰ.①魏… Ⅱ.①文… Ⅲ.曹操（155-220）—传记 Ⅳ.① K827=343

中国版本图书馆 CIP 数据核字（2017）第 233504 号

魏武帝曹操传
WEIWUDI CAOCAO ZHUAN

文轩　编著

| 责任编辑 | 姜继飞 |
| 装帧设计 | 鸿儒文轩 |

出版发行　内蒙古文化出版社
地　　址　呼伦贝尔市海拉尔区河东新春街4－3号
直销热线　0470－8241422　　邮编　021008

排版制作　大华文苑（北京）图书有限公司
印刷装订　三河市华东印刷有限公司
开　　本　710mm×1000mm　1/16
字　　数　280千
印　　张　20
版　　次　2017年9月第1版
印　　次　2022年4月第2次印刷
印　　数　8001—13000 册
书　　号　ISBN 978-7-5521-1351-8
定　　价　39.80元

版权所有　侵权必究

如出现印装质量问题，请与我社联系。联系电话：0470-8241422

前 言

浩浩五千年的中华历史长河，涌现出了许多帝王，他们曾经煊赫一时，有的是历史长河中的顺风船，有的是中流石，有的似春汛，有的如冬凌，有的是与水俱下的泥沙，有的是顺流而漂的朽木……总之，浩浩历史千百载，滚滚红尘万古名，史海钩沉，各领风骚，承继着悠久的中华历史。

在我国，帝王是皇帝和君王的统称，是封建王朝的最高统治者，拥有至高无上的权力。在周朝之前，"帝"与"王"字义相近。而在秦朝以前，帝王是至尊君主，等同"天子"。自秦嬴政称"皇帝"后，"王"与"皇"有了区别，"王"成为地位仅次天子而掌控一方之诸侯的称呼了。

在我国历史上，"皇帝"这个名称是由秦嬴政最先确定的，也是他最先使用的。"皇帝"取"德兼三皇、功盖五帝"之意。秦嬴政创建了皇帝制度，并自称第一个皇帝，称为"始皇帝"。皇帝拥有法律制定权、行政决策权和军事指挥权。自此，我国开始了长达两千多年的封建皇帝制度。

我国从公元前221年秦始皇称帝起，到1911年宣统帝退位止，在2100多年的时间里，共产生了230位皇帝。第一个皇帝是秦始皇，最末一个皇帝是清朝宣统帝。其中，在位时间最长的皇帝是清朝康熙帝，在位61年；在位时间最短的皇帝是明朝明光宗，在位仅1个月。当然，关于皇帝数量还存在多种说法。

这么多帝王，我们细细思量他们在历史上的价值和分量，还是有轻有重的。他们有的文韬武略兼备，建有盖世奇功，开创了辉煌历史，书写了宏伟的英雄史诗，成为民族的自豪，千古赞颂；有的奸猾狡诈，就是混世枭雄，糟蹋了乾坤历史，留下了千古骂名，永远被人们口诛笔伐；有的资质平平，没有任何建树，在历史上暗淡无光，如过眼云烟，不值一提……

但是，无论怎样，帝王是我国古代中央政权的突出代表，是最高的当权者，是政府和社会的核心，享有最高的权力和荣誉。作为历史的重要角色之一，帝王是当时左右和影响国家、民族命运的关键人物。因此，有人忠从，有人利用，有人艳美，有人嫉妒，有人觊觎，有人怒斥。他们充满了谜一般的神奇诱惑力，我们能够从他们身上，集中感受到历史的丰富内涵与时代的沧桑变化。特别是历朝皇帝的贤愚仁暴、国运的兴衰更迭、政治的清浊荣枯、民生的安乐艰辛，都能给后世以镜鉴。乃至帝王本人的成长修养、家庭的维系安顿、处世的进退取予、行事的韬略谋断等，我们都可以从中受到震撼，获得巨大的启示。

为此，我们根据最新研究资料，在有关专家指导下，特别推出了本套书系，向读者介绍我国历史上多位著名帝王——他们都有运筹帷幄的雄才伟略，曾经叱咤风云，纵横天地，创造着辉煌，书写着历史，不断开创中华民族的辉煌篇章，不断推动我国历史的飞速发展，为我们留下了许多宝贵的精神财富和物质财富。

当然，这些帝王作为历史杰出人物也难免具有历史局限性，在他们身上也有许多封建、腐朽、落后、残酷等糟粕，这些都需要广大读者摒弃。而我们在讲述他们的人生事迹时，综合参考了大量史料，尽量挖掘他们优秀、积极、阳光、励志的正能量。因此，我们取其精华，去其糟粕。这样难免会出现挂一漏万等现象，也请广大读者理解。

总之，我们主要以这些帝王的人生轨迹为线索，并以真实历史事件贯穿，尽量避免对日常琐事的冗长叙述和演绎戏说，而是采用富于启发性的历史故事来讲述他们的人生与时代，尤其着重描写他们所处时代的生活特征和他们建功立业的艰难过程，以便广大读者产生共鸣并有所启迪。

目 录

宦家子嗣
殷富的宦官家世 … 002
乱世中诞生的孩子 … 006
少年立志拯救世道 … 010
坚决整治地方豪绅 … 013
残酷镇压黄巾起义 … 018

逐鹿中原
领兵讨伐奸臣董卓 … 022
成功收编黄巾军 … 030
破袁术后东征陶谦 … 037
濮阳城下遭遇危机 … 041
重新收复兖州失地 … 047
挟天子以令诸侯 … 052
强力推行屯田政策 … 056
积极选拔有用人才 … 061
成功收降南阳张绣 … 067
乘势南下进攻袁术 … 073
亲率大军擒杀吕布 … 078
击退刘备 … 084
深得军心民心 … 090

官渡之战

　　初战于白马、延津　　094
　　一场意外的胜利　　105
　　乘胜追击袁氏兄弟　　109
　　顺利平定河北各地　　121
　　率大军远征乌桓　　127
　　大力抑制豪强势力　　135

赤壁之战

　　积极为南进做准备　　148
　　一鼓作气拿下荆州　　159
　　因为猜忌错杀良将　　171
　　遭到孙刘联军火攻　　182

合肥之战

　　暂时停止江淮战事　　192
　　成功破袭关中联军　　197
　　稳定南方局势　　206
　　智囊贤臣相继去世　　221
　　在定军山遭受兵败　　235
　　后方大本营失守　　246
　　联合孙权擒杀关羽　　260

壮士暮年

　　想方设法寻找人才　　270
　　坚决反对铺张浪费　　280
　　重金迎接才女归汉　　283
　　如愿以偿登上王位　　287
　　一生坚持不称帝　　298
　　留下基业为儿孙　　302

魏武帝曹操大事年表　　308

宦家子嗣

年轻时期的曹操，机智警敏，具有随机应变的能力，而且任性好侠，放荡不羁，不修品行，不研究学业，所以当时的人认为他没有什么特别的才能，只有梁国的桥玄等人认为他不平凡。

桥玄对曹操说："天下将乱，非命世之才不能济也，能安之者，其在君乎？"

南阳何颙对他说："汉室将亡，安天下者，必此人也！"

南阳的许劭以知人著称，他对曹操说："君清平之奸贼，乱世之英雄。"

殷富的宦官家世

东汉末年汉灵帝时期，在沛国的谯县，也就是今天的安徽亳州，曹姓人家的三个儿子都快长大成人了。一天，父亲把三个孩子都叫到书房里，想看看哪个更有出息。

父亲说："孩子们，你们都快长大成人了，我也老了，以后曹家光宗耀祖的重任就压在你们身上了，不知你们这些年学得怎么样，今天我出道题考考你们，看你们谁能完成得最快最好。"

两个哥哥听了都跃跃欲试，因为《四书五经》他们都背得滚瓜烂熟，任取其中的一篇文章，他们都会对答如流，而且考题肯定出不了这个范围。想到这里，两个哥哥都面露得意之色，唯有小弟弟在一旁不露声色，非常镇静。

父亲叫人拿来一团乱糟糟的麻，对三个孩子说："这就是今天的考题，你们必须在一炷香的时间内把这团乱麻捋直了。"

两个哥哥一听都傻了眼，怎么会有这样的怪题呢？大哥哭丧着脸说:"爹,这么一团乱麻就是捋三天三夜也捋不完呀,更不用说只有一炷香的时间!你能不能另出一道题呢?《诗》《书》《礼》《乐》《易》《春秋》随便哪一本都行啊!"

父亲气得瞪了大儿子一眼,让他住口。于是又叫来二儿子答题。二儿子皱着眉说:"真是捋不出来,恐怕我死了也捋不完。"

父亲失望地摇了摇头,骂道:"你们都是没有用的东西,遇事不肯动脑子,就会叫苦,枉我对你们费了那么多的心血啊!"

父亲感到非常失望,连问也不问小儿子,就把那团乱麻扔在了一旁。这时,一直没有说话的小儿子忽然冲出了书房,一溜烟儿跑得没影了。父亲和两个哥哥都吃了一惊,不知他要干什么。

过了一会儿,小儿子跑了回来,只见手里拿着一把菜刀,不等父亲回过神儿来,就对着那团乱麻"咔咔"一连砍了几刀,把乱麻斩成了数段。两个哥哥在旁大喊:"你又在这里瞎捣乱,还不快把刀放下!"

父亲见了却十分惊喜,心想:我儿真聪明,快刀斩乱麻,我曹家有望了。于是,他把小儿子叫到身旁,语重心长地说:"儿啊,当今朝廷腐败,宦官当权,民不聊生,天下必将大乱,汉家必将灭亡,乱世出英雄,我儿切记,非常年代宜采取非常手段,犹如快刀斩乱麻,切不可循规蹈矩,如此方能成就大事呀。"

小儿子若有所思地点了点头,他牢牢记住了父亲的话,决心按照父亲说的去做,在乱世之中干一番大事业。

这户曹姓人家,祖上曹参曾是西汉开国功臣,继萧何为丞相后,他后代的家道就逐渐中落了。曹参的后人有个叫曹节的,字元伟,后来成了平民。但是,他在地方上素有仁厚礼让的名声,为人们所称赞。

有一次,邻居家丢了一头猪,这猪与曹节家的猪很相似,邻居就找上门来,认为曹节家的猪就是自己家丢的猪,不分青红皂白就把猪给领走了。

曹节明知邻居这种做法不合适,对自家的名声影响也不好,却不同邻居争辩。后来,邻居家的猪自己跑回来了,邻居感到非常惭愧,赶忙把猪送回了曹家，并连连向曹节致以歉意。而曹节并没说任何埋怨的话，只是笑着把猪收下了。为此，曹节更是博得了乡邻的敬重和钦佩。

曹节共有四个儿子，长子伯兴、次子仲兴、三子叔兴、四子季兴。季兴名腾。曹节家里很穷，没有条件供孩子们读书识字，小儿子曹腾既聪明又可爱，曹节很为他的前途伤脑筋。得知邓太后挑选少年入宫做宦官并陪伴皇太子读书的消息后，曹节就把小曹腾送入宫中去了。后来，曹腾被选中了。

小曹腾做事认真，性情温顺，当了伴读之后，深得皇太子的喜欢。小曹腾因此得到了长期学习的机会，而且他的进步也很快。顺帝刘保继位后，曹腾升任小黄门，迁为中常侍，就是皇帝的近侍官。

曹腾在宫中做了三十多年的宦官，先后侍奉了四位帝王，即顺帝刘保、冲帝刘炳、质帝刘缵和桓帝刘志。

身为宦官的曹腾，自然要维护宦官的利益。早在桓帝刘志继位前，他就是硬直派官僚的代表。太尉李固想立年长有德、聪慧严明的清河王刘蒜为帝，大将军梁冀却想立蠡吾侯刘志为帝。

曹腾也想立刘志，便去见梁冀，对他说："大将军总摄朝政，手下宾客很多，所犯过失不少，清河王严明，如果让他当上了皇帝，大将军很快就会大祸临头的，不如立蠡吾侯，可以长保富贵。"

有了曹腾的支持，梁冀的态度就更加强硬了。第二天上朝，梁冀便用高压手段慑服了众人，罢免了李固的官职，将蠡吾侯立为皇帝，这就是桓帝刘志。

刘志继位后，曹腾因参与立桓帝有功，被封为费亭侯，迁为皇后的近侍官。曹腾同那些专横跋扈、胡作非为、排斥名士的宦官相比，还有些不同。他很注重推荐一些贤能之人到朝中做官，如边韶、张温和张奂等人。

曹腾气度不凡，很懂得用人之道。蜀郡太守想同他拉关系，趁本郡官吏进京的机会，就给他送去了书信和礼物。益州刺史种暠得知情况后，上书检举曹腾接受贿赂，请求皇帝将其免官。皇帝以"书自外来，非腾之过"，袒护了曹腾。

曹腾没有因此记仇，反而常常称赞种暠是一位很有才能的官吏，并推荐他做了高官。后来种暠升为司徒，不忘曹腾的好处，常对别人说："我今天能够做到'三公'，全靠曹常侍的恩惠啊！"

曹腾的地位虽然很高，但是，宦官在当时社会上是受人歧视的，出身名门望族的士大夫对他们就更看不起了。宦官不能生养自己的孩子，封官授爵也无人继承，因此势力不易得到发展，挤不进世族的圈子里去。但是，后来情况有所改变。阳嘉四年，顺帝下令允许宦官养子袭爵，用来巩固权益。于是，曹腾就认领了一个孩子做养子，并取名叫曹嵩。

那个时候，有的说曹嵩是曹腾本家的侄子，也有的说是曹腾从亲戚夏侯氏家领来的。在名门贵族看来，曹嵩出身是微贱的。所以，曹嵩即使后来做到京畿警备司令、财政大臣、藩国长官，甚至出钱一万万文做了全国最高军事长官，仍然是没有政治特权的寒族。

曹嵩能出一万万文买官，表明他家财势不小。在这时期，曹氏同族也有几支是在中央和地方做大官的。如曹腾的弟弟曹褒，官至颍川太守和侍中；曹褒的儿子曹炽——曹仁的父亲——官至侍中和长水校尉；曹腾的侄儿曹鼎——曹洪的伯父——官至尚书令；另一个堂侄儿曾任吴郡太守。

在这个曹氏家族中，殷富之家有曹炽之子曹纯，史称他家"富于财"，有童仆上百人。还有曹洪，他家中豢养家兵上千人。这些童仆和家兵不单纯是供其主人差使和守护宅院，其中有些人从事生产劳动，这就意味着其主人家拥有不少的土地和财富。因此，曹氏家族也算得上是名门望族。

乱世中诞生的孩子

汉桓帝永寿元年，当时正是东汉政治腐败黑暗时期，社会危机日益加深，阶级矛盾十分尖锐，社会动荡不安。就在这个时候，曹嵩的一个儿子出生了。

曹嵩给这个儿子取名曹操，字孟德，又名吉利，小字阿瞒。由于曹嵩的家境殷实，曹操从小就过着优裕的生活，拥有求知学习的优越条件，这样的家境对一般人来说是不敢想象的。

但是，这样的一种家世，和当时出身"四世三公"名门的袁绍、袁术兄弟是完全不能相比的。

宦官家世对小曹操来说，不仅没有丝毫可以炫耀的地方，而且可以说在他幼小的心中留下一个痛处。若换作一般人，身处没有可以借以炫耀的宦官家世，就只有沿着祖上给他铺就的路子，做一名依附宦官的权贵而已。

可是，从小就很机警并善于随机应变的曹操，却不安于这种境况。

在少年时期，从所接触到的种种事物中，他目睹了统治集团的腐败，心里感到不平，时常发出"忧世不治"的感慨。

在曹操还是一个孩提的时候，他的母亲便不幸去世了。失去母爱，缺少亲人管教的小曹操，很少受到封建礼教的束缚，令他养成放荡不羁的性情。尽管小曹操在幼年时期没有接受多少传统儒家教育，但是诸子百家的著作他却学了不少。后来，曹操在《善哉行》诗中追忆自己少年时的情况曾写道：

> 自惜身薄祜（怜惜自己福气不多），
> 夙贱罹孤苦（生来微贱孤苦无靠）。
> 既无三徙教（没有得到慈母教育），
> 不闻过庭语（很少听到父亲训导）。

"祜"是福，"薄祜"即福薄；"贱"指其出身宦官家庭，身份低贱；"三徙教"指孟母三迁教子的故事；"过庭语"指孔子的儿子孔鲤从庭院中走过，孔子把他喊住，要他读《诗》学《礼》。这段诗大体上反映了曹操少年时期的境遇。

少年时候的曹操是典型的纨绔子弟，整天游手好闲、不务正业，还到处惹是生非。

在曹操十岁那年，有一天，他独自在谯水中游泳，突然间一条大水蛇翘着脑袋向他浮游过来，他见躲避不及，便同水蛇勇敢地搏斗起来。最后，这条水蛇潜水退去了。这件事情，小曹操没对任何人说起过。

还有一天，小曹操同伙伴们一起玩耍，突然一条小蛇向他们游来，同伴们都很害怕，呼喊着往后奔跑，小曹操却不慌不忙地笑着说："我碰上大水蛇都没有害怕，看见一条小蛇哪能怕成那个样子呢？"

这时他才说出上次独自同大水蛇搏斗的事情，大家都对曹操的勇敢行为感到十分惊异。

曹操在十几岁的时候，还经常同他的族兄弟曹仁、曹洪或其他伙伴外出打猎，奔驰在原野、森林中，感觉其乐无穷，玩起来没完没了，常常很晚才回家。他每次游玩都不让家人特别是父亲知道，因为他父亲是不愿意让他随意这样做的。

由于曹操太调皮捣蛋，他的叔父担心他终日游荡不务正业，不能继承家业，也不能争列名门，因而经常在他父亲曹嵩面前说曹操的坏话，曹嵩听后往往狠狠地教训曹操。曹操也很生气，对叔父搬弄口舌感到非常不满，就想找机会报复叔父。

有一天，曹操在半路上碰到了叔父，他立刻假装有病，变得口歪眼斜起来。叔父看他这样，大吃一惊，赶紧问他是怎么回事。曹操说："我中风了，非常厉害。"

叔父便把曹操中风的事告诉了曹操的父亲，等到曹操的父亲到来之后，却见曹操一点儿事也没有了，一切如常。于是，父亲对曹操说："你叔父说你中风了，现在好了吗？"

曹操说："谁中风了？没有啊！可能是叔父不喜欢我，才编假话欺骗你的吧！"

于是，曹操的父亲便开始怀疑曹操的叔父所说的话，以后曹操的叔父再跟曹操的父亲说关于曹操的坏话，曹操的父亲也不相信他了。这样一来，曹操更加肆无忌惮了。

曹操总想展示自己的本事。有一次和小伙伴袁绍参加别人的婚礼，他就与袁绍商量一起把新娘子劫走，试试能不能成功。于是，曹操与袁绍两个人偷偷地溜入新婚夫妇的园子里，半夜里突然大呼："有小偷！"

人们纷纷跑出来看，曹操就趁机进入新娘房内，用匕首胁迫，和袁绍一起迅速劫走了新娘。结果，慌乱中两个人迷失了方向，坠落在荆棘丛中，袁绍被困得无法动弹。曹操见状，突然又大声呼叫："小偷在此！"

袁绍惊慌失措，十分害怕，情急之下竟然一跃而起，逃出了荆棘丛。原来这是曹操使用的计策。接着，两个人很快离开了这个是非之地。

曹操在家排行第三，从小就爱好游猎，游荡无度，常常带着几个小混混儿，在街上惹是生非，因此在人们眼里，曹操就是一个败家子、坏孩子，长大了也不会有出息。

曹操的两个哥哥却勤奋好学，知书达理，人们都称赞他俩有公侯之相。曹操却不以为然，说他两个哥哥是书呆子，成不了大器，等着瞧他一定会比两个哥哥更有本事的。

父亲虽然恨曹操不争气，但因为他是小儿子，就格外宠爱他，对他的所作所为是睁一只眼闭一只眼。

宦家子嗣

少年立志拯救世道

少年时期的曹操虽然行为放荡，但对时局还是非常关注的。当时宦官弄权，大兴党狱，正直清廉人士被诬陷，奸臣反被重用，朝廷衰败，国家将乱，他对这些感到非常忧虑。立志救世的曹操，便加紧习武健身，并博览群书，提高学识。他深知治乱征伐，学好兵法战策最重要，这样才能干成一番大事业。

因此，曹操特别爱读兵书，他多方搜罗并抄写了诸家兵法，汇编成册，题名《兵书接要》。他还旁征博引为《孙子兵法》十三篇作注。由他作注的这部书当时就在社会上广泛流传开了，后来他又另编了十多万字的《续孙子兵法》。

曹操在潜心研究兵法战策的同时，对时局的变化和朝廷的动向也非常关心。曹操得知，汉灵帝身边的中常侍各个都封了侯，贵宠无比，骄横跋扈，把持朝政，残害人民。

尤其是中常侍的头儿张让，专权乱政、卖官索财，朝野都痛恨他。

每天到他府前求见的人所乘的车辆，竟达数百辆，摆起来像一条长龙，弄得道路侧目，民怨沸腾。曹操看不惯这些，初生牛犊不怕虎，他决心只身入虎穴，给这个不可一世的大宦官一点颜色看看。

一天晚上，曹操潜入张让的卧室，正要对张让下手时，被张让发觉了，张让大叫一声，武士们一起拥了上来。曹操手舞长剑，一路打出来，没有人敢接近他。他越过墙头，从从容容地跑掉了。曹操刺杀张让没成功，心中愤愤不平。他没有灰心，继续结交各种人物，为施展抱负做必要的准备。

这期间，曹操受到社会上有影响人士的赏识，为他以后登上仕途奠定了基础。他先后结识了两位对他后来颇有影响的大名士：一个是梁国睢阳人桥玄，字公祖；另一个是南阳襄乡人何颙，字伯求。

在曹操十八九岁时，桥玄为尚书令，曹操的父亲曹嵩正在桥玄手下做卿，两个人关系自然比较熟。曹操去拜见桥玄，桥玄热情地接见了他。

在交谈中，曹操坦诚地把自己的情况和政治见解同桥玄讲了，并特别表态说："我是宦官的后代，但我是明辨是非的，对的我拥护，不对的我反对，对任何人我都是如此。就宫中的斗争来说，争权夺利、互相残杀，这对国家和百姓都没有好处，特别是一些正直、有才华的人受牵连，被打击，这实在是国家的不幸。我真希望改变这种局面，使政治能够清明，天下得以安定。"

桥玄听了曹操的一番话感到很惊异。他暗想：曹操虽是宦官的后代，却并没有站在宦官的立场上说话，尤其可贵的是，曹操年纪不大，竟有如此宽大的胸怀，确实不简单啊！

此后，曹操又同桥玄有多次交往，曹操得到了桥玄的指点和教育，桥玄也进一步全面地了解了曹操。桥玄认为曹操确实是一个有才华、有远大志向的人，将来必能成就一番大事业。

桥玄发自内心地对曹操说："看来天下将要发生变乱，没有经邦济世之才，是不能使天下安定的。能够安定天下，使百姓得以安生的，就是像你这样的人了。"

曹操听后感到非常吃惊，心中却十分高兴。他连忙说："大人的夸奖有些过誉了，我实在不敢当。将来我从政了，一定会竭尽全力，忧国忧民，不辜负大人的期望。"

桥玄还鼓励曹操说："我见过天下很多名士，还没有能够比上你的，你要继续努力，我已经老了，愿意把妻子和孩子托付给你。"又对曹操说："现在你还没有什么名气，你可去汝南见见许邵，或许他对你有所帮助。"

原来，当时在士大夫中品评人物的风气很盛行，而许邵每月初一在汝南主持的"月旦评"，在当时社会的影响非常大，凡是被他称赞过的人物，身价就会大大提高。

曹操备上一份厚礼，到汝南去见许邵。他人微无名，便用很谦虚的言辞向许邵述说自己的抱负，并问许邵："请问先生，您看我是怎样一种人？"

许邵听了曹操的话说道："你嘛，治世之能臣，乱世之奸雄。"曹操一听，禁不住大笑而去。经许邵这么评价，曹操开始引起人们的注意，由此而知名。

南阳人何颙，对曹操也很欣赏。何颙以助人扶危著称于世。他和清高有德、闻名于世的陈蕃、李膺相熟。后来，陈、李被宦官杀害，他也遭到宦官的追捕，被迫改名换姓，逃往汝南。

曹操对何颙也很佩服，何颙认识曹操以后，对曹操的印象很深。他私下和人谈起曹操，不禁感慨道："汉家将亡，安定天下的一定是这个人了。"这样，曹操在士人中的名声就更大了。

曹操广交各方人士，使人们对他的志向和为人有所了解，又经过名士之口的宣传，引起朝中人物的注意，这就为他实现自己的理想奠定了基础。

官家子嗣

坚决整治地方豪绅

熹平三年，刚满二十岁的曹操，便被地方官推举为孝廉，随即又以孝廉的名义推选出来做郎。这是曹操走上仕途生涯的起点。曹操在做议郎不久后，为当时的尚书右丞、京兆尹司马防所赏识，被其推举为洛阳北部尉。

洛阳（县）是帝都所在的一个大县，皇亲国戚多聚居于此。当时洛阳分为东西南北四个部，每部设尉一人。尉的官职等同于县丞，是县令的佐官，专门负责地方治安事务。曹操初入仕途，便为洛阳北部尉，虽然官职卑小，但是却因为地位重要而颇有些气派。

当时京城地区的治安状况非常不好，经常有突变的事情发生，为了保护皇帝的安全，朝廷为京城地区制定了严格的治安条例。

曹操上任后，为了把治安工作搞好，他忠于职守，将自己管辖的四座城门修缮完好后，制作了若干根五色大棒，悬挂在城门的两边。然后申明禁令，凡是违反治安条例的，不管是平民百姓还是豪绅权贵，一律用五色棒打死。这样一来还真的起了不小的作用，在一段时间内治安状况良好，无人敢于违犯禁令。

然而，好景不长，过了几个月之后，一件棘手的事情发生了。原来宦官蹇硕的叔父，仗着他侄儿的权势，根本没把这当了芝麻大官的曹操放在眼里。一天，他违禁夜行，曹操手下的人把他拿住交给曹操处理。

曹操喝问那个人："你是何人？为什么违犯禁令夜间出行？"

那个人回答说："我姓蹇，宫中的蹇硕是我的侄子。"

曹操听后，气得火冒三丈，又喝道："夜间出行，违犯禁令，当受重罚，你不知道吗？"

那个人回答说："我有急事才出来的。禁令是为了防止变乱，像我这样的人，哪能有作乱之理？你不应当处罚我。"

曹操说："我不管你是什么人，只要违犯了禁令就要受到惩罚，徇私枉法的事我是不能干的。"接着便把他押到城门处，当着百姓的面，宣布了他的罪行，然后毫不留情地用五色棒把他活活打死了。这件事起到了杀一儆百的作用，此后，洛阳城的治安状况比以前好多了。

这件事传遍了洛阳城的大街小巷，老百姓都称赞曹操不畏权势、坚决执法的行为。当然也触动了汉灵帝身边那些被宠信的宦官，蹇硕从此对曹操恨之入骨。

由于曹操是按照治安条例办事，当时的舆论又多是赞扬曹操的，蹇硕想加害曹操可又抓不着把柄，只好怂恿有关部门把曹操升为顿丘县令，使其离开京城。

曹操对自己初登仕途所取得的这一成绩，一直不能忘怀。他当了魏王之后，还特地把推荐他做洛阳北部尉的司马防请到邺城来，设宴款待。在畅饮抒怀时，他开玩笑地说："建公老先生，您看我还可以去做尉吗？"

司马防巧妙地回答说："当时我推举大王，大王正适合做尉啊！"曹操听后哈哈大笑。

熹平三年，曹操离开京城洛阳，去顿丘做县令。这次做县令的时间不长，却也有一些作为。后来曹操带兵南征孙权，临行前勉励儿子曹植说："我过去任顿丘令时，年龄才二十三岁。回想当时的所作所为，无悔于今天。"这说明曹操在顿丘任职期间，时间虽不长，对自己的表现还是很满意的。

曹操出任顿丘令不久，就被朝廷召回任为议郎。议郎的职责是顾问应对，可参与辅政的议论。属于闲职，没有具体工作，没有实权。次年，即光和元年，他因事受牵连被免去官职。

原来这一年，汉灵帝听信宦官的诬陷，废掉了宋皇后，宋皇后的父亲宋酆及诸子被杀，曹操的堂妹夫宋奇，因是宋皇后的同宗也被杀。宦官们捕风捉影，把曹操也牵连上了，因此将其免官。

曹操被免官后，不愿在洛阳闲居，便回到家乡谯县居住，娶了歌伎卞氏为妻。光和三年六月，汉灵帝诏令公卿推荐通晓《尚书》《毛诗》《左传春秋》和《穀梁春秋》的士人任为议郎，曹操因"能明古学"，又被征召，拜为议郎。

议郎虽然是个闲职，但曹操不甘庸碌，想为朝廷多提些建议，使政治清明，他首先想到汉灵帝初年大将军窦武与太傅陈蕃被宦官杀害的事件，想为窦武、陈蕃申冤鸣不平。

窦武，字游平，扶风平陵人，是窦融的玄孙，父亲窦奉是定襄太守。延熹八年，他的长女被选送入宫，汉桓帝以其为贵人，窦武被任为郎中。

同年冬，贵人立为皇后，窦武迁为越骑校尉，封槐里侯。次年冬天，转为城门校尉。窦武爱惜人才，借职务之便征召不少名士为官。

窦武为官清正，嫉恶如仇，不受贿赂，妻子的衣食仅够维持吃穿而已。所得赏赐全部用来接济太学诸生，还经常把粮食施舍给贫民。其侄儿窦绍为虎贲中郎将，奢侈无度，窦武多次劝诫不改，他便上书要求免除其官职，窦绍才改变了态度。

第一次"党锢之祸"，李膺、杜密等被宦官逮捕下狱。窦武上书汉桓帝，要求惩治宦官，信任忠良，明辨邪正，释放"党人"。结果，李膺、杜密等获得了释放。

汉桓帝死后，窦武迎立刘宏为帝有功，被任命为大将军。

陈蕃，字仲举，汝南平舆人，汉桓帝时任太守、尚书令、大鸿胪、光禄勋。在光禄勋任上时，与五官中郎将黄琬，共同掌管官吏选举之事，因公正无私，不偏袒权贵，为势家所诬陷，被免官。后征召为尚书仆射，转太中大夫，迁为太尉。他刚正不阿，不畏权势。

李膺等"党人"被捕下狱后，陈蕃上书为之申辩，言辞激切。汉桓帝大怒，将其免官。汉桓帝死后，窦太后临朝，陈蕃重新得到重用，为太傅。

窦武、陈蕃不满宦官集团的胡作非为，想剪除宦官，结果失败被杀，并被加上"反叛"的罪名。窦武、陈蕃的作为，深得硬直派官僚士大夫的肯定和支持。

曹操经过详细调查、了解后，认为窦武、陈蕃等死得冤枉，应该重新讨个说法，以求得公正，进而改善政治局面。于是他不顾个人安危，上书皇帝请求为窦武、陈蕃平反。所上的书中有这样的话：

> 窦武等人正直为公，却被无故陷害。奸邪之人充满朝廷，善人的进身之路被阻塞了。

从这短短几句话中可以看出，曹操不仅是把矛头指向害人的宦官，翻历史的案，还针对现实，对汉灵帝也隐约地加以指责。对于曹操的建议，昏庸的汉灵帝自然不会采纳。

曹操等了好久，也不见朝廷的回音，他不禁感叹地说："这样下去，国家再也没有希望了。"

光和五年正月，汉灵帝装模作样，诏令公卿检举害民的地方官，予以罢免。但宦官对那些引起很大民愤的自己的亲属、宾客却不予查处，反而将有政绩的一些官吏惩治了。

这些被冤枉的官吏，纷纷向朝廷申诉，司徒陈耽也上书汉灵帝说明情况，结果陈耽被宦官诬陷，反被汉灵帝罢了官，最后死于狱中。

曹操对宦官的所作所为，非常不满，但也无可奈何。

就在这一年的二月，发生了大瘟疫，四月又发生大旱，五月太后住的永乐宫发生大火，以致出现了不少政治谣言。汉灵帝相信天人感应之说，因"灾异"下诏征询政事得失。曹操便乘机上书，指责公卿举奏不实，袒护贵戚及宦官子弟，他们用不符合事实的话，蒙蔽"圣听"，丝毫起不到革除时弊的作用。

由于灾祸发生得太频繁，汉灵帝似乎有所"醒悟"，不得不重视此事，将曹操的奏章发给三府府衙，责备失职的官员许彧和张济。许彧稍后被罢官。

这次曹操抓住了时机，取得了一定的成功。曹操反对宦官胡作非为的做法，表明他同硬直派官僚的立场是一致的。一个出身于宦官家庭的青年，能够走反宦官集团的政治道路，博得人们的称赞。

此后，朝廷越来越黑暗混乱，豪猾不法之徒越来越猖狂。曹操知道用上书的办法是改变不了现状的，汉帝国就像一座快要倒塌的大厦，"不可匡正"了。

当时的东汉王朝，确实已经腐败透顶，除了宦官专权外，汉灵帝也是我国历史上少有的昏庸皇帝，他爱财如命，竟于光和元年公开在西园卖官。他在西园设邸舍，凡买官的就在西园交涉，西园实际上成了卖官的交易场所。

每个官爵都公开标价，地方官一般比朝官价贵一倍。那些出钱买官者一到任就千方百计地搜刮百姓，不管他们的死活。这样，汉灵帝的西园虽然生意兴隆，财源茂盛，而东汉帝国却危机四伏，将要灭亡了。

残酷镇压黄巾起义

中平元年二月,曹操已经三十岁了。酝酿已久的黄巾大起义终于像火山一样爆发了,东汉帝国的统治陷入严重的危机之中。

黄巾起义是一次有组织、有准备的起义,首领是巨鹿人张角。张角兄弟三人,老二张宝,老三张梁。他们利用太平道的宗教组织形式,借治病传道,联络群众,组织群众,进行了十多年的秘密准备工作。太平道遍及青、徐、幽、冀、荆、扬、兖、豫八州,信徒多达几十万。

黄巾起义爆发之后,受到广大群众的拥护和支持,可以用"旬日之间,天下响应"来形容。他们焚烧官府,打击贪官污吏,释放囚犯,没收财产,开仓放粮,给统治者以沉重的打击。

黄巾军的主力集中在冀州的巨鹿、豫州的颍川和荆州的南阳,构成对京城洛阳的严重威胁。为了缓和统治阶级内部的矛盾,全力对付起义军,汉灵帝宣布赦免禁锢的"党人",然后调兵遣将,在临近京城的紧要关口设置都尉驻防,集中兵力分两路前去镇压起义军。

一路由北中郎将卢植前往黄河以北的冀州，一路由左中郎将皇甫嵩、右中郎将朱儁前往河南的颍川。剩下的南阳地区，一时派不出兵马，只好等待他们把颍川黄巾军镇压下去之后，再移兵过去。

出乎统治者的预料，颍川地区的黄巾军在波才的领导下，打败了朱儁，还把皇甫嵩包围在长社，也就是今天的河南长葛东。而南阳的黄巾军在张曼成的率领下，攻下了郡治宛城，杀掉了太守褚贡。

汉灵帝得知消息后，非常紧张，他想起了精明能干的曹操，任命其为骑都尉，率领一支人马前去支援皇甫嵩和朱儁。

曹操领兵赶到时，正值皇甫嵩用计焚烧黄巾军的营盘，从城中鼓噪而出，曹操纵兵配合，打了个大胜仗，这是曹操第一次用兵。接着，曹操与他们合兵一处，乘胜追击，镇压了颍川地区的黄巾军。

因为镇压黄巾军有功，曹操在三十岁时，被提升为济南国相。济南是王国，东汉时，诸侯王只有名义上的统治权力，而没有实际行政权力，政务由中央政府委派的国相处理。

国相相当于郡太守，属济南国相管辖的有十余个县。曹操上任后，发现这些县令、长吏大多迎合和依附皇亲贵族，都是些鱼肉乡里的贪官污吏，但前几任国相都不敢检举，曹操无所畏惧，掌握了各县长吏的恶行劣迹后，上奏朝廷免去了其中八人的官职。

这样一来，吓得那些有恶行劣迹的大小官吏、豪强各个胆战心惊，纷纷逃到外郡，经过曹操这一整治，济南国乌烟瘴气的局面有所改变。

西汉初年刘章诛杀诸吕一族有功，被封为城阳王，后人立祠纪念他，青州各地也纷纷仿效，济南这地方就有六百多所。建立城阳王庙，本为树立正气，但后来商人和一些官吏相互勾结，利用这些场所举行奢侈铺张的拜神祭祖的庙会，骗取百姓的钱财。历任国相都不敢禁绝这种搜刮民财的陋俗，曹操上任后便下令拆除这些祠舍，禁止官吏、民众再搞这种祠祀。曹操打击权贵，禁绝淫祀，政绩卓著，郡界肃然，但也无形中遭到了贵戚豪强的反对，甚至个人的处境都很危险。这时，朝廷又任命他为东郡太守，他感到在权臣专政、贵戚横行的形势之下，要想按自己的想法干一番事业太难了，不久，他就托病回谯县老家去了。

曹操辞官回乡后，在谯县城东五十里处，盖了一所雅致的书屋，断绝了与宾客的往来，过着春夏读书、秋冬骑射田猎的自得其乐的生活。他一度想，过二十年，等天下太平再出仕。

曹操虽然隐居家乡，却仍然关注时局的发展、朝廷的动向，并努力寻找时机，以实现自己的政治理想。而现实的政治斗争也打破了曹操暂时隐世的设想。

东汉中平五年，也就是公元188年的一天，冀州刺史王芬派人告诉曹操一个极为机密的消息，一下子打乱了曹操的平静生活。原来，有一个术士对王芬说，根据天象，今年对宦官不利，那些黄门、常侍要灭族了。王芬一听，就和南阳许攸、沛国周旌等联络，准备乘汉灵帝北巡河间旧宅时，发动兵变，杀灵帝、诛宦官，另立合肥侯为帝。

王芬把这个计划告诉曹操，是希望曹操和他一起行动。曹操听了，先是一惊，然后摇摇头，以古今实例全面分析了这样没有实力、仓促行动必然失败的原因，劝他们不要冒险行事，以免招致杀身之祸。

王芬不听，结果事情败露，王芬被迫自杀，这就说明当时的曹操对时局的认识和世事的处理已经相当成熟了。王芬策划政变失败后，凉州兵乱又起。韩遂、马腾拥兵反叛，抢掠长安附近，天下骚动。

汉灵帝为了维持自己的统治，拱卫京师，直接掌管禁军，在东汉中平五年八月，在西园设立新军统帅部，设置八校尉。小黄门蹇硕任上军校尉，是西园新军的统帅；袁绍任中军校尉，是副帅；曹操被任命为典军校尉。

这年秋天，曹操离开谯县来到洛阳，作为禁军首领之一的他重新登上了汉末的历史舞台，开始了他政治生涯的新阶段。

逐鹿中原

东汉末年,天下大乱,群雄并起,曹操起初处于劣势,而后他"挟天子以令诸侯",逐渐扩大自己的势力,在众多豪杰中脱颖而出。曹操的成功离不开荀彧、荀攸、郭嘉等众多贤臣的全力协助。

"奉天子以令不臣,修耕植以畜军资"的战略指导和"唯才是举"的用人法则,为以后曹操统一北方打下了坚实的基础。

领兵讨伐奸臣董卓

中平六年,汉灵帝驾崩。汉灵帝有两个儿子,何皇后生的大皇子刘辩和王美人生的二皇子刘协。灵帝驾崩前,欲废长立幼,但由于自己病重,要宦官小黄门蹇硕帮助刘协,并设立西园八校尉削弱何进的军权。蹇硕也因此欲除去何进来立刘协为帝。

汉灵帝驾崩后,蹇硕计划在何进入宫时杀之,但在蹇硕司马潘隐的暗示下,何进称病不入。由于没有除掉何进,刘辩被立为帝,何太后临朝,何进与太傅袁隗辅政,录尚书事。

何进久知宦官为天下所共疾恶,加以痛恨蹇硕阴谋害他,等掌握朝廷大权,就暗中布置诛灭宦官。袁绍也久有谋划,使何进亲客张津劝何进说:"黄门常侍权重已很久了,又与长乐太后专通奸利,将军应当选拔贤良,整顿天下,为国家除害。"

但是,宦官在皇帝左右者有的已几十年,封侯贵宠,内外勾结极为巩固。何进新当重任,素来也忌惮他们,虽外有大名,而心中不能决断，所以事情久不能定下来。

袁绍等又为何进谋划，多召集四方猛将及大批豪杰，使他们都引兵向京城，威胁何太后。何进同意。因此西召前将军董卓驻关中上林苑，又使府掾王匡发动他所在郡的强弩手，召东郡太守桥瑁驻城皋，使武猛都尉丁原烧孟津，火光照得城里通红，都说要诛杀宦官。

何太后的母亲舞阳君及何苗多次接受各宦官的贿赂，晓得何进要杀害他们，多次告诉何太后，要何太后庇护他们。又说："大将军擅杀左右亲信，专权以弱皇上。"太后怀疑确实是这样，因此不同意诛杀宦官。

何苗对何进说："开始我们一路从南阳来，都因贫贱，依靠宫中获得富贵。国家的事，也不容易！倒了的水不可收回的，应当好好考虑，与宫中保持友好关系。"

何进更加狐疑不决。袁绍担心何进改变主意，于是威胁他说："互相结合的形势已经露出来了，事情不办，就要发生变故，将军还等待什么，为什么不早决定呢？"

何进于是以袁绍为司隶校尉，持符节，专命击断；从事中郎王允为河南尹。袁绍派洛阳方略武吏监视宦官，使董卓等驰驱驿上，准备进兵平乐观。何太后害怕起来，罢退全体小黄门，使还里舍，只留何进平素亲近的人，守卫省中。

诸常侍小黄门都去何进那里请罪，听何进怎么处置。袁绍劝何进就在这时处决他们，一而再、再而三，何进不许。

八月，何进入长乐请求何太后同意，尽诛杀诸常侍以下，选三署郎进宫守宦官的住房。诸宦官互相转告说："大将军托病不居丧，不送葬，现在忽然到宫中来，想干什么呢？从前窦氏事竟再起吗？"

张让等派人窃听，完全听见何进所说的话，于是带领常侍段珪、毕岚等几十人，拿着兵器悄悄地自侧门进，埋伏宫中。等到何进出来，便假称太后诏召进，斩何进于嘉德殿前。

袁绍等人借此机会带兵入宫，搜捕宦官，无论老小，统统杀掉。张让等几十人劫持天子作为人质逃到黄河边上，因被追赶得急迫，张让等人悲痛地哭着对汉少帝刘辩说："我等灭绝，天下大乱啊！希望陛下自己爱惜自己！"说完，都投河自杀。

董卓之弟董旻时任奉车都尉，与何进部将吴匡等人联合攻杀了车骑将军何苗。董卓望见洛阳上空浓烟滚滚，才得知朝廷发生重大变故，于是急忙下令进军，打听到中常侍张让等人劫持皇帝刘辩上了北邙山，于是又向北邙山赶去。

在北邙山下，董卓见到了浩浩荡荡的迎驾队伍，惊魂未定的刘辩见到飞驰而来的董卓军，吓得大哭，众大臣说："有诏退兵！"迎驾队伍中的崔烈也叫董卓回避。

董卓指着崔烈骂道："我日夜兼程跑了三百里路，你现在说什么回避？信不信我砍下你的脑袋？！"接着，董卓又反诘大臣们道："诸位公卿身为国家大臣，不能匡正王室，致使国家动荡，天子流落在外，你们哪有让我退兵的理由？！"

随后，董卓进入迎驾队伍，先拜见刘辩，又伸手去抱闵贡怀中的陈留王刘协，刘协不肯，董卓只得与闵贡并马而行，一同入城。董卓又向刘辩询问事变经过，刘辩语无伦次，而刘协却能表述清晰，董卓知道刘协是董太后抚养长大的，号"董侯"，董卓又自认为与董太后同族，于是心生欢喜，希望刘协能当上皇帝。

董卓在进驻洛阳过程中，迎立少帝，挟天子以令诸侯。进驻洛阳后，董卓又多次赤裸裸地表现出对权力的贪婪和欲望。不久即废少帝刘辩，另立刘协，又追杀何太后，杀何太后之母舞阳君，何氏家族灭亡，东汉最后一股外戚专权势力被铲除，而汉朝也从此走向了战乱。

十月三日，董卓趁着何太后遗体下葬，开启汉灵帝陵墓之时，使人偷取其中珍宝。董卓仗着军权的威势，放纵士兵在洛阳城内劫掠富户，搜刮财物，奸淫妇女。十一月一日，董卓自拜相国，封郿侯，有"入朝不趋，剑履上殿"的特权，董卓在朝廷中的权势如日中天。董卓又封自己的母亲为"池阳君"，设置令、丞。

董卓性格残忍，好用刑法立威。侍御史扰龙宗拜见董卓时忘了解下佩剑，董卓借题发挥，下令将其活活打死；又指使人将何太后的母亲舞阳君杀害，甚至将何苗的遗体从坟墓中挖出来肢解扔在园林之中。大司农周忠的儿子周晖听说洛阳变故，故至洛阳，董卓非常厌恶他，派兵将其劫杀。

董卓废少帝，立刘协，杀大臣，戮百姓，搞得朝堂内外乌烟瘴气。此时的朝廷，生杀予夺，全在董卓的一闪念。面对董卓乱政，血腥镇压的局面，朝堂上的臣子们敢怒不敢言。

大司徒王允心怀旧主，一心想除掉奸贼董卓，但是并无对策，便假装宴请朝中忠义之士前来祝寿，晚间才告知众位实情，为了擒董卓之策而烦忧，与各公卿商议。众人听罢，皆愤愤然，放声恸哭。

唯有曹操大笑之，说众人不去想对策，只在此恸哭，怎么能除掉董卓？大司徒单独见曹操，曹操说，用一招献刀杀人的计策可以除掉董卓，于是王允将自己收藏的宝刀送给曹操，方便行事。

第二天，曹操去见董卓，对董卓说"马羸行迟耳"，董卓命吕布去挑选良马送予曹操。董卓侧身于榻上，曹操正欲刺杀，拔刀间，董卓见衣镜之中有刀光闪过，立即斥问曹操，此时，吕布也回来了，曹操跪地举刀曰："操有宝刀一口，献上恩相。"然后假装说道，"让我试下此马。"曹操骑上马后飞奔而去。

之后董卓与吕布谈话时说道："刚才曹操来见我时并未提到献刀，而且他为什么要在我熟睡之时拿出宝刀，刀光从镜子里闪出他突然慌忙跪下献刀时手微微在发抖。"董卓凭这几个疑点断定曹操是行刺他的，立即下令火速追捕曹操。

曹操过虎牢关，向东急奔中牟，被县内巡捕抓获，解至县衙。县令陈宫见曹操是一条好汉，不忍心害他，两人密谋又共同结义，联络各路豪杰，共同举事灭董卓。

曹操当时就夜宿在好友大吕村吕伯奢家中，伯奢见曹操到此，非常惊喜，安排住下后，天不明就去集上打酒买菜，并安排家人杀猪宰羊，好好招待远方客人。

曹操是一个疑心较大的人，夜里醒来，听到院内人声嘈杂，又听到"抓住他，杀他"的喊声，以及"霍霍"的磨刀声。

曹操心想：莫非事情已经败露，官府派来的人要杀我？随手持钢刀，跑到院里，见人就杀。当把满院的人都杀死后，他看到被绑着的猪、羊、鸡，这才恍然大悟：啊！杀错了，全是误杀！一时铸成大错。

曹操和陈宫二人连夜逃走，路遇买酒归来的吕伯奢，吕伯奢再三邀二人回去赴宴，却发现曹操脸面不净，走近一看竟是血迹。曹操见事情败露，就骗吕伯奢说他身后有人，趁吕伯奢回头时，拔剑将他杀死。

陈宫怒说："方才在家中是误杀不可挽回，如今怎又杀好人？"

曹操说："若吕伯奢回家见一家老小皆被我等所杀，必定派人追杀我们，我不能冒这个险。宁可我负天下人，休教天下人负我。"

陈宫听了此话，对曹操非常失望，便与他分道扬镳。曹操见事已至此，不能挽回，只好一个人奔家乡而去。

事后众人得知伯奢及家人死得冤枉，厚葬了他们后又修建了一座吕伯奢祠堂和竖立一块高大的墓碑，曹操得位后曾到此谢罪并祭奠恩人全家。此故事在当地千余年长传不衰。

再说曹操脱险后，星夜赶回谯县。他在家乡积极活动，为起兵讨伐董卓做准备。中平元年十二月，曹操到达陈留，招兵买马，讨伐董卓。当时他父亲曹嵩正在陈留清理曹家在这里的产业，准备把家搬到徐州的琅邪以避中原可能发生的战乱。曹嵩拿出一部分家财支持曹操兴兵讨伐董卓。

陈留郡是兖州管辖的一个大郡。陈留太守张邈与曹操、袁绍等人都有交往。兖州刺史刘岱反对董卓，也在联合四方豪杰兴兵讨伐董卓。因此，曹操在陈留郡招兵买马，兴兵举事，得到了张邈、刘岱的大力支持。

曹操在陈留起兵，还得到了当地大财主卫兹的支持。卫兹和曹操初次见面后，就对人说，能够担当平定天下重任的，一定是此人了。曹操对卫兹也很欣赏,和他结成同盟,共同商讨起兵事宜。卫兹不但赞同曹操起兵的计划,而且拿出家财招兵三千人,全部交付曹操统领。

正在这时,阳平卫国人乐进投奔曹操来了。他虽然身材短小,却以胆烈著称,曹操让他统管侍卫亲兵,并派他去谯县招兵。他带着曹操的族兄弟夏侯惇和夏侯渊及一千多人赶回来。曹操大喜,任命乐进为军假司马、陷陈都尉。

另外,曹操的本家兄弟曹仁和曹洪在淮河和泗水之间招募了一千多人后,也投奔曹操而来。跟着曹操起事的几位族兄弟,都很有才干,后来都成了曹魏集团的著名将领。

曹操的两千多人和卫兹的三千多人合兵一处,计五千多义兵。于是在陈留郡举起了讨伐董卓的大旗。

这时,东郡太守桥瑁伪造三公文书散发到各地州郡府衙,陈述董卓的罪恶,呼吁各地起兵反董,恢复刘辩的帝位。董卓令弘农王郎中令李儒毒杀刘辩,以断绝桥瑁等反董联军的政治企图。

此后,关东反董之势如野火燎原,各地群雄起兵,打出讨伐董卓的旗号。各群雄都推举袁绍为盟主,但只有鲍信认为曹操才是最有能力推翻董卓的人选。

袁绍自号车骑将军,与河内太守王匡屯河内;韩馥留邺城,供给军粮。豫州刺史孔伷屯颍川,兖州刺史刘岱、陈留太守张邈、广陵太守张超、东郡太守桥瑁、山阳太守袁遗、济北相鲍信与曹操屯酸枣,后将军袁术屯鲁阳,各有军队数万。

面对关东联军的势力,董卓大为震惊,决定迁都到关中的长安。董卓以车驾先送献帝西迁,又以步兵和骑兵逼迫洛阳数百万人到长安,百姓被人踩死、被马踏死、饥饿而死、遭抢劫而被杀的堆满道路。

董卓则留在洛阳毕圭苑,下令捉拿富翁,以罪名将他们杀害,没收财产,死者不计其数。又派吕布掘开先帝陵寝及公卿以上的冢墓,取走墓穴里的大量珍宝。

最后,董卓放火烧了洛阳宫庙、官府、民居,洛阳城二百里内,建筑物全毁，鸡犬不留。董卓因袁绍起兵而杀了他的叔父袁隗、袁基及其家人五十多人，包括婴孩和妇女。

董卓西逃，联军本应追击，但是讨伐董卓的各州郡首领各怀异心，迁延日月，保存实力。只有曹操认为既然起兵讨伐董卓，就应有所行动，所以便率兵向西，准备进驻成皋，张邈也派卫兹领兵随军。

曹军追到荥阳汴水时，遇上董卓大将徐荣，双方交战，曹军因为兵少大败。曹操被箭射中，坐骑也受伤了。

曹操的堂弟曹洪将马给了曹操，曹操不接受，曹洪便说："天下可以没有曹洪，不可没有你！"他让曹操上马，自己徒步追从，趁夜逃走。徐荣见力战了一日，酸枣不易攻取，便率领兵马回去。

曹操回到酸枣后，见联军虽有十多万人，但每日只是设宴聚会，不图进取，十分不满。

曹操认为，如果只是在此不图进取，只会失去天下名望，招来耻辱。但酸枣驻军的将领每日大摆酒宴，谁也不肯去和董卓的军队交锋。酸枣粮尽后，诸军化作鸟兽散，一场讨伐不了了之。

于是曹操离开酸枣，他看到自己兵马太少，就带着夏侯惇等人到扬州募兵。这时扬州刺史陈温、丹阳太守周昕对曹操很支持，给了他四千兵，他带着这支兵马回到龙亢，也就是今天的安徽怀远西北时，夜里士兵哗变，烧了曹操的营帐。

曹操持剑杀了数十人，其余的大都逃跑了，剩下没有叛变的尚有五百多人。第二天，曹操惊魂未定，又见一支队伍杀来。走近一看，原来是曹洪来接应了。曹操见曹洪带领兵马到来大喜，就决定带领队伍到河内投奔袁绍，讨伐董卓。一路上，又有一千多人加入曹操的队伍。

曹操到达河内后，多次和袁绍商讨讨伐董卓的事。不过袁绍或说现在力量不够，慢慢来，或是支支吾吾，不置可否，似乎对此没有热情。

曹操对袁绍有些失望，可他还心有不甘。有一次，袁绍问曹操道："如果我们讨伐董卓不成功，那么，您以什么地方作为根据地呢？"这一问，曹操对这位盟主按兵不动的用心就更清楚了。

曹操反问道："您是怎样打算的呢？"

袁绍骄横自负地说："我南据黄河，北占燕、代，吞并西北戎狄等少数民族的兵力，然后向南争夺天下，这样差不多可以成功了吧？"

曹操看他这样迷信险要和武力，便毫不含糊地提出了自己的看法说："我依靠天下士人的智谋和力量，用合乎时势的道义引导他们，就能无往不胜。"

初平二年春天，袁绍为了占据河北地区，与冀州牧韩馥谋立幽州牧刘虞为皇帝，曹操拒绝参与。袁绍又得到一个玉印，在座位中举起给曹操看，暗示已经准备好一切，可以立刘虞为帝，但曹操只是大笑，心里却对袁绍十分厌恶。

袁绍不甘心，写信给袁术，想得到他的异母兄弟的支持。不料袁术自己也想当皇帝，所以就以维护"公义"的理由拒绝了。

成功收编黄巾军

汉献帝初平四年，在袁绍、韩馥谋立皇帝失败以后，他们之间便开始了内部争夺。袁绍利用阴谋手段，逼迫韩馥让出冀州，自称冀州牧，开始在河北拥军称雄。

之后，袁术、袁绍和公孙瓒之间又尔虞我诈，不断争战。收复洛阳、赶走董卓的孙坚，也在袁氏兄弟的争战中当了替死鬼。由于以袁绍为首的军阀连年混战，中原地区呈现一片萧条破败的景象。

目睹这一切的曹操感慨万千，决心消灭袁绍等军阀，实现统一中原的愿望。鲍信对曹操说："现在奸臣乘机出来颠覆皇室，英雄豪杰愤然对抗，而天下响应，是因为大义所在，现在袁绍当盟主，利用权力为己谋私，看来将要发生变乱，另一个董卓就要诞生了。如果我们对抗他，恐怕力不从心；如果跟他同流合污，那又怎么说得过去？不如现在待在黄河以南，静观其变。"曹操深表赞同。

董卓之乱，关东联军争战，给百姓造成了极大灾难。在张角等农民起义军领袖牺牲后，黄巾军并没有停止斗争。

河北黑山黄巾军首领于毒、白绕、眭固率领十余万人进入东郡，兖州刺史刘岱任命的东郡太守王肱弃城而去。袁绍认为机不可失，正好趁此机会把他的势力伸入兖州，便派曹操镇压黑山黄巾军。

在对待农民起义军的问题上，曹操和袁绍的态度是一致的。另外，他也巴不得利用这一机会摆脱袁绍，谋求自身的发展。于是，他就带兵向东郡进发，很快在濮阳打败了白绕率领的黑山黄巾军。

袁绍为了拉拢曹操，又以盟主的身份上表任命曹操为东郡太守。在这个弱肉强食的社会中，曹操靠镇压农民起义军取得了自己的第一块地盘。

汉献帝初平四年春，曹操驻军顿丘，黑山黄巾军在于毒的率领下进攻东武阳。为此，诸将都建议曹操回兵自救，可是曹操却下令进攻西山，攻打于毒的营寨。

于毒得知曹操去攻打他的营寨，急忙撤围回救，路上中了曹操的埋伏，被打得大败。接着，曹操又打败了眭固率领的黑山黄巾军，并乘胜在内黄县大破于扶罗的匈奴兵。这样，曹操占领了东郡。

曹操占领东郡并做了太守，远近闻名，很多人才都来投奔他，后来成了曹操身边第一号谋士的荀彧就是这个时候来的。

荀彧乃颍川荀氏，荀子之后。其祖父荀淑知名当世，号为神君。荀淑有八子，号称八龙。荀彧的父亲荀绲曾任济南相，叔父荀爽曾任司空。荀绲忌惮宦官，于是让荀彧娶中常侍唐衡的女儿为妻。

荀彧年少时有才名，得以免于别人的讥议。后来南阳名士何颙见到荀彧，大为惊异，说道："这是王佐之才啊！"

永汉元年，荀彧被举孝廉，任守宫令。董卓专权后，荀彧弃官归乡，对父老乡亲说："颍川是四战之地，如果天下有变，那就会经常受到侵凌，应该尽早离去，不能久留。"但乡人们多留恋故土，不愿离去。时冀州牧同郡韩馥派人接荀彧，却无人相随，荀彧只得独自将宗族迁至冀州避难。

到冀州后,冀州已为袁绍所得,袁绍见荀彧来,待之为上宾。荀彧弟荀谌和同郡辛评、郭图等人都在袁绍手下。荀彧经过一段时间的观察,觉得袁绍这个人最终不能成大事。

初平二年,荀彧离袁绍而投曹操。经过一番交谈,曹操心中十分高兴,情不自禁地说:"你真是我的张良啊!"尽管说这话不符合曹操的身份,但表明了他对荀彧的器重。他立刻让荀彧担任奋武司马之职,参与军机大事。

以后曹操征伐在外,军国大事几乎都征求荀彧的意见。当时董卓威凌天下,曹操问计于荀彧,荀彧说:"董卓残暴已经超出常理,一定会因祸乱暴毙,不会有什么作为的。"荀彧又不断推荐荀攸、钟繇、郭嘉等著名谋士加入到曹操集团中来。

同时,曹操又任用有智谋的东郡东阿人程昱为寿张县令。兖州前刺史刘岱曾要任用程昱,他没有答应,曹操请他,他却立即答应了。程昱后来也成了曹操身边的重要谋士。

这时,曹操的武装力量也在壮大。当曹操起兵进入中牟时,中牟人任峻就举郡响应,又招募他的宗族和宾客、家兵数百人归附曹操。曹操任东郡太守后,山阳巨野人李典随叔父李乾带领宾客数千人一起投奔了曹操。

著名勇将、陈留己吾人典韦也在这时投奔夏侯惇,后来成了曹操的亲随校尉。曹操在东郡有了像样的文武兼备的人才和武装力量,就开始图谋更大的发展了。

东汉献帝初平三年四月,司徒王允用计,联络董卓的义子吕布,杀掉董卓。董卓的死讯传出,士兵们都高呼万岁,百姓在路上载歌载舞。

曹操听到这个消息后,非常高兴。可是,形势很快又发生了逆转,董卓部将李傕、郭汜又起兵杀死王允,吕布战败后将董卓之头系于马下,率数百骑投奔了南阳袁术。

李傕、郭汜控制了汉献帝后,杀大臣、诛异己、任亲信,天下更加混乱。就在这时,青州黄巾军百万之众,进军到了兖州地界,一举打下了任城，杀掉了任城相郑遂。当青州黄巾军攻到东平时，兖州刺史刘岱准备和黄巾军决一胜负。

济北相鲍信根据黄巾军士气旺盛但无给养的特点，向刘岱提出"以逸待劳"之计，劝刘岱不要急于决战。但刘岱不听，与黄巾军决战，结果被杀，兖州顿时大乱起来。黄巾军乘胜向寿张进兵。

曹操部将陈宫献策说："现在刘岱已死，州中无主，和朝廷也失去了联系，我打算去说服州中的幕僚们，共同拥戴您当兖州牧，以兖州的基础，收复天下，就可以成就霸业。"

曹操听了暗喜，就点了点头。陈宫赶到兖州，对兖州的别驾、治中从事们说："今天下分裂而州中无主，曹东郡是治世之才，要是我们推举他出任州牧，一定能使全州安宁，百姓乐业。"

曹操的老朋友济北相鲍信也尽力说服他们。兖州官吏在声势浩大的青州黄巾军的打击面前手足无措，就同意这一意见，把希望寄托在了曹操身上。大家推举鲍信和州吏万潜等人去迎请曹操。

就这样，三十八岁的曹操正式出任兖州牧。兖州包括现在山东省中部和西部、河南东北部一带。这可以说是曹操一生的转折点，他从此掌握了一州的军政大权，成为一方霸主。

曹操出任兖州牧之后，立即整军准备迎战青州黄巾军，此战的胜败关系到曹操是否能够在兖州真正站稳脚跟，因此他非常重视。

青州黄巾军虽然人数众多，号称百万，但实际上真正能够参与作战的将士不超过十万，军中老弱妇孺占了大部分，且军中并没有真正擅长领军的将领，全军上下组织极为松散，缺乏军粮、马匹的稳定供给，军队机动性并不强。

曹操的军队人数虽然不过万余，但都是经过严格军事训练的精兵猛将，队伍作战能力非常强。因此，曹操认为，此战虽说是以少敌多，但未必没有胜算。

曹操和鲍信率领军队迎击青州黄巾军，双方在寿张附近交兵。双方刚一交兵，曹操就发现，黄巾军的战斗力远远超出了自己的预想，他们不仅作战勇猛，而且战斗力强，自己所率部众根本难以抵挡。

见硬拼不过，曹操马上下令撤兵。强攻不行，只能智取。曹操认为黄巾军得胜后骄傲轻敌，决定以奇袭的方式取胜。

黄巾军此时正集结在无盐与寿张之间的平原上。为了了解敌情，曹操与鲍信率领部分亲信深入敌军阵地探察。当他们来到汶水岸边时，被敌人发现，青州黄巾军大队人马将曹操等人团团围住。

曹操和鲍信仓皇迎战，由于双方力量悬殊，曹操等人几乎陷入绝境。鲍信率领骑兵浴血奋战，同时命人护送曹操撤退突围。经过艰苦奋战，曹操终于突出重围，而鲍信却为救曹操而战死沙场。

鲍信和曹操是至交好友，曹操悲痛不已。为寻找鲍信的尸首，曹操发出通告，重金悬赏，但始终一无所获。

悲痛之余，曹操只得令人用木头雕刻出鲍信的模样，将其与鲍信的衣物一同下葬，设立衣冠冢，举行隆重的安葬仪式。在鲍信葬礼上，曹操痛哭流涕、慷慨激昂，誓死要为鲍信报仇。

此时，青州黄巾军正沉浸在战斗胜利的喜悦中，防备有所松懈。曹操趁机率兵出击，与敌军展开决战。

曹军群情激昂、誓死为鲍信报仇，作战均十分勇猛，而青州黄巾军完全没想到曹军会在此时突袭，仓皇应战，渐渐抵挡不住曹军的进攻。曹操乘势带领骑兵发动突袭，终于大破青州黄巾军。

攻破黄巾军后，曹操并未乘胜追击。在曹操看来，黄巾军之所以走上反叛道路，皆是因为不堪忍受朝廷暴政和贫苦生活，不忍对这些人赶尽杀绝。

况且，青州黄巾军战斗力惊人，若是能够将他们收归己用，必定如虎添翼。曹操思索良久，最终决定对青州黄巾军采取镇压和安抚相结合的策略。

随后，曹操向青州黄巾军发出了招降书，不想却遭到了拒绝。曹操非常失望，果断采取军事行动继续对黄巾军施压，以使其妥协。

可是，青州黄巾军并没有妥协，也给曹操写了一封信，信中说：

"你在做济南国相时曾经毁坏神坛,这种做法和中黄太一的做法相同。看来你似乎知晓中黄太一之道,为什么现在还如此执迷不悟呢?如今汉室将尽,黄天当立。新的天子将要降临,这不是你的能力所能够阻止的。弃暗投明才是顺应天道的行为。"

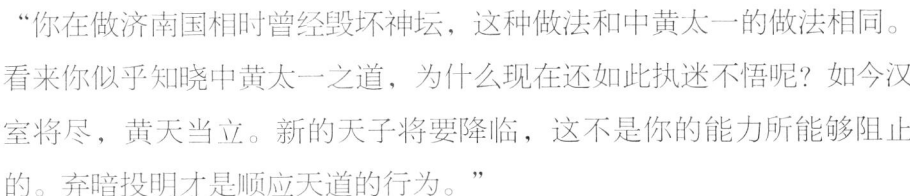

黄巾军信奉的是太平道,是黄老道学的支派。中黄太一就是黄巾军信奉的天神。黄巾军对其他鬼神之寺一概毁掉,曹操在济南相任上也曾经摧毁过鬼神寺庙,因此,黄巾军认为曹操的做法在某些方面与黄巾军是相同的,希望曹操不要再为汉家朝廷效命,而是向黄巾军投降。

曹操接到信后勃然大怒,心中暗骂,自己乃堂堂汉室臣子,岂能投靠黄巾军?他虽然愤怒,但依然希望能够收编这支黄巾军来扩充自己的实力。

于是,曹操再次向青州黄巾军发动了猛烈进攻。黄巾军抵挡不住曹操的进攻,节节败退。当黄巾军退到济北,也就是今天的山东济南以南时,已经是寒冷的冬天。

由于衣食难以供应,黄巾军战士和老幼妇孺饥寒交迫。打探到青州黄巾军状况堪忧,曹操趁机再次向其招降。最终,黄巾军数十万人全部投降曹操。

招降黄巾军之后,曹操既往不咎,不加害任何一人,并将老弱妇孺以及缺乏战斗能力的人全部安排到后方从事生产劳动,挑选精壮者五六万人编成了"青州军"。

这样,曹操的军事力量得到了空前的增强,他终于拥有了一支足以与众割据力量相抗衡的武装力量。

和其他地主武装单纯以武力大量残杀农民起义军不同,曹操采用软硬兼施的政策,镇压与诱降相结合,将其收为己用,最后达到壮大自己的目的,这就是曹操的高明之处。

在此期间,鲍信的部下于禁以及声名远播的名士豪杰吕虔、满宠以及毛玠等人相继投靠到曹操帐下,成了曹操身边重要的将领或谋臣。

谋士毛玠在投靠曹操后,便向他提出建议说:"天下分崩离析,皇帝西迁到长安，百姓不能生产，饥饿流离，一刻也得不到安宁，必然难以长久。而现在袁绍、刘表虽然士民众多，看起来势力强大，但却不是能够做长远打算、树立牢靠基础的人。自古以来，用兵首先讲求师出有名，其次则依靠雄厚的经济实力作为支撑，只有满足这两个条件，才有可能建立稳固根基，谋求长远发展。因此，我军首先应当奉迎天子以令不守臣节的诸侯，其次要注重勘修耕织以储备军队需要的军粮，这样霸业才可能成功。"

曹操非常同意毛玠的建议，立即派遣使者到长安向汉献帝表示忠诚，这也是曹操以后"挟天子以令诸侯"思想的最初来源。

然而，曹操的示好并没有得到朝廷的重视和信任，汉献帝对曹操兖州牧的地位并不予以正式承认，并且专门派了一个名叫金尚的人来出任兖州刺史。

州牧与刺史的区别在于，刺史只负责郡县监察工作，而没有军权和治民权，州牧则具有领兵治民的职权。实际上刺史与州牧是同一官职，朝廷任命金尚为兖州刺史，显然是要金尚从曹操手中将兖州"抢"过来。

曹操知道这个消息后非常气愤，他绝不可能将自己千方百计得到的地盘拱手让给别人。这个朝廷委派的官员金尚还未进入兖州就遭到曹操的驱逐，无奈之下，他只得投奔了袁术。

逐鹿中原

破袁术后东征陶谦

东汉献帝初平三年，曹操大破黄巾军以后，刚占据兖州，就遭到了袁术的进攻。袁术出身于东汉"四世三公"名门之家，家族为"四世三公"的汝南袁氏，他是司空袁逢之嫡长子。

传说袁术出生的时候，神仙托梦给他母亲，说她怀中的孩子有一段天命在身。袁术和袁绍是同父异母的亲兄弟，但是袁绍母亲仅是个婢女，袁绍早年在家中的地位非常低微。

袁绍是关东联军的盟主，声望、实力各方面都超过袁术，袁术则认为自己是嫡子，袁绍是庶出，应该服从他。袁绍打算立刘虞为帝，袁术则想自己做皇帝。于是，兄弟反目。袁术勾结幽州的公孙瓒，企图推翻袁绍在河北的统治；袁绍则联络刘表，牵制袁术的后方。

兖州在袁术占据的南阳和袁绍占据的冀州中间。袁术要向东北扩张势力，必须首先占据兖州。

东汉献帝初平三年冬，在金尚逃到南阳不久，袁术便和公孙瓒南北配合，同时向曹操和袁绍发动了进攻。

另外，公孙瓒还以部将刘备为平原相，帮助青州刺史田楷、徐州牧陶谦，从东面进攻兖州。这时，曹操在表面上还保持着对袁绍的依附关系，因此双方配合作战。

东汉献帝初平四年春，曹操屯兵鄄城。袁术进军陈留，并收罗了一些曾被曹操打败过的黑山黄巾军的余部和于夫罗的南匈奴残兵。

就在这时，荆州牧刘表切断了袁术的粮道，结果袁术丢了南阳，仓皇南逃到九江。这样，袁术西面受到荆州牧刘表的威胁，东面是徐州牧陶谦的地盘，又不敢向北再与曹操相争，从此一蹶不振。

大破袁术后，曹操准备攻打徐州的陶谦。攻打徐州主要是因为陶谦和公孙瓒结盟，与自己和袁绍相对抗。还有，陶谦上次用兵帮助袁术进逼兖州，这些仇都是要报的。

事实上，曹操对徐州觊觎已久，当初他为了养精蓄锐、站稳脚跟，才极力忍耐陶谦的不断挑衅。如今后方已经稳固，于是曹操立即着手准备进攻徐州。

为了减少后顾之忧，曹操决定首先派人将居住在徐州琅邪的父亲曹嵩接回来。当初，政局动荡，十常侍乱政时，曹嵩辞官居于洛阳。因为董卓入袭汉宫，王允诛董卓，加之董卓余党李傕、郭汜等破坏，洛阳已成是非之地，曹嵩便带着家资、家眷到徐州避祸。

现在，曹操要攻打徐州，曹嵩当然不能继续留在徐州。曹嵩带着次子曹德与妻妾，前往曹操的大本营兖州，不料在路上却遭到陶谦别将张闿的袭击。张闿杀死了曹嵩和曹操的弟弟曹德及随从，抢走了一百多车的财物。这一下结下血海深仇，曹操决心复仇，要和陶谦拼命。

其实，曹嵩等人的死并不是陶谦所致。当初曹操因拒绝与董卓交好而举家逃出京城，其父曹嵩等人在曹操安排下逃往了徐州。在关东诸军联盟破裂之后，徐州牧陶谦与曹操站在了对立的阵营，发生冲突之后，陶谦便将曹操的父亲及其家人逐出徐州。

但当时，陶谦还不想完全与曹操撕破脸，故而特地派遣部下张闿护送曹嵩等人离去。没想到的是，张闿在护送途中看中了曹嵩的家产，心生歹意，在徐州和青州交界的华城，将曹嵩以及其幼子曹德杀害，携带财物逃得不知去向。

父亲之死，给曹操进攻徐州提供了完美的借口，他得知此消息后，悲愤交加，当即立誓必报杀父之仇。

汉献帝初平四年，曹操留陈宫驻守东郡，夏侯惇驻守濮阳，荀彧、程昱坐镇鄄城，自己则亲率大军东征陶谦。曹操大军所向披靡，一路接连攻下徐州十多座城池，很快就攻到了彭城。陶谦军队难敌曹军，不得不退守到郯城。

曹操紧追不舍，没多久便兵临城下，奈何城池却久攻不破，时日耗得越久，曹操心中的怒火就燃烧得越盛。在仇恨的驱使下，曹操开始迁怒于周边的百姓，在泗水残忍杀戮了数万百姓，众多尸体漂浮在泗水之中，惨不忍睹。

徐州原本是个战乱很少的地方，关中地区遭受战乱的百姓都来这里避难，但如今，经过曹操军队的洗劫，徐州遭到了严重破坏，不少百姓只得再次收拾行囊，逃亡别处。

曹操始终未攻下郯城，愤怒之余转而进攻其他三个县，并持续在各县疯狂地屠杀百姓，致使各县街道空无一人。

汉献帝兴平元年，陶谦感到情势危急，已无力与曹操抗衡，便急忙向青州刺史田楷求救。田楷派平原相刘备率领数千人前去支援。

陶谦如同抓住了救命稻草，感激涕零，随即举荐刘备为豫州刺史，给予他四千人，让他在小沛屯兵。小沛在徐州西部，和兖州邻近，陶谦将刘备安排在这里，目的就是为了让他抵御曹操的进攻。

不久，曹操因为军粮匮乏，只得暂时停止进攻，退回了兖州。这次东征，曹操虽然无功而返，但却得到了大将朱灵。

朱灵，字文博，清河人，本是袁绍帐下一员猛将，曹操东征陶谦的时候，袁绍派朱灵领兵支援，朱灵对曹操早有倾慕之情，于是便直接投入了曹操帐下。

汉献帝兴平元年四月,曹操整兵再次东征陶谦,大军进入徐州后,接连攻下五座城池,一直扫荡至琅邪、东海两郡。曹操大军又屠杀了不少无辜百姓,其惨况触目惊心。曹军再次攻到郯城,陶谦的部下曹豹与刘备联合迎敌,却都不敌曹军,郯城由此陷落。

两次东征中,失去理智的曹操共屠杀百姓数十万,致使生灵涂炭,流血千里。徐州的百姓纷纷外逃,居住在琅邪的诸葛亮也是因此跟随自己叔父离开家乡的。

在曹操的猛烈进攻下,陶谦不得不逃亡丹阳,徐州最终落入曹操手中。经过两次攻打,陶谦的实力已经被摧垮,他不久就病死了。

然而,就在曹操大军欢欣鼓舞,打算享受胜利果实的时候,却传来了兖州内乱的消息。曹操大惊,不得不暂时停止对陶谦的进攻,转而奔回自己的大本营。

逐鹿中原

濮阳城下遭遇危机

东汉献帝兴平元年,曹操攻下兖州,成为兖州牧,一时被胜利冲昏了头脑,不顾自己在兖州的根基尚未稳固,就急于报父弟之仇,继续发兵东征,诛杀逃亡丹阳的陶谦,以致后方空虚。

这时,陈留太守张邈的弟弟张超,与曹操的将帅陈宫、从事中郎许汜及王楷共同商议背叛曹操。

陈宫劝说张邈:"当今豪杰四起,天下纷争,您拥有那么宽广的土地和众多的兵士,占据着四方必争之地,抚剑四顾,也可称得上是人中豪杰,却反而受制于人,不是有损身份吗?今天兖州城里的军队东征,城内空虚,吕布是位骁将,善于打仗,勇往直前,如果暂且将他迎来,共同占据兖州,静观形势,相机行事,这样或许可以做出一番大事业呢!"张邈听从了陈宫的意见,就同弟弟张超和陈宫等人迎接吕布,请他当兖州牧。

陈宫和张邈在兖州做官已有十多年,尤其是在陈留郡和东郡,拥有深厚的潜在势力。因此，他们一起来反对曹操，立刻得到一些郡县的响应。只有兖州治所鄄城和东郡的范县、东阿还在曹操控制之中。

陈宫准备自己领兵去攻打东阿，派汜嶷去取范城。与此同时，豫州刺史郭贡引兵数万也进入兖州，向鄄城进逼，而鄄城之内还有一些将吏与张邈勾通，形势对曹操一方非常严峻。

这时，留守鄄城的荀彧，派人把驻扎在东郡的大将夏侯惇调回鄄城。夏侯惇从濮阳赶赴鄄城时，中途遭到吕布军队的截击，夏侯惇怕鄄城有失，奋力冲杀，突围而出，吕布没去追赶，乘机占据濮阳。夏侯惇在那里的辎重，全部为吕布所得。

夏侯惇领兵来到鄄城后，当夜就把城内通敌的将吏数十人杀掉，稳定了军心。郭贡引军来到鄄城附近扎下营寨后，约求单独会见荀彧，荀彧准备亲自到郭贡军中去做说客。

夏侯惇等人劝他说："现在您是一州的主事人，如果前去，必有危险，还是不去的好。"

荀彧说："郭贡与张邈等平素没有结好，来得这样快，是想根据情况相机行事，何去何从还没有最后确定下来，应该乘他犹豫不定之时去陈说利害，纵然不能使他与我们合作，也可以使他采取中立态度。如果我们态度不好，他就很快倒向张邈、吕布一边，与我们为敌，那对我们就更危险了。"

夏侯惇等人听后，只好同意荀彧去见郭贡。

荀彧不顾个人安危，来到郭贡大营后，便向郭贡分析了形势，指出曹操是如何出类拔萃，很快就率领大军回来，而吕布是个反复无常的小人，虽然一时势盛，终究是要失败的，劝他不要帮助吕布与曹操为敌。

郭贡见荀彧毫无惧意，自信心很强，而且分析的情况也切合实际，又考虑鄄城很难拿下，曹操很难对付，便顺水推舟，领兵退去。

荀彧劝退了郭贡，心里安稳多了。他又与程昱商量守护东阿、范城的办法。

荀彧对程昱说："如今叛乱遍及全州，唯有鄄城、东阿和范县三城在我们手中。如果陈宫以后派重兵围攻，三城军心就要动摇。您在此地军民心中很有威望，最好亲自去东阿、范县，安抚、鼓励他们，可以稳定军心，坚守城池。"

于是程昱就去了范城。见到县令勒允后，他阐述自己的见解：

如今天下大乱，英雄并起，必定有治世能人来平息战乱，聪明人在此时就要采取慎重的态度。

古往今来，得主者昌，失主者亡。陈宫叛迎吕布，好多地方响应他们，似乎能有所作为，但是吕布粗暴，很少有亲近之人，刚猛而没有礼仪，不过是匹夫之勇而已。陈宫等人是暂时凑合在一起，更不足为伍了。他们目前虽然人多势众，终究是要失败的。

曹公很有智谋，有治世之才，是天之所授。如果你固守范城，我回去守住东阿，定能获得成功。否则将违忠从恶，家破人亡，何去何从，请你深思。

勒允听后，表示自己对曹操没有二心，并将前来劝降的氾嶷杀掉，誓死坚守城池。

接着，程昱又来到东阿。东阿令枣祗态度坚决，正率领将士吏民坚守城池，一切安排得非常妥当。程昱非常高兴，并给他们以鼓励，更加坚定了他们守城的信心。

经过荀彧、程昱的努力，三城终于保住了。

曹操从前线回来之后，拉着程昱的手说："没有你的帮助，我将没有地方可去了！"于是上表奏请程昱为东平相。

曹操回兖州后，一方面派李乾到各县慰问，安抚百姓，争取人心；另一方面做进攻吕布的准备工作。

曹操认为，吕布既已得到了兖州，却不及时占领东平，切断亢父、泰山的要道，据守险要，阻断自己的归路，反而驻守在濮阳，从这就可以看出他是毫无谋略的。于是曹操决定亲率主力，去濮阳与吕布决一雌雄。

东汉献帝兴平元年五六月间，曹操进军濮阳，这时吕布在濮阳城已做好了迎敌准备。曹操命于禁攻打吕布在城外南面的大营，命"青州兵"攻打西面的大营。

于禁顺利攻破了吕布的两座大营，可是"青州兵"却被吕布打败，损失惨重。曹操见状，决定亲自领兵在夜间偷袭濮阳城西吕布的大营。

当晚，曹操偷袭成功。他正在高高兴兴准备撤走时，吕布领兵赶来救援，两军又展开激烈战斗。

从黎明一直到中午，曹军有些支持不住了，曹操决定边战边退，并临时组建敢死队断后。

大将典韦首先站出来，愿意加入敢死队，还有数十人愿意同典韦协力作战。于是，由典韦等人组成的敢死队身穿两重衣铠，手持长矛短戟，保护曹操撤退。

敌军见曹军向后退去，紧追不舍。典韦对同伴说："敌人离我十步时，告诉我！"

等敌军近前时，同伴说："十步了！"

典韦又说："五步时再告诉我！"

同伴无不恐惧，齐声惊呼："敌人到了！"

于是典韦手持十余支短戟，回头大喊一声，将戟随手掷出，敌人无不应声而倒。敢死队齐心协力，拼命抵挡，杀死不少敌人。

敌人害怕，不敢再追，到了天黑时，曹操才退回营寨。

曹操回寨后，非常感激典韦，马上拜典韦为都尉，带领亲兵数百人，守卫在曹操大帐左右。

与吕布接战失利，曹操很是不安。他在大帐中苦苦思谋对策。忽然接到濮阳城中大姓财主田氏派人送来的一封信，在信中田氏表示愿意做内应，曹操喜出望外，当即同田氏约定了时间、暗号和具体办法。

在约定的这天晚上，曹操领兵悄悄来到濮城东门，通过暗号，田氏家丁将城门打开,曹操率领人马入城。为了提振士气,曹操下令火烧东门,表示决不后退。

然而,曹操却不知道,这是吕布设下的圈套。吕布得知曹操中计进城后,立即将其包围。曹操见情况不妙,回师向东门撤去,在混战中与诸将也失去了联系。

正在惊慌失措时,吕布的骑兵赶来。曹操急中生智,忙把一个士兵的头盔拿来戴上,低着头,混在士兵之中,准备逃走。

吕布赶到曹操身边,没有认出他,只是用方天画戟轻轻敲了一下他的头盔问:"曹操在哪里?快说!"

曹操随手一指,回答说:"那边,骑黄马的就是曹操。"吕布放过曹操,去追赶骑黄马的人,曹操长出了一口气。

曹操刚逃出城来,跑出不远,就从马上掉了下来。原来是左手掌被烧伤,经过烟熏火燎,有些头昏眼花,支撑不住了。司马楼异急忙扶他上马。逃出来的人越来越多,一路上护着他回到大营。

诸将见曹操受了伤,战斗中又遭到较大损失,都纷纷向他请罪。曹操不责怪任何人,反而笑着对大家说:"胜败乃兵家常事,大家不用担心,我知道该怎样攻破吕布,报这个仇。"这样一来,大家就安下心了。

接着,曹操亲自到各营中去慰问将士,提振他们的士气,并下令军中制造攻城的器具,表示非把濮阳打下来不可。而后,曹操将计就计,诈称身亡,全军挂孝发丧,四周埋下伏兵。吕布果然中计被围,死伤甚众,最后逃回濮阳城中。

此后,双方相持有一百多天,互有胜负,吕布既不能攻占兖州更多的地盘,曹操也没有拿下濮阳。

在曹操同吕布相持期间,全国好多地区长期没有下雨,旱灾严重,后来兖州地区又闹了蝗灾,庄稼遭受严重灾害,好多地方颗粒无收,不少人因饥饿而死。

到了九月间,曹操、吕布军中都没有吃的,打仗也就更难了。曹操只好带着将士回到鄄城。

吕布在濮阳也维持不下去，于是领兵到附近去抢劫粮食，被当地豪强李进阻击，又向东转向山阳郡找吃的去了。

正在这时，袁绍派人来见曹操，希望曹操把家迁到邺城去，以加强双方同盟关系。袁绍在曹操同吕布激战不利的时候，不派兵前来支援，这时表示友好，实际上是想乘人之危，借机控制曹操。

曹操对此不是不清楚，但他考虑，战场上失利，灾荒严重，粮食很难筹集，有些士兵因此逃离队伍，处境非常困难，想依靠袁绍，以解一时困难，徐图发展，因此准备接受袁绍的"好意"。

当曹操同手下人商量时，程昱却立即劝阻。程昱说："像袁绍这样的人，尽管他占据燕、赵广阔的土地，有并吞天下的雄心，但他的才智却不足以使他成功。将军掂量一下，能甘心做他的下属吗？以将军龙虎一样的声威，智勇兼备，能愿干韩信、彭越那样的事吗？而今兖州虽已残破，尚有三座城池，能征惯战之士也不下万人，以将军之英勇，加上荀文若和我等都愿为将军效劳，再广泛收罗人才，加以重用，霸业是不难成功的。请将军再认真考虑考虑。"

魏武帝曹操传

程昱的话打动了曹操，他权衡利弊后，打消了依附袁绍的念头。经过一段努力，曹操重整旗鼓，展开了收复兖州失地的斗争。

逐鹿中原

重新收复兖州失地

兴平二年，曹操在经过一段时间的休整后，重整旗鼓，准备与吕布再次展开角逐，进攻濮阳，收复兖州失地。

对此，吕布也早有准备。濮阳前面是鄄城，后面是袁绍的势力范围，为了避免腹背受敌，吕布将军队移到定陶附近的山阳驻扎，试图向兖州东南方向发展。

兴平二年春天，曹操决定先攻打济阴的郡治定陶，扰乱吕布的判断，然后再伺机攻击吕布。

面对气势汹汹的曹军，驻守定陶南城的济阴太守吴资退守南城，布下严密防线，曹军未能攻下。吕布得知消息后急忙率兵增援，曹操趁吕布安营未稳，立刻派遣骑兵突袭，吕布战败后退回山阳。

在攻打定陶的同时，曹操派遣曹仁率领部队攻打山阳附近的另一座城池——句阳城。当时吕布的注意力都集中在定陶，因此句阳城很快就被曹军攻陷。吕布见形势不利，开始向东北方向撤退。

兴平二年夏天，吕布决定反击，他命令属下薛兰、李封屯兵巨野，向曹操挑战。吕布和陈宫分析认为，曹操比较喜欢打和敌军主力互为犄角的机动队伍，因此，他们便用薛兰等人做诱饵吸引曹操，准备等双方展开激战的时候，再由吕布率领队伍乘机包抄过去。

然而，曹操这次却改变了战术。他留下部分军队继续攻打定陶，又命令曹仁率领军队攻打巨野，自己则亲率主力埋伏在途中。当吕布率领军队向巨野逼近时，曹操出其不意，发动袭击。很快，吕布的军队开始溃散逃走。

曹操率领军队与曹仁会合后，集中全部力量攻打巨野，最后，巨野被攻陷，薛兰等人全军覆没。为了预防吕布反扑，曹操命令一部分军队筹集粮食，自己则带领其余士兵积极修建工事，做好防御准备。

这时，传来陶谦已经病死，并把徐州让给刘备的消息。曹操想利用这一时机，进兵徐州，借以解决军粮问题，然后再回来消灭吕布，收复失地。当曹操向手下人征求意见时，荀彧发表了自己的看法：

"从前汉高祖与项羽争夺天下，先是确保关中；光武帝经略河北，先据守河内，都是先扎根固本，然后再进取天下，这样进可以战胜敌人，退足以守住根本。所以，虽然他们也有挫折和失败的时候，但最终还是成就了大业。将军本来是在兖州起兵的，在这里有很大影响，兖州在黄河、济水之间，是天下的要地，如今虽然有些残破，但总还可以据守自保，这里就是将军的关中、河内，不可以不首先平定和巩固。"

曹操认真听荀彧讲，荀彧停下来看看他，他要荀彧展开来讲，荀彧又从容地接着阐释：

"现在我们已经消灭了李封和薛兰，如果再分兵向东攻打陈宫，使他无法西顾，我们趁此时机抢收小麦，节省用度，多加积蓄，军粮问题就可以解决。然后再攻打吕布就不成问题了。打败吕布之后，我们再南结扬州的刘繇，共同讨伐袁术，把势力扩展到淮河、泗水地区。如果现在放弃吕布而去东征徐州，多留官兵，前线就要不够用；少留官兵，后方又要空虚。吕布乘虚攻伐抢掠，民心就会动摇，兖州就有丢掉的危险。如果徐州再拿不下来，将军到哪里去立足呢？"

曹操听到这里，进而问荀彧："何以见得我们打不下徐州呢？"荀彧严肃地论述道：

"徐州的陶谦虽然死去，但徐州不容易破亡。刘备在徐州深得人心，他们鉴于过去的失败，必定团结起来，互相配合，做充分的准备。现在东方各地的麦子已经收割完毕，他们必然采用坚壁清野的办法来对付我们。这样，我军攻城攻不下，掳掠无所获，不超过十天，我大军就会陷于困难境地。

前次讨伐徐州，将军威罚必行，杀了不少人，那里的子弟怀恨在心，一定坚守到底，至死也不会投降。就是能够攻破徐州，由于结仇太深，也不会安稳地占有它。

事情固然有失此而得彼的情况，但必须是弃小而得大，以危险换来安定，或是乘一时之势进取而不动摇根本，才可以进行。然而我们现在去征讨徐州，在这三方面来说，都是不利的。请将军再深思熟虑，权衡一下利弊。"

曹操觉得荀彧这一番说得有理有据，既坦诚又透彻，很有道理，赞叹不已。曹操放弃了东征徐州的打算，马上命令将士出去抢割麦子。

不久后，吕布和陈宫果然率领万余精兵反扑攻城。当时，曹操的军队大部分都在外边抢割麦子，留守的将士不足一千，情势危急之下，曹操命令城中妇女登上城楼参与防守，以便集中兵力对付敌军。

吕布行军至城外大堤处，见地形奇特，密林丛生，恐怕曹操在林中设下埋伏，一时之间不敢贸然前进。他和陈宫商议，暂时在大堤十里处安营扎寨。

当天夜里，外出抢割麦子的一部分将士赶了回来。曹操立即进行军事部署，他将一部分士兵暴露在大堤之外，大部分兵力则隐藏在大堤之内，借此诱敌来攻。

第二天，吕布探听到树林中并无埋伏之后，便立刻下令士兵进攻。曹军暴露在大堤外的队伍且战且退，将吕布引诱到埋伏圈内，堤内众军一拥而上，将吕布杀得措手不及。

仓皇应战的吕布大惊失色，很快就败下阵来，士兵伤亡惨重。曹操乘胜追击，一直杀到吕布大本营。

吕布见大势已去，便连夜与陈宫带着残兵败将逃往徐州，准备投靠刘备。张邈见吕布大败，非常惊恐，立即派弟弟张超带领家属退守雍丘，自己则逃亡徐州。

此后，曹操亲率大军攻陷定陶城。同年八月，曹军攻打雍丘，张超率领残部顽强抵抗。张邈得知消息后，急忙向吕布求援，但却遭到了吕布的拒绝，张邈只好前往扬州向袁术求援。但还未行至扬州，就在途中被叛乱的军士所杀。

十月，朝廷见曹操已经基本控制了兖州的局势，便正式任命曹操为兖州牧。曹操忙向朝廷上书，表示了自己的忠诚。

曹操在给皇帝上表中这样说：

"臣过去在内掌管禁军，在外承担征伐重任，因几代蒙受皇恩，不敢顾惜生命。因此率领将士，按照天子的意旨征伐，但尚未彻底讨平叛乱，消灭敌人，就享受这样的厚待，实在惭愧。功绩没有建立，名不副实，要受到讥笑，实在是进退维谷。"

在这里，曹操表示自己要效忠皇帝，按朝廷的意愿，担负起讨平叛乱的重任。

曹操决心尽快收复兖州失地，拿下雍丘。可是张超守城，非常顽强，他身先士卒，昼夜不离城头，手下将士，也都不敢懈怠。

到了十二月，曹操围攻雍丘已达数月，张超见城内已无粮草，外无救兵，实在坚持不下去了，知道曹操是不会放过他的，于是就自杀了。

曹操拿下雍丘后，把张邈、张超的家属全部杀死。反叛曹操的主要人物死的死、逃的逃的同时，曹操分兵平定原来响应张邈叛变的一些郡县，到年底这些郡县也都先后向曹操投降了。

至此，曹操全部收复了兖州失地，而且名正言顺地成为兖州的主宰者，他在这里的统治稳定下来。此后，他得以腾出手来，集中精力建设和巩固这块根据地，进而采取一系列政策措施，实现其剪灭群雄，统一北方的宏图大业。

挟天子以令诸侯

东汉献帝建安元年二月,曹操收复兖州后,出兵豫州,镇压了汝南、颍川的黄巾军。

当时李傕、郭汜在长安进行火拼,董承、杨奉仓皇保护汉献帝东奔到安邑。

汉献帝虽然说只是一个傀儡皇帝,但在当时天下分崩、政出多门、号令不一的混乱局面下,他毕竟还是最高权力的象征,谁控制了他,谁就能号令天下。

当时袁绍的谋士沮授就曾向袁绍建议,趁此机会,赶快把皇帝接来,就可以"挟天子以令诸侯"。

袁绍正准备去做,他的另一位谋士郭图提出反对意见,说把汉献帝迎来,就必然要受献帝的制约,不能这样做。袁绍是个优柔寡断的人,一时不知道怎样做才好。

这期间,汉献帝又在张杨、杨奉的护卫下回到了洛阳。由于洛阳到处破败不堪，又没吃的，张杨、杨奉又借口离开了洛阳。

曹操在许县得知消息后，准备去迎接汉献帝。曹操之所以这样做，当然有自己的想法。

当初，在曹操打败青州黄巾军时，陈留人毛玠曾向曹操建议有两件事应该抓紧去办。他说："现在天下分崩，皇帝迁移，老百姓不能耕作。因为饥饿，便逃散流亡，公家一年的储备粮也没有，老百姓是不会安稳的。袁绍、刘表虽然地广人众，却没有长远的考虑，是不可能建立牢固基础的。用兵打仗，要讲正义，师出有名，兵力强大，才能取胜。我们应该尊奉皇帝，号令天下，使其臣服，并广修耕植发展农业，以供应军事需要，这样才能成就霸王之业"。

这两条建议，曹操都采纳了，而且他早就派使者向皇帝进贡，皇帝也承认了他的兖州牧的地位。现在，他如果能够把皇帝弄到自己身边，以后做事更可以"名正言顺"了！

不过，曹操的想法却遭到许多谋臣武将的反对。这个时候，荀彧站起来，对曹操表示坚决支持，他说："自天子被董卓劫持西迁以来，您首倡义兵，只因关东扰乱，未能远赴勤王。现在天子回到旧京，忠义之士都应该保卫皇室，趁此机会把天子迎来，是顺乎民心的，您扶持正义、秉公行事，才显出您的才略出众、品德高雅，天下的英雄豪杰就会来归附您。如果不及早行动，说不定会有人占先，那时后悔就晚了。"

曹操听了大喜，立即派曹洪去迎接汉献帝。但曹洪的兵马却被董承据险所阻，不能前进。

这时，早就倾慕曹操的议郎董昭看到曹操迎奉献帝，认为曹操这样的做法很高明。但是，曹操的兵马被阻了，这样搞不好会坏事的。于是，董昭就以曹操的名义给杨奉写信说："将军可以在内主持朝政，我为外援。现在我有粮食，将军有兵，我们可以互相帮助、互相合作。"

杨奉看到曹操这样看得起自己，就对自己的部将说："兖州诸军近在许城，有兵有粮，国家应当倚重他们。"就上表给汉献帝，拜曹操为镇东将军，并承袭他父亲的费亭侯爵位。

董昭的这封书信，起了一纸敌万兵的作用，给曹操帮了大忙。汉献帝初平三年七月，曹操带兵到洛阳朝见了汉献帝。汉献帝任命曹操领司隶校尉，隶尚书事。

当时汉朝廷处于风雨飘摇之中，树立汉王朝的权威，实际上就是树立自己的权威。要达到此目的，曹操当然还要下一番功夫才行。

一天，曹操请教董昭说："我现在到了洛阳，下一步应该怎么办？"

董昭胸有成竹地答道："将军兴义兵，诛暴乱，入京朝拜天子，辅助王室，这是可以媲美春秋诸侯五霸的功绩，但这里的各位将军各有各的想法，恐怕未必都能服从您，将军留在洛阳辅佐皇上，有很多不方便之处，应该把皇上迁到许县去。"

曹操听后非常高兴地说："这正是我的想法。"自此，董昭成了曹操的心腹谋士。

魏武帝曹操传

虽说曹操想把汉献帝迁到许县，但是，这却并不是一件容易的事情，因为杨奉的军队就在洛阳附近梁县驻屯。

为了避免杨奉的阻挠，曹操派人通知他说："洛阳无粮，要暂时把皇上接到鲁阳去。"杨奉信以为真。

鲁阳离许县很近，曹操将献帝接到鲁阳后，于九月转移到许县，暂定许县为汉帝国首都。

曹操迎献帝到许都后，朝廷的大权便落入曹操手中。汉献帝晋升曹操为大将军，又加封武平侯。

曹操以汉献帝的名义，任命荀彧为侍中，兼代尚书令，程昱为尚书，并都督兖州事宜。以后外出征战，中央政务全由荀彧处理。

自从天子西迁以来，朝纲紊乱，至此中央政权和各项制度才又重新建立起来。当然汉献帝也就成了曹操进行统一战争的政治工具。

这时，袁绍得知曹操迎献帝到许都，真有点后悔。为了把汉献帝抓到手，他以盟主的身份要求曹操把汉献帝迁都到鄄城去，因鄄城离邺城较近，便于他控制。

但曹操拒绝了他的要求，并请汉献帝下诏书责备袁绍说：

"地广兵多，却专门扩充自己的势力，不见你出师勤王，只见你随意征伐，眼里没有朝廷。"

袁绍理屈词穷，只得上书表白自己。

在迎回汉献帝这个重大政治问题上，优柔寡断的袁绍彻底败在了曹操手下。曹操请汉献帝任命袁绍为太尉，封邺侯。

这下可把袁绍惹怒了，太尉虽是王公显官，但位在大将军曹操之下。袁绍一接到诏命，就勃然大怒道："曹操好几次走上了绝路，都是我救了他，现在曹操竟敢挟天子以令我了。"他拒不从命。

曹操这时的实力毕竟还不如袁绍，他不愿意在这个时候跟袁绍闹翻，决定暂时向他让步，便把大将军的头衔让给袁绍，自己任司空，又代理车骑将军，以缓和同袁绍的矛盾。

虽然如此，由于袁绍不在许都，曹操仍然总揽着朝政。曹操在政治上取得"挟天子以令诸侯"的优越地位，对以后逐步消灭北方割据势力，加强中央集权，加速国家统一进程，起到了不小的作用。

强力推行屯田政策

魏武帝曹操传

汉献帝初平三年,曹操颁布了"屯田令",开始运用国家政权的力量推行他的屯田政策。

所谓屯田,就是把农民和士兵组织起来,在国家控制的土地上进行生产,由政府直接收取田租。这是曹操用来巩固政权、富国强兵的主要经济措施。

曹操实行屯田制的直接目的,是解决当时急需的军粮问题,为统一战争提供必要的物质条件。

《孙子兵法》上说:"军无辎重则亡,无粮食则亡,无委积则亡。"曹操看了这句话以后,深有感触地在旁边加了一句注释:"无此三者,亡之道也。"

与其说这是曹操对《孙子兵法》的理解,不如说这是他自己的经验总结。在豪强军阀连年混战的情况下,老百姓四处逃亡,社会生产遭到非常严重的破坏,军粮的供应问题也就成为最突出的问题。

曹操清楚地记得，当他在徐州境内追击陶谦，快要拿下郯城的时候，因为军饷不继，最后不得不撤兵，已经得到的十几座县城也再次落入敌军之手。

曹操当然也记得，自己在兖州境内同吕布、陈宫激烈争夺的时候，由于军粮吃尽而被迫收兵，甚至不得不把新招募来的士兵全部遣散回家，自动削弱军事力量。

实际斗争的教训，使曹操深深感到要取得战争的胜利，必须设法解决军粮问题。

早在汉献帝初平三年，毛玠就曾经建议他"修耕植以蓄军资"，要曹操"守位以财"，就是在经济上开辟财源来巩固政治上的统治地位，其主要目的也是解决军饷问题。不过那时曹操并没有找到"修耕植"的具体方式和物质条件。

汉献帝建安元年春天，曹操率军进入豫州，在许县一带强制改编黄巾军的过程中，他发现这些黄巾军的营寨大都原是豪强地主的庄园。

原来，这些黄巾军在杀掉或者赶走豪强地主以后，夺得了他们的土地、粮食、耕牛、农具，不管平时还是战时，他们的家属都坚持在营寨周围的土地上耕耘。

曹操从这种且耕且战、耕战结合的形式中发现了黄巾军能够长期坚持下来的秘密。于是，他立即命令把农民起义军的武器、粮食、耕牛、农具全部收归官府，然后召集部下的谋臣、武将讨论如何处置从黄巾军手中夺来的这些东西。

枣祗、韩浩两位将领建议立即实行屯田，由官府招募农民，在"无主"的土地上进行耕种。曹操当即采纳了他们的建议，颁布了"屯田令"。屯田令中说：

> 平定国家的办法，在于粮足兵强。过去，秦国的当政者由于重视农业而统一了全国，汉武帝因为实行屯田而巩固了西域的边防，这都是前人做出的好榜样！

在这里，曹操高度赞扬了秦始皇、汉武帝的历史功绩，明确表示要学习他们的成功经验，提倡耕战，实行屯田，达到平定国家的目的。

为了取得屯田的实际经验，曹操任命原来管理军需供应事务的任峻为典农中郎将，枣祗为屯田都尉，并让他们首先在许县周围实行屯田。曹操的屯田事业就这样兴办起来了！

曹操的屯田分"民屯"和"兵屯"两种。

"民屯"以"屯"为生产单位，每屯有"屯田客"约五十人。"屯田客"又叫"屯田部民"，由"屯司马"监督他们进行生产。

全国的民屯由大司农掌管，郡设典农中郎将或典农校尉，县设典农都尉，典农都尉以下就是主管生产单位的"屯司马"了。

"兵屯"保持原有的军事编制，以"营"为生产单位，每营有"佃兵"六十人，又叫"田卒"，由各级将吏自行"劝课"耕作。

"屯田客"和"佃兵"在政府控制的土地上进行生产，对产品的分配采取分成制的方式。

在产品分配的问题上，一开始是有过争论的。军祭酒侯声等人主张"计牛输谷"，就是由政府把耕牛借给农民使用，收割以后，按牛的头数来征收租谷。

独有枣祗提出异议，认为"计牛输谷"的办法，在丰收的年份，政府不能增加收入；遇到水旱灾荒，田租却又不得不减免。这对政府很不利。他主张采取"分田之术"，即按土地的实际产量分成收租，这样，不管丰年歉年，政府都能得到大批粮食。

曹操最终采纳了枣祗的分成收租法，规定：

> 借用官牛的屯田农民，庄稼收割后，六成归官府，四成归自己；不用官牛的，收割后，一半归官府，一半归自己。

从屯田制的管理机构、组织形式和产品分配几方面来看，屯田制下的农民并没有得到人身自由，他们所受的封建剥削仍然是相当严重的。

屯田制是带有很大强制性的封建剥削制度，是曹操政权进行阶级统治的工具。但是，曹操在实行屯田制的时候，利用了农民起义的威力，在一定程度上调整了东汉末年生产关系中与生产力不相适应的某些环节。许多豪强地主的庄园，先是变成了无主的荒田，最后又变成了中央政府直接控制的国有土地。

原来备受豪强剥削、处于农奴地位的"徒附"和奴婢纷纷从豪强庄园里逃亡出来，其中有不少人变成了屯田客。屯田客的地位和待遇要比"徒附"、奴婢略微好一些，他们除交纳田租以外，没有更多的额外负担。

这些逃亡农民与土地重新结合起来，对于社会生产的恢复和发展是有好处的。所以，曹操的屯田政策能够起到抑制豪强土地兼并、削弱分裂割据势力的经济基础、发展社会经济、巩固中央集权的效果。

为了提高屯田地区的粮食产量，曹操还大力提倡兴修水利，推广种稻。当时许县一带地势低洼，水塘较多，水量充沛，宜于种植水稻。

根据地方志记载和群众传说，当年枣祗在许县管理屯田的时候，组织农民在后来的许昌、襄县、临颍境内开挖了枣祗河、灌沟、高低河、运粮河等几条河渠，引水灌溉稻田，使粮食产量大幅度增加。

当时旱田每亩能收十余斛，水田每亩能收数十斛，一斛粮食相当于一人十天的口粮。实施屯田的第一年，就为政府提供了大约一百万斛的粮食，极大地缓解了军粮问题。

曹操在取得了这个局部的成功经验以后，又把屯田制推广到他所统治的整个中原地区，政府因此得到了大批粮食。

屯田的扩大，曹操实力的增强，引起了那班豪强军阀和世家大族的极大恐惧和仇视。他们除了暗中进行破坏以外，还通过他们在许县政府内部的代言人司马朗之流直接向曹操发动进攻，公开要求取消屯田制，恢复井田制。

司马朗说："今承大乱之后，民人分散，土业无主，皆为公田，该是恢复井田制的时候了。"

司马朗恢复井田制的建议，实质上是要求把已经成为公田的那些"无主"的土地送还给"累世之业"的原主，恢复他们在经济领域中的特权。

然而曹操不仅没有取消屯田制，还把屯田制进一步推广到了淮河之南、黄河以北和他力所能及的其他地方。

另外，曹操还从豪强富商手中夺回了盐铁大利，并把卖盐得来的钱买耕牛贷给农民使用，直接促进了屯田制的推广，支援了农业生产。

实行屯田制以后，中原地区由过去的"白骨露于野，千里无鸡鸣"的悲惨景象，变成了"鸡犬之声相闻"的繁盛局面。

社会生产发展了，中央集权的经济基础建立起来了，曹操急需的军粮问题得到了解决，这就为他的统一战争的胜利进行，提供了雄厚的物质基础。

逐鹿中原

积极选拔有用人才

曹操在推行屯田制的同时，还利用其总揽朝政的优越条件，大力招募人才，并要求官员积极推荐人才。

荀彧是参加曹操集团比较早的智谋之士，为曹操出了不少好主意。曹操很信任他，敬重他。在推荐人才方面，荀彧发挥了很大作用。

在曹操掌握朝政之前，荀彧曾向曹操推荐了颍川人戏志才。戏志才很有谋略，深得曹操器重，但不幸早死，曹操感到非常惋惜。

为了收揽更多的人才，曹操写信给荀彧说：

自从戏志才死后，几乎就没有可以与我计议大事的人了。
汝南、颍川本来就有很多奇士，您看谁可以接续戏志才呢？

汝南、颍川二郡均属豫州。荀彧是颍川人，对这里人才的情况比较了解，见信后，立即向曹操推荐了郭嘉。

郭嘉，字奉孝，颍川阳翟人，少有大志，很有远见。郭嘉先投靠当时最有实力和声望的袁绍。袁绍对他很敬重，并给以礼遇。可是郭嘉与袁绍相处几十天后，便对同郡人、袁绍谋士辛评说：

明智的人对选择主人之事非常重视和审慎，万全无失，方能有所作为，建立功名。袁公虽然想效法周公礼贤下士，但他却不知道用人的诀窍。他处事头绪多而缺乏纲要，喜好用谋略却做不出恰当的决断。想要同他一起安定天下，成就霸业，是非常困难的。我将另行择主，不知你如何打算？

听了郭嘉的话，辛评不以为然地回答说："袁氏有恩德于天下，人多归之，况且势力最强，没有比这儿更合适的地方可去。"

郭嘉不再说什么，独自离袁绍而去。经荀彧推荐，曹操召见郭嘉，同他讨论天下大事，两人谈得很投机。

曹操深感郭嘉见解精深，的确是一位不可多得的人才。他非常高兴地对别人说："使我成就大事业的，必定是这个人。"

曹操当即以郭嘉为军师祭酒，留在自己身边参谋军事。郭嘉也高兴地说："曹公真是我的明主啊！"

曹操不以得到郭嘉为满足，他要进一步收揽和提拔更多的人才，为己所用。有一次，曹操问荀彧："谁能代替您为我出谋划策呢？"荀彧向他推荐了荀攸和钟繇。

荀攸，字公达，是荀彧之侄，可年纪却比荀彧大。荀攸少年丧父，成了孤儿。祖父荀昙曾任广陵太守，荀昙死后，其故吏张权要求为他守墓。十三岁的荀攸见张权可疑，便对叔父荀衢说："此吏神色不正常，很可能有诈。"荀衢追问之，原来张权是个杀人亡命之徒。

何进掌权时，荀攸做过黄门侍郎。董卓之乱时，他与议郎郑泰、何颙、侍中种辑、城门校尉伍琼等，谋刺董卓。

荀攸说："董卓残暴无道，甚于桀、纣，天下人都怨恨他。虽然他拥有强兵，实际上不过是一个匹夫。现在我们应刺杀他以安百姓，然后再据关守险，辅佐皇帝，号令天下。"

后来，由于事情败露，董卓将何颙、荀攸收捕入狱。何颙忧惧自杀，而荀攸则言语、饮食自若。董卓被杀后，荀攸被释放。不久，又被任命为蜀郡太守。可是因道路不通，只好暂驻荆州。

曹操给荀攸写信说：

> 方今天下大乱，正是智谋之士发挥作用的时候，您却滞留在荆州，观望时变，耽搁的时间，不是太长久了吗？

荀攸表示愿为曹操效劳，曹操便征召荀攸为汝南太守，后又调到朝廷任尚书。

曹操同荀攸多次接触、谈论后，认为他的确是一位智谋之士，于是非常高兴地对荀彧等人说："公达是非凡之人，我能够得以同他一起计议军国大事，天下还有什么可忧虑的呢！"于是任命荀攸为军师，在身边参谋军机。

钟繇，字元常，颍川长社人。祖父钟皓，学识渊博，教授门生一千多人，是海内知名学者。父亲钟迪曾经是郡主簿，因党锢之祸，仕途受阻。

钟繇学习认真，为人机敏，先为郡功曹，后任阳陵令。曹操在兖州遣使者到长安，上书致天子时，钟繇劝李傕、郭汜对曹操友好，曹操得以同朝廷建立联系。献帝由长安东迁时，钟繇参与谋划，并护驾从行，有功被任为御史中丞。

荀彧向曹操推荐钟繇后，曹操任命他为侍中、尚书仆射，成为尚书令的副手，参与掌管朝廷中枢大政。从此，钟繇便成为曹操集团中的重要成员了。

颍川地区确实出人才，除荀彧推荐的几位佼佼者外，这期间由曹操征召的和自己投归的还有杜袭、赵俨等人。

杜袭，字子绪，颍川定陵人。曾祖父杜安、祖父杜根，都是东汉名士。群雄混战中原后，杜袭和同郡人繁钦避乱荆州，刘表以礼相待。繁钦经常在刘表面前表现自己，希望得到刘表的重用。

杜袭非常不高兴，他告诫繁钦说："我之所以和您来到这里，只想像龙潜伏在水里一样，等待时机翱翔，哪能一直留在这里呢？您如果再表现自己，就不是我的朋友，我就要和您绝交了。"

不久，杜袭南下到了长沙。曹操迎献帝到许县后，杜袭又逃回了家乡，曹操任命他为西鄂县令。

西鄂县属南阳郡，紧靠刘表的势力范围，贼寇横行、农业荒废、百姓穷困、国库空虚。杜袭对百姓布施恩德，组织老弱进行劳动生产，以强壮者守卫县城，百姓很高兴。

赵俨，字伯然，颍川阳翟人。避乱荆州时，与同乡杜袭、繁钦关系密切，如同一家人。曹操迎献帝到许县时，赵俨对繁钦说："曹操顺应时势，有治世的才干，必定能安济天下，我知道我的归宿了。"

魏武帝曹操传

建安二年，赵俨去见曹操，曹操让他担任朗陵县令。朗陵县属汝南郡，紧靠荆州。县里很多豪强，肆无忌惮，胡作非为。赵俨以宽严并济、恩威并用的办法进行治理，取得了明显的效果。

河内人司马朗，字伯达，是司马防之子、司马懿之兄。少年时就才思敏捷，通晓事理。有人直呼他父亲的名字，九岁的司马朗不满地说："轻慢别人父母的人，就是不尊敬他自己的父母。"

董卓擅权时，司马防在朝中为官，他见天下纷乱，让司马朗携带家眷回到家乡温县去。这时，有人告发司马朗打算逃跑，于是董卓强行把他留了下来。

司马朗料定董卓必定败亡，就用财物买通董卓身边的人，请求回到乡里。曹操迁都许县后，征召司马朗担任司空掾属。

江夏平春人李通，字文达，以武勇见称，这时也投归曹操。曹操任命他为振威中郎将，率兵驻守汝南西界。

当然，在曹操征召的和前来投归的人才中，并不是都起到了应有的作用，也有的作用不大，甚至制造一些麻烦，比如孔融和祢衡。

孔融，字文举，鲁国人，孔子二十世孙。孔融小时候就很聪明，曾得到李膺的夸奖，十六岁时，因掩护"党人"张俭事情败露，与兄争死，获得声誉，为不少人所推重。

孔融开始在朝廷做司徒杨赐的属官，后为虎贲中郎将，董卓擅权时，出任北海相。参与镇压黄巾起义军，被击败。后任青州刺史，又被袁绍的儿子袁谭击败，丢了城池。

曹操把孔融请到朝廷来，让他做了将作大匠，也就是卿官，主要掌管皇室的土木工程和器物制造。

孔融崇尚儒学，博学多览，他自视智能超群，以安邦定国为己任，但华而不实，所论虽引经据典，却脱离实际，没办成什么大事。

祢衡，字正平，平原般县人。很有才气，但非常狂妄。最初在荆州避乱。曹操占领许都后，他来到许都。许都算是人才济济的地方，可祢衡却谁也没看上。

有人建议祢衡去同陈群和司马朗接触，他不满地说："你是想让我去跟随屠户和卖酒的人吗？"有人问他尚书令荀彧和荡寇将军赵稚长算得上是有才能的人吧，他回答说："荀文若长相不错，可以借他的脸面去吊丧。赵稚长大腹便便，可以让他去监厨请客。"

祢衡比较看得起孔融和杨修，但也很不尊重他俩。他称孔融为"大儿"，称杨修为"小儿"。

祢衡这样的狂傲态度，引起曹操手下人的普遍不满。但孔融对他有好感，向曹操推荐他。曹操动了心，想见见祢衡，祢衡却称病不肯前往，而且还在背后讥讽曹操。

后来祢衡又先后在众人面前羞辱、大骂曹操。曹操见祢衡实在不能为己所用，又不好杀他，便对孔融说："祢衡这小子竟如此无礼，我要杀他像杀麻雀、老鼠那样容易。不过考虑他有些虚名，杀了他，人们会以为我不能容人。你还是把他送回荆州吧！"

祢衡知道自己在许都得罪不少人，也想回荆州。祢衡到达荆州后，刘表开始对他很器重，但祢衡同刘表身边人的关系还是处不好，又引起刘表的不满。刘表又把他送到部将黄祖的身边。黄祖性情急躁，当祢衡又狂妄骂人时，黄祖一怒之下，把他杀了。

曹操将献帝控制在自己手中后，只用一两年的时间，就收揽了许多人才，这固然与一些人效忠献帝有关，但主要还是因为曹操有胆有识，又能够知人善任，让人觉得跟着他能有所作为。

有了众多文武人才的辅佐，曹操的政策方针得以贯彻实施，特别是由荀彧、程昱、荀攸、郭嘉等组成的谋士群体，或者说是智囊团，对以后曹操势力的发展发挥了很大作用。

曹操在政治上"挟天子以令诸侯"，在经济上"兴屯田，蓄军资"，在用人上建立智囊团，这三大政策以及先前在军事上收编青州黄巾军，都是胜人一筹的，使他在以后同各武装集团的兼并战争中能够在总体上立于不败之地。

逐鹿中原

成功收降南阳张绣

汉献帝初平三年,在曹操迎献帝回许县后,吕布乘刘备出兵抗击袁术的机会,夺取了徐州,并自称徐州牧。刘备战不过吕布,只好带着关羽、张飞等到许都投奔曹操,得到曹操厚礼相待。

因为刘备已经被陶谦表为豫州刺史,于是曹操以天子的名义正式任命刘备为豫州牧。

刘备的到来,引起了曹操集团内部的争议,程昱对曹操说:"我看刘备有雄才,又深得民心,终不会久屈人下,不如趁此机会把他除掉,以绝后患。"

不管曹操当时心里怎么想,但他嘴上坚持说:"今天我们正在收揽天下英雄,杀一人而失天下之心,不可!"

此后,曹操不仅给刘备增加兵众,供给军粮,还请他到沛县去收聚散兵,准备讨伐吕布。

那时候曹操的主要对手是北方冀州的袁绍,东南扬州、淮南地区的袁术，东边徐州的吕布，南方的张绣、刘表，西北方的马腾、韩遂等人。这些人中，以袁绍的势力最强，马腾、韩遂尚未对曹操构成威胁。

曹操把朝中大事安排妥当后，准备出征消灭群雄。他和谋士们商议，有的主张先对付吕布，有的说要先消灭自称皇帝的袁术，也有的说要先征服关中的马腾、韩遂，而曹操却提出必须首先征服离许都最近、威胁最大的张绣。

曹操认为，如果先消灭吕布，张绣就会和荆州刘表联合，袭取许都，后果就不堪设想了。最后，曹操采取了北和袁绍、由近及远、先弱后强、各个击破的方针。

建安二年正月，曹操亲率大军讨伐张绣。张绣，武威祖厉即今甘肃靖远人，年轻时为祖厉县吏。董卓被杀后，他跟随其叔父凉州将军张济与李傕等打败吕布。

李傕、郭汜专擅朝政后，张济为骠骑将军、平阳侯，张绣为建忠将军、宣威侯。建安元年冬，张济因为军中缺粮，率部来到荆州，在进攻穰城时被刘表打败，张济战死。

此后，张绣统领残余的兵马占据了南阳，屯驻在宛城。张绣派人前往华阴将依附将军段煨的贾诩请来，做自己的谋士。

贾诩是武威姑臧人，和张绣是同郡人，原来是李傕、郭汜手下谋士，张绣对他的智谋很钦佩。后来李傕势败，贾诩投靠占据华阴的段煨。段煨表面上尊敬他，实际上并不信任他。贾诩很想离开，张绣使者来后，他马上去了宛城。张绣拿他当父辈看待，言听计从。

贾诩献出的第一个谋略是劝张绣依附刘表，并亲自到襄阳去见刘表商谈。刘表表示愿意与张绣联合，同意张绣占据南阳。

不过，贾诩这次同刘表接触之后，有些心灰意冷，回来后对张绣说："在天下太平时，刘表具有做三公的才能；在天下大乱时，他就看不清形势，而且多疑不决，缺乏主见，成不了大事。"因此，张绣只是采取与刘表表面联合的态度，借以保存自己，并不想真心依靠他。

张绣在南阳地区招兵买马，训练军队，势力日渐强大，这不能不引起曹操的注意，以致引大军来征。

建安二年春，曹操让荀彧留守许都，他亲率大军出征张绣。面对曹操的征讨大军，张绣听从贾诩的劝告，投降了曹操。这当然是出于被迫，并非真心。

曹操兵不血刃，便使张绣投降，心中万分高兴。轻易得来的胜利使他滋长了骄傲情绪，行为也变得很不检点。他在宛城置酒高会，在和人行酒时，他的亲随校尉典韦总是手持大斧跟在后面，搞得张绣和部将异常紧张，不敢仰视。更令张绣不能容忍的是曹操竟然将他的婶母纳为妾。

曹操对张绣也产生了怀疑。张绣手下有一位将领叫胡车儿，非常骁勇。曹操就让手下人同他结交，并送给他许多金银。

张绣听说后，怀疑胡车儿帮助曹操图谋自己性命，很是害怕，便与贾诩计议，先发制人。

在一个晚上，张绣领兵偷袭曹营，曹操毫无准备，慌忙应战。最后幸得校尉典韦率兵力战，才得以逃脱。

典韦在激战中，身受十多处创伤，大骂而死。曹操的长子曹昂、侄儿曹安民也被杀害，曹操右臂中箭，险些丧了性命。

曹操率领残兵败将退到舞阴后，得知典韦英勇战死的消息，不禁流下了悲痛的眼泪。他派人从小道去取回典韦的尸体，哭祭一番，然后送回陈留家乡安葬。

曹军在这次败逃过程中，平虏校尉于禁的军队没被打散，且战且退。在赶往舞阴途中，于禁遇见十多个赤身受伤的人，一询问，得知他们是被青州兵抢劫了。

于禁大怒，追讨青州兵，历数他们的罪行。青州兵逃到曹操那里去告状。于禁到达舞阴后，没有立即去见曹操，而是先把营帐安扎好。

有人对于禁说："青州兵已经向曹公控告您了，您应当赶快拜见曹公进行申辩。"

于禁回答说："现在敌人还在后面，不知道什么时候就会追到，如不事先做好防备，如何迎敌呢？况且曹公明断，哪里会轻信谗言？"

等到一切安排就绪之后，于禁才去拜见曹操，将情况说明。曹操很高兴地对于禁说："宛城之事，我很被动。将军在混乱中能保持队伍的整齐，以坚固的壁垒对付敌人，有不可动摇的节操，即使是古代名将，也不过如此啊！"

正说话间，张绣的军队追了上来。曹操立即命令于禁等迎击，张绣败走，曹军乘势占领了南阳、章陵。张绣退守穰城，又派人去荆州与刘表联合。

曹操总结这次失败的教训时，对诸将说："我接受张绣的投降，由于没有及时留下他的亲人为人质，以致引起了他的反叛，造成难以挽回的损失。现在我明白过来了，大家看吧，从今以后我不会再遭到这样的失败了。"

曹操这段话其实并没有找出失败的真正原因，他这次失败的主要原因还是由于自己骄傲轻敌。

曹操从舞阴回到许都后，为了表彰于禁的功劳，表封他为益寿亭侯。因为典韦为自己战死，曹操又任命典韦的儿子典满为郎中。

接着，曹操派谒者仆射裴茂率领段煨等关西诸将讨伐李傕。建安三年四月，李傕退守黄白城，被张横、梁兴等击败斩首，曹操下令夷灭三族。首级献给曹操后，汉献帝命令高挂在许都示众，表达他对李傕的强烈痛恨。这期间，郭汜被他的手下部将伍习所杀。至此，董卓、李傕、郭汜集团，宣告彻底灭亡。

与此同时，曹操为了稳住马腾、韩遂，以便集中力量在东方用兵，派遣侍中兼司隶校尉钟繇持节督关中诸军。钟繇到达长安后，写信给马腾、韩遂，讲清利害关系，劝他们不要轻举妄动。马腾、韩遂表示服从朝廷，并遣子入侍。

九月间，袁术侵犯陈地，曹操率军击败袁术。在曹操巡视淮、汝一带时，谯国谯人许褚率领一批壮士前来投归。许褚，字仲康，长八尺余，腰大十围，容貌雄毅，勇力绝人。

曹操得到许褚，高兴地说："这真是我的樊哙啊！"当即任命他为都尉。此后，许褚便同此前典韦一样，成为曹操的亲随侍卫官。

这时，南阳、章陵等县又反叛曹操，拥戴张绣。曹操派曹洪进讨，曹洪作战不利，退守叶县。张绣、刘表得势，多次前来进攻。

不久，曹操再次率兵南征张绣。当曹操到达淯水边时，他想起了以前在这里阵亡的将士，便祭奠、痛哭了一番，随军将士们无不感动。

曹军首先大举进攻湖阳，许褚率领壮士冲锋在前，生擒了刘表的部将邓济，攻下湖阳。曹操立即提升许褚担任校尉。接着曹操又顺利拿下了舞阴，然后率军回到许都。

汉献帝建安三年，曹操准备三征张绣，军师荀攸劝阻说："张绣与刘表相依为强，但张绣是外来的，依靠刘表供应军粮，时间一长，必然有矛盾，不如暂缓以观其变，或施以离间之计。如进攻过急，他们反而互相救援，难以收功。"

曹操急功近利，报仇心切，不听劝阻，果然出师不利。刘表和张绣联合起来，使曹操腹背受敌。

正在进退两难时，忽又得到荀攸派人送来消息，说袁绍谋士田丰劝袁绍出兵偷袭许都。曹操大惊，决定立即退兵。与此同时，他写信给荀彧，说他到安众必破张绣，请荀彧放心。

曹操大军到安众后，装着逃跑的样子。张绣一见，急忙要追，谋士贾诩劝阻说："不可去追，追必败。"

张绣不听，结果大败而回。喘息未定，贾诩却催促他说："赶快再追，准能打胜！"

张绣摇头说："刚才不听公言，打了败仗，怎么又去？"

贾诩笑着说："兵势有了变化，这时追击必然胜利。"

张绣收散兵再追，果然大胜而还。

张绣糊涂了，请教贾诩说："我上次以精兵去追，公言必败，这次用败兵去追，公说必胜，结果都如公言，原因何在？"

贾诩笑着解释道："是这样，将军虽善用兵，到底不是曹操的对手。曹操初退,他必定亲自断后,故知你必败。曹操在打败将军之后,力未尽而退,必定国内出了事,既然打败了将军,他必然轻军先回,留下诸将断后,诸将虽勇,却又不是将军的对手,所以用败兵去追,也能打胜。"张绣听了,叹服不已。

曹操回到许都,才得知一切平安。原来,袁绍最终没有采纳田丰的意见,袭击许都。

过了一年,袁绍和曹操的对抗形势越来越明显,袁绍派人招纳张绣,并写信和贾诩通好。张绣想和袁绍联合,贾诩却当面对袁绍的使者说:"请你回去告诉袁绍,谢谢他的好意。他们兄弟尚且不能相容,怎么会容天下国士呢?"

张绣大惊,问贾诩说:"我们怎么办?"

贾诩直截了当地说:"不如投奔曹公。"

张绣不以为然地说:"且不说袁强曹弱,况且我们已经和曹操结下深仇,他怎么会接纳我们呢?"

贾诩笑了笑说:"正是这样,我们要归顺曹公。一是曹操奉天子以令天下,名正言顺;二是袁绍强盛,我们这么少的兵马依从他,他不会看重我们,而曹公力量弱,得我必喜;三是有志于建立霸业的,不会计较个人的私怨,以表明他能容纳四海、胸怀博大,曹公就是这样的人,将军不要多疑了。"

张绣无话可说,就率部归顺曹操了。曹操见他们投奔而来,忙亲热地拉着张绣的手,与之欢宴。并让儿子曹均娶了张绣的女儿,同时还拜张绣为扬武将军,封为列侯。

曹操对贾诩说:"使天下人看重、信任我,是您的功劳啊!"并上表举荐他为执金吾,封都亭侯,担任冀州牧。不过因冀州还未平定,就让贾诩暂时担任司空军事。从此,贾诩成了曹操的重要谋士。

逐鹿中原

乘势南下进攻袁术

汉献帝初平四年，袁术被曹操打败，从南阳逃到九江后，杀扬州刺史陈瑀，占据了寿春，自任扬州牧，兼称徐州伯。李傕以朝廷名义任他为左将军，封阳翟侯。

兴平二年冬，汉献帝东出潼关，其护卫队伍被李傕、郭汜打败，袁术以为时机已到，便召集手下人商议，表示要做皇帝。他对手下众人说："现在刘氏天下衰微，海内鼎沸。我家世代做高官，得到老百姓的拥戴。我想应天顺民，称皇帝，不知诸君意下如何？"

这件事关系重大，大家都不愿吱声，只有主簿阎象发了言，认为时机不成熟。他说："过去周文王三分天下有其二，尚且侍奉殷朝，将军势力虽然不小，显然不如周文王那样强盛，汉室虽然衰微，还未像殷纣王那样残暴，就更不应该取而代之了。"

袁术听了，尽管心中不高兴，但见手下人这么不热心，只好暂时作罢。曹操迎献帝到许都后，袁术急不可待了。经过四个月的策划和准备，于汉献帝建安二年正月，趁曹操出兵南征张绣之机，袁术抱着"传国玺"在寿春正式称帝了。

袁术自称"仲家"，置公卿百官，以九江太守为淮南尹，还郊祀天地，表示他是"顺天意"当皇帝的。可是，袁术称帝后，日子并不好过，原来的朋友都不愿同他合作了。

袁术请他的老朋友沛相陈珪前来辅佐他，陈珪给他回信说："曹将军为了振兴国家，拨乱反正，我以为你会和他同心协力，辅佐王室，没想到你竟搞这种不轨之事。想要我和你同流合污，宁死也办不到。"

袁术目的没达到，反而挨了一闷棍。他又想任命当年被曹操赶跑的兖州刺史金尚为太尉，可是金尚坚决不干，还打算逃跑，袁术一气之下竟把他杀了。

孙策得知袁术称帝后，立即给他写信加以责备，并表示要同他断绝关系。曹操得知这一情况后，立即举荐孙策为讨逆将军，并晋封吴侯。

万般无奈之下，袁术觉得要对付曹操，只有与吕布联合。早在称帝前，他就曾经拉拢吕布对付刘备，并向吕布表示要娶他的女儿做儿媳。吕布很高兴地答应了这门亲事。

当时曹操为了不使吕布向袁术靠拢，暂缓了对吕布的攻击，并写信给吕布表示愿意共同对敌，还以献帝的名义发了一道诏书，称赞他杀董卓之功，并要求他和曹操同心协力辅佐朝廷，从而成功阻止了袁术和吕布两人的合作。

袁术称帝后，立即派韩胤出使徐州，把自己称帝的事告诉吕布，并希望迎娶吕布的女儿与自己的儿子完婚。吕布考虑之后，答应了袁术的要求，还派兵送女儿上路。

吕布所属的沛相陈珪，早已倾向于曹操，他听说袁术、吕布联姻共同对付曹操的情况后，赶忙去见吕布说："曹公奉迎天子，辅佐国政，名高于世，将征服四海，将军应当同他协力同心，共商大计，以图泰山那样的安定。现在如果与袁术联姻，必然要落个不义的名声，这样下去将是很危险的。"

吕布一听，又犹豫起来。他想起当初袁术不接纳自己的情况，心里来了气，于是改变了态度，派人把女儿追了回来，还把韩胤戴上刑具送到许都，交由曹操处置。曹操立即将韩胤斩首示众。

曹操为了进一步拉拢吕布，又以献帝的名义任命吕布为左将军，派使者持诏书、印绶去见吕布。

曹操还亲自给吕布写信，表扬吕布制止袁术称天子，对皇室的拥戴，说朝廷仍然信任他，相信他的忠诚，还说是用自己家的好金子为吕布铸的金印，同时将自己平时戴的紫绶送给吕布，表示友好。

吕布接到诏书、印绶和曹操的书信后，非常高兴，马上派陈珪的儿子陈登去许都向献帝谢恩，还带去一条好的绶带酬谢曹操。同时也表示希望朝廷任命自己为徐州牧。

陈登到许都见曹操后，乘机告诉曹操，吕布勇而无谋，反复无常，应该早日把他除掉。曹操也把心里话告诉陈登："吕布狼子野心，确实难以久养。不是您，别人是很难把他看清楚的。"

曹操当即任命陈登为广陵太守，并把其父陈珪的秩禄增加为"中二千石"。临别时，曹操拉着陈登的手说："东边的事情，就托付给你们父子了。"意思是让陈登父子暗中集合部众做内应，待机除掉吕布。

陈登回到徐州后，向吕布报告了自己在许都的情况，可是却没有提到吕布做徐州牧的事。

吕布大怒，将戟砍在桌上，指着陈登说："你父亲劝我同曹操合作，同袁术断绝联姻，现在我所求的没有得到，你们父子倒是显耀了。我这是被你们出卖了。"

陈登不慌不忙地解释说：

"我见曹公后曾说：'对待吕将军譬如养虎，应当用肉把他喂饱才行，不饱就要吃人。'

"曹公却说：'不是这样，我看好像养鹰，饿的时候能加以利用，饱了就飞走了。'曹公就是这么说的。"

吕布听后，才消了气。其实，将吕布比做虎、鹰都很合适，也都是贬义，吕布并没有真正明白其含义。像他这样一个勇而无谋、刚愎自用、反复无常的人，什么事都会干得出来，确实不能信任。

袁术对吕布的出尔反尔，十分愤怒，立即派大将张勋、桥蕤等联合杨奉、韩暹等部，出动步骑数万，攻打吕布。

这时吕布的兵马不多，害怕敌不过袁术，就埋怨起陈珪来："现在袁术来攻，都是你的好主意造成的，你看怎么办呢？"

陈珪进计说："袁术同杨奉、韩暹在仓促之间联合的军队，是乌合之众。他们不是一条心，可以设法离间他们。"

于是吕布根据陈珪的意思，写信给韩暹、杨奉说："二位将军曾保护皇帝大驾，我也曾杀死权臣董卓，都为皇室立过功劳。现在你们怎能同称帝的老贼联合在一起攻打我呢？我们应该协力攻打袁术，为国除害。"并且在信中答应破袁术之后，将所得军资，全部奉送给他们俩。

韩暹、杨奉是鼠目寸光、唯利是图的人，得到信后，立即反戈一击，协同吕布把袁术打败。袁术军队死伤惨重，他只好带领残兵败将逃回寿春。吕布与袁术的火并，说明曹操的离间分化策略的成功。

袁术被打败之后，打算重整旗鼓，再与吕布较量，可是军中缺粮，于是派人到陈国借粮。陈相骆俊不给，袁术便派兵攻陈，将骆俊及陈王刘宠杀死。

陈地离许都很近，曹操不可能让陈国控制在袁术手中。建安二年九月，曹操宣布袁术罪状，率军大举南讨。

袁术自知不敌，仓皇向南逃去。同时留下部将桥蕤、李丰、梁刚、乐就等在蕲县抗拒曹操。曹操领兵进击，将桥蕤、李丰、梁刚、乐就等斩杀。袁术退到淮水以南。

这时的袁术，由于追求皇帝骄奢淫逸的生活，把富庶的淮南地区糟蹋得残破不堪，老百姓不支持他，士兵也不为他卖命，都纷纷逃走。左右部下也是离心离德，一片混乱。

对此，曹操问手下人何夔说："听说袁术军中发生变乱，您相信这件事吗？"

何夔曾经是袁术的部下，因此对袁术非常熟悉。他回答说："袁术无信之人，而望天人之助，这是不可以得志于天下的。失道之主，亲戚都背叛他，何况左右部下？依我看，这变乱是事实。"

曹操说："为国失贤则亡，像你这样的人，都不为袁术所用，发生变乱，不是很正常的吗？"

汉献帝建安四年夏天，袁术实在支撑不下去了，最后，他想了一个办法，就是把"传国玺"让给在河北的袁绍，这样仍然可以由袁家来当皇帝，自己也有个安身之处。

于是他派使者到冀州去，并给袁绍写了信。袁绍见信后，虽然没有下决心当皇帝，但还是觉得应该把走投无路的袁术接到冀州来。他马上派人去通知袁术，并要长子青州刺史袁谭从青州迎接袁术。

曹操得知这一消息后，马上派刘备和朱灵去截击袁术。袁术无奈，只好掉头回到淮南。当他逃到离寿春八十里的江亭时，终于病倒了，连粮食都没有，只用麦屑充饥。

时值盛夏，天气炎热，袁术想喝一口蜜水也办不到。他坐在床上，叹息了许久，突然喊道："我袁术怎么落到了这个地步啊？！"然后吐血死去。袁术急于当皇帝，结果是一场梦。

袁术死后，他的从弟袁胤，畏惧曹操，不敢在寿春待下去，率领家兵和袁术的妻子护送袁术的灵柩投奔庐江太守刘勋。在混乱中，那块"传国玺"被徐璆得去。

徐璆是广陵名士，曾做过汝南太守、东海相。献帝到达许都后，曹操征召徐璆为廷尉。不料在去许都途中，被袁术强行留住。得到"传国玺"后，徐璆立即去许都把它献给了朝廷。就这样，曹操消灭了袁术，将自己的势力成功伸向淮南。

亲率大军擒杀吕布

曹操想要消灭吕布，蓄谋已久。建安三年，当吕布夺取徐州，刘备被迫来降时，曹操就已经做好了讨伐吕布的准备，并让刘备屯兵沛城，随时准备夹击吕布。

不过，当时要南征张绣，东击袁术，北拒袁绍，一时腾不出手来，曹操只好先采取稳住吕布的策略。

曹操击败袁术后，吕布非常恐惧，开始全力在徐州扩大自己的势力，并于建安三年夏天趁曹操攻打张绣之际，派大军攻打沛城的刘备。

刘备向许都告急，曹操一时回不了身，只好派大将夏侯惇支援刘备，但是夏侯惇被吕布大将高顺、张辽打得大败，左眼还受了伤，狼狈逃回许都。

吕布乘势攻下沛城，刘备只好逃命。他的妻子也被高顺俘获，关羽和张飞也在这次战斗中失散了。

曹操在安众击败张绣返回许都后，决定亲征吕布。他带兵赶到梁地时，刘备会合关羽和张飞也赶来了。

当曹军进抵彭城时，陈宫向吕布献计："趁敌人远来疲惫，宜迎头痛击，以逸待劳，准能打个大胜仗。"但吕布不听，结果大败。

曹操攻下彭城后，下令屠城。然后，乘胜进军下邳。吕布多次出战，都大败而归，只好保城拒守，不敢出战。

曹操见下邳城异常坚固，很难攻下，便给吕布写信，陈明利害，劝他投降。

吕布见信后，打算投降。陈宫竭力反对："曹操远道而来，兵多粮少，军粮供应会有困难，其攻势不可能持久，如果将军带一部分步骑驻扎在城外，我带兵守在城内，敌人攻打将军，我就从背后去进击，敌人来攻我，将军就从外边来接应，不出十天，敌人粮食用尽，我们乘势进击，必然获得全胜。"

吕布准备按陈宫的建议办，让陈宫和高顺守城池，自己领兵出城，先断曹军粮道。

可是，吕布的妻子出来劝阻说："陈宫和高顺素来不和，将军出城之后，他们不会同心相守，如有差池，将军将如何立足呢？况且，过去曹操待陈宫如同亲骨肉，他竟能舍弃曹操投归我们；现在将军待陈宫并没有超过曹操，却要把城池和妻子都交给他，自己孤军远出，如果一旦有变，我还能做将军的妻子吗？"

吕布听后改变了主意，转而派许汜、王楷去向袁术求救。许汜、王楷在吕布的帮助下顺利突围，到寿春见到袁术并说明来意。

袁术很气愤地说："吕布不肯与我结亲，理当失败，今天还有什么脸来求我呢？"

许汜、王楷说："明主，现在不去救吕布，等于是自取失败，因为吕布一破败，明主也就朝不保夕了。"

袁术只好答应用自己有限的兵力去支援吕布。可是过了一段时间，吕布却没有见到袁术的救兵。

吕布以为是自己没有将女儿送去的缘故，便用布帛将女儿绑在自己马上,趁着天黑亲自把女儿送出城去。

由于曹军包围了城池,吕布刚一出城,就被发现,箭矢纷纷飞来。吕布受女儿的拖累,很难冲出重围,只好又退回城中。

到了十一月间,曹操见下邳城久攻不下,士卒疲惫不堪,打算撤军回许都。荀攸、郭嘉劝阻,作了如下分析:

> 吕布有勇无谋,几次作战都失败了,锐气已经丧失。三军以将帅为主,主将的锐气大减,全军也就没有斗志了。陈宫虽有智谋,但他设谋迟慢。现在我们应趁吕布的锐气还没有恢复,陈宫的计谋还没有设定,加紧进攻,吕布是不难打败的。

曹操认为说得有道理,便激励将士,加紧攻城,并掘引下邳西边的泗水、沂水灌城。这一来,真的给吕布造成了很大的压力。

到了十二月,吕布感到实在难以坚持下去了,于是登上城楼对曹操说:"你们不要再围城了,我去向明公自首就是。"

陈宫在旁生气地喊道:"逆贼曹操,算什么明公?!现在去投降他,如同以卵击石,岂能保全生命?"

由于陈宫、高顺坚决不降,吕布只好暂时作罢。

然而接下来的事实正像荀攸、郭嘉所预料的那样,吕布这个主将一旦动摇了,他的将领也就不愿再死守下去了。

一天,吕布手下将领侯成、宋宪、魏续等趁陈宫、高顺未加防备,突然将他俩捆绑起来,押着出城投降了曹操。

吕布带着部分将领登上下邳城的南门城楼,见曹军攻城甚急,知道大势已去,便让左右割下自己的头去献给曹操。左右不忍,于是他走下城楼,打开城门,束手就擒。

吕布活命之心不死,对曹操说:"从今以后,天下可以安定了。"

曹操问:"这是什么意思?"

吕布说:"明公所忧虑的主要是吕布,可我现在已经降服了。如果明公统率军队，让我带领骑兵为先锋，何愁天下不会平定？"

曹操是爱猛将的，听了吕布的话，也有心放过他。

吕布见刘备在曹操身边坐着，便对刘备说："玄德公，您是座上客，我是阶下囚，绳子把我捆得太紧了，您就不能为我说句好话吗？"

刘备没有开口，曹操接下来说："捆绑猛虎不能不紧啊！"又说："你为何不直接对我说，而要去求刘使君呢？"说着，就命人立即给吕布松绑。

主簿王必一看曹操要让吕布活命，急忙向前劝阻说："吕布是强虏，其部众就在附近，不能给他松绑啊！"

曹操听了，对吕布说："我本来想给你松绑，主簿不同意，怎么办呢？"

刘备一直静观事态变化，一言不发。他见曹操有让吕布活下来的意思，实在坐不住了，接过王必的话说："是不能松绑，明公难道忘了吕布是怎样跟随丁建阳和董太师的吗？"

刘备的这句话一下子提醒了曹操，他想起吕布卖主求荣、反复无常的历史，感到确实不能养虎为患，于是向刘备点了点头。

吕布见此情景，瞪着眼睛骂刘备说："这个小儿最不可信！"

接下来，曹操对陈宫说："公台，您平常自称智计有余，今天怎么竟到了如此地步呢？"

陈宫看着吕布说："只因他不听从我的话，以致弄到如此地步。如果他能按我的建议办，未必被你们活捉。"

曹操又问："今天这事，您看当如何办呢？"

陈宫回答说："作为人臣不忠，作为人子不孝，死是理所当然的。"

曹操又问："您死去了，您的老母怎么办呢？"

陈宫回答："我听说打算以孝治天下的人，是不会加害别人父母的。老母是死是活，只能由明公来决定。"

曹操又问："那么，您的妻子、儿女怎么办呢？"

陈宫说："我听说打算施仁政于天下的人，是不会灭绝别人的后代的。妻子、儿女是死是活，也只能由明公来决定。"

曹操不再说什么。

陈宫说："请把我拉出去处死，以明军法。"说完便往外走，头也不回。

曹操率文武官员登上白门楼，同时命人将吕布、陈宫和高顺也押了上去。曹操想劝陈宫投降，但陈宫不为所动，赴刑场受刑而死。

曹操下令将吕布、陈宫、高顺的首级送往许都彰功，然后下葬。之后陈宫家族一直由曹操供养。曹操擒杀吕布之后，将势力范围扩展到徐州，这是他在兼并战争中取得的又一重大胜利。

在曹操与吕布较量的过程中，曹操又得到不少人才，主要包括陈登、陈群、张辽、臧霸等。

陈登，字元龙，少年时就有扶世济民之志，知识渊博，在广陵很有名气。二十五岁时，任东阳县令。与他父亲陈珪早就归心于曹操，暗中帮了曹操不少忙。曹操东征吕布时，陈登公开起兵反对吕布，担任先锋。吕布被杀后，曹操提拔陈登为伏波将军。

陈群，字文长，颍川许县人。祖父陈寔，父亲陈纪，叔父陈谌，都名重于世，号曰"三君"。陈纪历任平原相、侍中、大鸿胪，著书数十篇，称为《陈子》。吕布兵败后，陈群经荀彧推荐，成为司空西曹掾属，留在曹操身边工作。

这时有人推荐乐安人王模、下邳人周逵，曹操下令征召。陈群知道两个人品德败坏，不可任用，将征辟二人的命令退回，并陈述了自己的意见，曹操不听。后来，王模、周逵由于为非作歹被处死，曹操向陈群致以歉意。

与此同时，陈群又推荐了广陵人陈矫、丹阳人戴乾，曹操都任用了。后来吴人反叛，戴乾忠义死难，陈矫成为魏国的名臣。因此，时人都认为陈群知人。

张辽，字文远，雁门马邑人。年轻时做过郡吏，由于他勇猛过人，并州刺史丁原将其召为部下。何进被杀后，他归附董卓；董卓被杀后，他归附吕布，吕布以其为骑都尉。

吕布占据徐州后，张辽仕鲁相。吕布被杀后，张辽率部投降了曹操，被任命为中郎将。后来，张辽成了曹操手下的重要将领之一，为曹操立下不少战功。

臧霸，字宣高，泰山华县人，以勇壮闻名。他曾随从陶谦攻破黄巾军，被任命为骑都尉。陶谦死后，臧霸率领孙观、吴敦、尹礼等聚众割据于开阳一带。吕布占据徐州后，臧霸等归附吕布。

吕布被擒杀后，臧霸逃到别处藏匿起来。曹操派人把他找到，厚加款待。臧霸协助曹操招降了孙观、吴敦、尹礼等。

曹操重新划分郡国，将他们全都任为郡守、国相，以臧霸为琅邪国相，孙观为北海国相，吴敦为利城太守，尹礼为东海太守，孙观兄孙康为城阳太守。他们为曹操在徐州甚至青州的统治出了不少力。

臧霸还为曹操收降了徐翕和毛晖。徐翕、毛晖原为曹操在兖州的部将。吕布同曹操争夺兖州时，他俩背叛了曹操。当曹操平定兖州后，他俩投奔在徐州的臧霸。

曹操收服臧霸后，让刘备转告臧霸，将徐翕、毛晖的脑袋送来。臧霸不肯，对刘备说："我之所以能够自立，就是因为不做这种事情。我受过曹公的救命之恩，不敢违背他的命令。但曹公是想成王霸之业的人，可以用大义的言辞回复他，希望您替我去说说。"

刘备把臧霸的话告诉了曹操，曹操很是感慨，便召见臧霸对他说："这是古人才能做到的事，而您却做到了，这正是我所希望的啊！"于是不再追究徐翕、毛晖的罪过，反而让臧霸把他俩招来，都任命为郡守。此后，臧霸一直忠于曹操，立下不少战功。

击退刘备

曹操在攻灭吕布的同时,也没有忽视对这一地区的其他威胁。其中,威胁主要来自刘备。

曹操与刘备的交往可以说是由来已久。刘备,字玄德,西汉景帝之子中山靖王刘胜的后代,因支系疏远,家道没落。少年时的刘备,只能靠同母亲一起织席、贩卖草鞋维持生活。

刘备十五岁时,和公孙瓒一起,拜同郡的名士卢植为师学习儒学经典。但是他不怎么喜欢读书,而喜欢玩狗骑马,结交豪侠。

东汉光和七年,刘备在中山大商人张世平、苏双的资助下,与河东解县人关羽和同郡人张飞一起,组织了地主武装,并协助东汉政府军镇压黄巾起义军,因功做了安喜县尉。

一次,郡督邮来县巡察,刘备主动前往住处看望督邮,而督邮无故对刘备进行刁难。刘备率领吏卒将督邮捆起来,狠狠打了一顿,然后弃官而去。

后来，刘备又做高唐县令。青州黄巾起义军进攻高唐，刘备不敌，去幽州投奔他的师兄公孙瓒，公孙瓒以其为别部司马，派他领兵支援反对袁绍的青州刺史田楷。不久被任命为平原相。

当曹操东征徐州讨伐陶谦时，刘备领兵救援，曹操被迫退兵。陶谦死后，刘备接替他为徐州牧。吕布被曹操打败后，来徐州投奔刘备，刘备接纳了他。

曹操迎献帝许都后，为了笼络刘备，使他对付袁术和吕布，便以天子的名义任命刘备为镇东将军，封宜城亭侯。

这时，占据淮南的袁术勾结吕布打败刘备，刘备只好去许都投归曹操。谋士程昱建议除掉刘备，以绝后患。曹操有些犹豫，他没有马上回答，而是向郭嘉征求意见。

郭嘉回答说："程昱的话确实有一定的道理，不过您起义兵，为百姓除暴乱，以诚信招揽俊杰，还怕他们不肯前来呢。现在刘备有英雄的名声，由于失败来投归我们，如果把他杀了，岂不落下一个害贤的坏名声？这样，智士就会产生怀疑，另去选择主人，您将依靠谁去平定天下呢？除掉一人之患，却使四海的智士失望，安危得失，是不可不仔细考虑的。"

曹操笑着说："您说得确实有道理。"于是，曹操举荐他为豫州牧，并给他一些兵力，让他仍然屯驻小沛，借以对付徐州的吕布，好让双方残杀，自己坐收渔利。

曹操擒杀吕布后，将刘备带回许都，并表举他为左将军，还任命关羽、张飞为中郎将。曹操没有任命刘备为徐州刺史，是对刘备存有戒心，以便就近控制。

建安四年三月，刘备不满曹操控制献帝，同献帝的岳父、车骑将军董承等密谋除掉曹操，以兴复汉室。

为了避免引起曹操对他的怀疑，他采用韬晦之计，不露锋芒以求自保。他闭门不接待宾客，在后院种菜，以表示对政治不感兴趣。

一日，关羽、张飞不在，刘备正在后园浇菜，许褚、张辽带了数十个人到菜园里对刘备说:"丞相有命,请使君便行。"

刘备惊问:"有甚紧事?"

许褚说:"不知,只教我等来请。"

刘备只得随二人入府见曹操。曹操笑着说:"你在家做大事啊!"吓得刘备面如土色。

曹操拉着刘备的手,走到后园,说:"玄德学习园艺不容易啊!"

刘备听了才放心,回答说:"没事消遣罢了。"

曹操说:"刚才看见树枝上梅子青青,忽然想起去征讨张绣时,道上缺水,将士们都口渴,我心生一计,用鞭虚指说'前面有梅林',军士听了这句话,嘴里都生出唾沫,才不渴。看见这梅子,觉得不可不赏,又当酒正煮熟,所以邀请使君来小亭一会。"

刘备心神定定。随至小亭,已经设还好杯盘:盘里放置着青梅,一樽煮酒。二人对坐,开怀畅饮。

酒至半酣,忽然乌云滚滚,骤雨将至。随从遥指天外的龙挂,曹操与刘备凭栏观之。

曹操说:"使君知道龙的变化吗?"

刘备说:"愿闻其详。"

曹操说:"龙能大能小,能升能隐;大则兴云吐雾,小则隐介藏形;升则飞腾于宇宙之间,隐则潜伏于波涛之内。方今春深,龙乘时变化,犹人得志而纵横四海。龙之为物,可比世之英雄。玄德经常在外游历,一定知道当世的英雄,请说说看。"

刘备说:"我见识浅薄,怎么认得出谁是英雄呢?"

曹操说:"不要太谦虚。"

刘备说:"备得到陛下的恩宠和庇护,得以在朝为官,天下的英雄,实在是没有见到过啊。"

曹操说:"即使没有见到过,那也听过他的名声吧。"

刘备说:"淮南的袁术,兵粮足备,能称为英雄?"

曹操笑说:"袁术已经是坟墓里的枯骨,我早晚都会抓住他的!"

刘备说："河北的袁绍，连着四代都在朝中做三公这样的高官，家门中有很多故吏；今虎踞冀州之地，部下能事者极多，能称为英雄？"

曹操笑说："袁绍这个人色厉胆薄，好计谋却没有决断；干大事却爱惜性命，看见小利却忘不顾性命，不是英雄。"

刘备说："有一个人人称'八俊'之一，威震九州——刘景升能称为英雄吗？"

曹操说："刘表虚名无实，不是英雄。"

刘备说："有一人血气方刚，江东领袖——孙伯符是个英雄吗？"

曹操说："孙策借着父亲的威名，不是英雄。"

刘备说："益州刘季玉，能称为英雄吗？"

曹操说："刘璋虽然是宗室，却只能是守家产的狗而已，怎么能称做英雄呢？"

刘备说："那张绣、张鲁、韩遂等人又怎么样？"

曹操鼓掌大笑说："这些碌碌无为的人，何足挂齿！"

刘备说："除此之外，我实在是不知道了呀。"

曹操说："能叫作英雄的人，应该是胸怀大志，腹有良谋，有包藏宇宙之机、吞吐天地之志的人。"

刘备问："那谁能被称为英雄？"

曹操用手指指刘备，然后又自指自己，说："现今天下的英雄，只有使君和我两人而已！"

刘备听后，吓了一跳，以为曹操觉察了他的密谋，手里拿的筷子和勺子都不禁掉在地上。

这时正好大雨倾盆而下，雷声大作。刘备才从容地低头拿起筷子和勺子说："因为打雷被吓到了，才会这样。"

曹操笑着说："大丈夫也怕打雷吗？"

刘备说："圣人听到刮风打雷也会变脸色，我怎么能不怕呢？"将听到刚才的话才掉了筷子和勺子的缘故轻轻地掩饰了过去。

对于刘备，曹操确实存有戒心，他常派人察看刘备的动静。刘备感觉自己待不下去了，于是开始寻找脱身时机。

不久，袁术投归袁绍，由下邳北上的情报传来，刘备借机请求前往阻击，曹操认为刘备对下邳一带很熟悉，表示同意，便派朱灵和刘备一起前往。

程昱、郭嘉听说刘备借机脱身出走，赶紧前来劝阻曹操说："您上次不肯杀掉刘备，考虑得确实深远。如今您给他军队，让他出征，这正满足他的心意，他肯定怀有异心。"

董昭也前来劝阻说："刘备英勇而有大志，又有关羽、张飞作为膀臂，其心思是难以捉摸的。"

曹操听了之后，也有些后悔："我已经应许他了呀！"考虑到刘备已经走远，追赶也来不及了，只好作罢。

刘备到达下邳后，迫使袁术南逃，曹操命刘备回许都。刘备让朱灵先行，然后来了个突然袭击，将曹操所置的徐州刺史车胄杀死，公开打出了反对曹操的旗号。

接着，刘备派关羽守下邳，行太守事，自己率军驻守小沛。这时，由于曹操在徐州的统治尚未牢固，有些郡县脱离曹操，归附刘备，使刘备的势力有所增强。

不过，刘备在徐州控制的地盘并不算多，他派孙乾去河北与袁绍联合，共同对付曹操。曹操得到刘备反叛的消息，马上派司空长史刘岱、中郎将王忠领兵讨伐刘备，未能获胜。

刘备对刘岱等说："像你们这样的角色，就是来了一百个，又能把我怎样呢？就是曹操亲自来了，结果如何也未可知呢！"

建安五年正月，董承、王服等要诛杀曹操的密谋泄露，曹操把他们处死。这时，袁绍同曹操陈兵官渡一线，战争随时都有可能爆发。

为了在同袁绍决战之前解除后顾之忧，避免两面作战，曹操想亲自东征，以消除刘备的威胁。

一些将领前来劝阻说："同您争天下的是袁绍，现在袁绍正集合兵力眼看就要南下了，而您决定去东征刘备，要是袁绍乘机攻打我们后路，如何办呢？"

曹操回答说："刘备是人中之杰，现在留着他，将来必定成为祸患。袁绍反应迟钝，肯定不会立即采取大的行动。"

诸将听了，仍有些疑虑。郭嘉赞同曹操的意见说："袁绍迟钝而多疑，即使他出兵前来，也不会很快就到。刘备刚刚得势，众心还未归附，如果急速进兵攻打，一定能够取胜。这是成败的关键时刻，不能失掉良机。"

曹操听了，认为说得很对。于是在安排好官渡一线防务之后，亲率精兵东征。曹操以迅雷不及掩耳之势，扑向徐州。

刘备以为曹操在北方忙于应付袁绍，不能亲自率兵来征。当他得知曹操到来的消息，不禁大吃一惊，急忙应战，被打得大败。他怕自己遇到危险，急忙经由青州袁谭处逃往冀州，投靠袁绍去了。

曹操赶走刘备，活捉了刘备的部将夏侯博，俘虏了刘备的妻子。又到下邳围攻关羽，关羽抵挡不过，最后向曹操投降。

曹操夺回徐州后，以董昭为徐州牧，自己快速回军官渡。原来，当曹操东击刘备时，袁绍谋士田丰劝他立即举兵从背后进行袭击，这样可以一击而定。

可是袁绍却以自己孩子有病为由，拒绝了田丰的建议。袁绍的迟钝寡断，确实被曹操、郭嘉料着了。曹操抢时间果断急袭刘备的成功，使他对徐州的统治巩固了，并且避免了以后同袁绍较量时两面作战的被动局面。

曹操用兵河南，历时四年，擒杀了吕布，击溃了袁术，收降了张绣，击退了刘备，从而控制了黄河以南的大片地区。接下来，曹操同袁绍逐鹿中原的大决战即将展开了。

深得军心民心

曹操不仅要求部下、子女严守军纪,就是对自己也不例外。他一再告诫士兵,法律一旦制定,就要依法办事,不管是将领还是士兵犯法,一律依法惩办。

即使是亲生儿女,违犯法令,也决不宽恕。曹操最宠爱的儿子陈王曹植的妻子就是因为违背曹操提倡节俭,后宫衣不锦绣的禁令,而被处死的。由此可见曹操执法是严格的,也是不徇私情的。

建安三年,曹操亲率大军攻打宛城,行军途中,见麦子已成熟,他立即下令:"凡我将士,不准践踏麦子,犯者处死。"全军官兵经过麦田,皆下马用手拨开麦子,递相传送而过。

曹操所乘的战马因为受到飞鸿的惊扰,突然狂奔窜入麦田,踩倒了一大片麦子。曹操当即命令主簿议罪,主簿以经书《春秋》有"刑不上大夫"之说,拒绝议罪。

曹操却极为严肃地说:"我自己制定的法令,自己违犯,如何服众？但我身为一军统帅，肩负重任，不可自杀，却不可不受罚。"曹操拔剑割掉了自己的头发放在地上，以发代首，以示对自己的惩罚。

"割发代首"的故事，表明曹操不仅能当众认错，绝不文过饰非，或把过错推在客观原因上以解脱自己，而且执法严明，严于律己。

曹操作为一军统帅，能够法不例外，自己给自己用刑，在整个封建社会的上层统治者中是少见的。

由于曹操执法严明，以身作则，出兵宛城的整个行军途中，秋毫无犯。百姓无不欢喜称颂，望尘遮道而拜。

曹操不仅以法治军，赏罚分明，而且体恤将士及阵亡将士的家属。他主张对那些建有功勋的人，一定要奖赏，绝不吝惜千金；对那些没有功劳希望得到赏赐的人，一分一毫也不给予。

枣祗为曹操屯田，解决军粮，恢复生产，立下了汗马功劳。枣祗死后，曹操下令给他的儿子封爵，以追念、表彰枣祗的功绩。他在《存恤吏士家室令》中说：

自顷以来，军数征行，或遇疫气，吏士死亡不归，家室怨旷，百姓流离，而仁者岂乐之哉？不得已也。其令死者家无基业不能自存者，县官勿绝廪，长吏存恤抚循，以称吾意。

曹操特别强调用兵是不得已的事，重要的是那些为国家战死了的将士，没有产业的，家人不能养活自己的，县官不要停止口粮供应，长吏要对他们进行抚恤、慰问。

建安七年，曹操在官渡打败袁绍之后，回到故乡谯县，在街上走了很长时间，未见一个熟人，他看到战祸给人民带来的灾难，感慨悲伤，下了一道令文说：

吾起义兵，为天下除暴乱。旧土人民，死丧略尽，国中终日行，不见所识，使吾凄怆伤怀。其举义兵以来，将士绝无后者，求其亲戚以后之，授土田，官给耕牛，置学师以教之。为存者立庙，使祀其先人，魂而有灵，吾百年之后何恨哉！

曹操在令中要求地方官要很好地抚恤那些阵亡将士的家属，没有后代的就由其亲戚来继承，分给土地和耕牛，再由官府设立学堂，教授他们的子弟。还要为死者建立祠堂，让后人祭祀他们。

史书还记载，曹操每次行军作战，凡经过阵亡将士的坟地或阵亡地点时，无不亲自祭奠哀悼。

在建安二年征讨张绣途中，曹操经过部将典卫战死的地方，亲自设台哭祭典卫，并说："吾折长子、爱侄，俱无深痛，独号泣典卫也。"从征将士无不感动流泪。

为了追忆典卫的功绩，曹操征拜典卫的儿子典满为郎中，后迁司马，时常跟随曹操，不离左右。

建安七年春，曹操率军回到了故乡谯县，路过已故太尉桥玄墓时，他想起自己年轻时候桥玄对他的提拔、赞誉，对桥玄表示了深切的怀念和哀悼。

郭嘉是曹操身边最年轻的重要谋士，与曹操行同骑乘，坐共幄席。每有重大决策，郭嘉必有独到见解，使曹操深受启发。郭嘉随军十一年，不幸在远征乌桓途中，身染重病，死在军旅之中。

曹操顿足大叹，哭着对荀攸等人说："诸君年皆孤辈也，唯奉孝最少。天下事竟，欲以后事属之，而中年夭折，命也夫。"他上表汉献帝，为郭嘉请求增封地至八百户，谥号"贞侯"，以示对郭嘉的怀念与褒奖。

官渡之战

　　东汉献帝建安五年,曹操大军与袁绍大军相持于官渡,并在此展开了一次战略决战,史称"官渡之战"。

　　"官渡之战"是我国历史上著名的以弱胜强的战役之一。曹操奇袭袁军在乌巢的粮仓,继而击溃袁军主力。此战奠定了曹操统一中国北方的基础。

初战于白马、延津

曹操和袁绍之间的关系十分微妙,在很长一段时间内,都保持着若即若离的关系。两人曾是故友,后为盟友。当初联盟讨伐董卓时,曹操因袁绍不肯发兵而心生不满。后来,为了剪灭四周强敌又不得不与袁绍联合,甚至不断向其妥协和退让。

曹操在奉迎天子之后,为了专心对付其他割据势力,特意把将军之位拱手让出,以安抚袁绍。而当时,袁绍也一心扑在与公孙瓒的争斗中,无暇关注曹操的情况。因此,在连续几年的时间里,曹操和袁绍之间都相安无事。

袁绍,字本初,汝南汝阳人,出身世代官僚地主家庭,人称"四世三公"、"门生故吏遍天下",是官僚大地主的政治代表。袁绍凭借这个家世,加上他善于同士人交往,很快升至中军校尉。

何进谋诛宦官要依靠他,任他为司隶校尉。董卓进京专权,他反对董卓废立,董卓不敢杀他,他逃离洛阳后,还任他为渤海太守,封邟乡侯，就是顾及袁氏的势力大。

关东联军讨伐董卓，推袁绍为盟主，也是和他的资望分不开的。虽然如此，他当时只是一个渤海太守，连一个州的地盘都没有占据。

关东联军瓦解后，袁绍便向冀州发展势力。这时冀州牧韩馥和屯兵幽州的奋武将军公孙瓒之间有矛盾，袁绍便利用这一矛盾，从中取利，迫使韩馥将冀州让给他，公孙瓒退回幽州。

此后，袁绍以冀州为根据地，以沮授、田丰、审配、郭图、许攸、逢纪、荀谌等人为谋士，以颜良、文丑为将帅，向四周发展势力。

冀州一带，农民起义军相当活跃，对袁绍构成了严重威胁。汉献帝初平四年，黑山黄巾军的一支数万人的队伍，趁袁绍攻打公孙瓒，内部空虚之机，一举攻下了冀州首府邺城。

袁绍率军反扑，黄巾军失败。接着袁绍又相继镇压了左髭丈八、刘石、青牛角、黄龙、左校、郭大贤、李大目、于氐根等部起义军，摧毁起义军营寨壁垒，屠杀数万人。

袁绍曾和吕布一起进击黑山军首领张燕，在常山激战十多天，起义军死伤很多，袁绍军队也遭到重创。

袁绍与公孙瓒的争斗在连续几年的时间里都处于胶着状态，难分胜负。公孙瓒退回幽州后，同幽州刺史刘虞的矛盾也激化了。刘虞发兵攻打公孙瓒，结果被擒杀。这样，公孙瓒便占据了整个幽州。

汉献帝兴平二年，刘虞旧部鲜于辅等集合州兵，为刘虞报仇，并招引乌桓人，攻打公孙瓒。袁绍乘机与他们联合，共同进攻公孙瓒。公孙瓒接连被打败，最后退守易京。

汉献帝建安三年，袁绍亲率大军逼近易京，公孙瓒感觉形势危急，派儿子公孙续向黑山黄巾军求助，相约以举火为信号，共同夹击袁绍。结果公孙续被袁军截获，袁绍将计就计，如期举火，公孙瓒以为救兵来到，出城夹击，却遭到袁军伏击，退守城中。

袁绍随即下令深挖地道用火攻城，公孙瓒自知大势已去，缢死儿子后，自己也引火自焚。至此，袁绍占据冀州、青州、幽州、并州，将黄河以北地区全部按制在自己手中,成了全国势力最强大的武装集团。

袁绍占据河北之后,更加横行霸道、目中无人,甚至有了当皇帝的想法。此时正值袁术兵败,主动表示要将皇帝的称号以及传国玉玺送给他。袁绍大喜,只可惜,袁术还未能到冀州就死了。

虽然没有得到传国玉玺,但袁绍并未打消做皇帝的念头。他暗中让主簿耿苞散布流言,四处对人说:"赤德衰尽,袁为黄胤,宜顺天意,以从民心。"于是袁绍便宣称自己是土德,以此来表示自己即将顺应天意取代东汉。

袁绍令耿苞散布这些谣言,原本是想赢得众人的拥戴,引导众人主动推举他做皇帝,但没想到,袁绍的幕僚们一致认为耿苞妖言惑众。袁绍一看,大家都反对这件事情,又想起弟弟袁术众叛亲离的情形,赶紧把耿苞给杀了,以掩盖自己的野心和意图。

称帝不成,袁绍只好又打起了汉献帝的主意。建安四年初,袁绍决定率十余万精锐进军许都,攻打曹操,抢夺献帝。袁绍此举引起了帐下众谋士的争议,田丰和沮授都对此表示反对。

可是袁绍在郭图和审配等人的吹捧下,根本听不进田丰和沮授等人的建议,一意孤行要打曹操。田丰这个人非常刚直,见袁绍听不进劝谏,拼了命地阻止袁绍,坚持不肯让袁绍出兵。

袁绍勃然大怒,当即就以扰乱军心、败坏军纪的罪名把田丰下了大牢。还把原本沮授所统领的军队给分成了三支,沮授留下一支,剩下两支分别给了郎图和淳于琼。

汉献帝建安五年正月,袁绍正式发布讨伐曹操的檄文,痛斥曹操"狼子野心","孤弱汉室",并在文中大骂曹操是"赘阉遗丑",就是阉人的后代,同时还痛斥曹操之父曹嵩乃是"乞丐携养"的。

这篇檄文出自著名的文人陈琳之手,整篇文章虽不乏恶语谩骂,但着实写得气势逼人,文采斐然。檄文发出后,袁绍率领大军倾巢而出,兵锋直指许都。

面对强大的袁绍军团,曹军上下一度陷入恐慌之中,后在郭嘉"十

魏武帝曹操传

胜十败论"的激励下，曹操方才重拾信心，军中士气也得以振奋。

当时，被献帝征召为少府的孔融却不看好曹操，他说道："袁绍地广兵多，有田丰、许攸等智士为他出谋划策，审配、逢纪这样的忠诚之士为他处理军政事务，颜良、文丑这样的勇将为他带兵打仗，我们同他较量，恐怕是很难取胜的。"

荀彧对孔融的看法很不认同，反驳他说："袁绍虽然兵多，但法纪不严明。田丰虽然有智谋，但个性刚强，和袁绍常有摩擦；许攸贪得无厌，不识大体；审配专断独行，没有谋略；逢纪心胸狭窄，骄傲自大。这几个人凑在一起，必然不能相容。至于颜良和文丑则毫无智谋，不过是匹夫之勇，一战便可擒获。"

荀彧一言便点破了袁绍手下人的弱点，使得孔融无言以对。

尽管曹军增强了战胜信心，但袁绍大军压境，曹军阵营中不免弥漫着紧张的气氛，一场实力悬殊的大战眼看就要拉开帷幕。

当然，对于袁绍的大军压境，曹操是早有准备的，并事先在黄河以南占据了河内要地。

当初曹操围攻吕布时，河内太守张杨曾经声援吕布，却不料被部将杨丑杀死。张杨的另一部将眭固又杀死杨丑，率众依附了袁绍。

袁绍让眭固领兵屯驻在射犬，就是今天的河南沁阳东北。射犬虽然地方不大，但战略地位很重要。

汉献帝建安四年四月，曹操派史涣、曹仁、徐晃等渡过黄河，北攻眭固。眭固见曹军势盛，就留下河内太守缪尚等人防守，自己则带领一部分兵力北奔，向袁绍求救。

曹军前来截击，眭固战败被杀。曹操亲自到前线指挥军队围攻射犬，缪尚等人无力抵抗，率众投降。

曹操任命魏种为河内太守，加强了河内地区的防务。这样，曹操在黄河南面便有了一个战略据点，可以有效地在西面牵制袁军。

接着，曹操又把势力深入青州。他派臧霸等人多次对青州用兵，最后攻下了齐和、北海等地，在东面牵制了袁军，避免了袁绍从侧面发动攻势，使自己能集中全力在正面对付袁军。

在正面，曹操在许都以北的黄河南岸，布置防务，除选派大将于禁驻守延津外，还选派东郡太守刘延扼守延津东南的白马，又派程昱去守卫白马东南的鄄城。

这三个点在黄河南岸从西向东组成了一道防线，与黎阳隔河相望。

与此同时，曹操还派兵驻守官渡。官渡在延津以南，许都以北，是阻挡袁军的战略要地。

程昱守鄄城只有七百名士兵，曹操准备给他增加两千人，程昱却不肯接受，他的理由是：

袁绍拥有十万之众，自以为所向无敌，一见到我的兵少，必定没把我放在眼里，不会轻易前来攻打，如果给我增加兵力，袁军见我军势稍强，反而会前来攻打，这样鄄城还是守不住。分兵给了我，你们那里减少了兵力，对两边的兵势都没有好处，因此，我这儿就不要增加兵员了。

曹操同意了程昱的意见，没有给他增兵。后来袁绍听说程昱手下的兵很少，果然没去攻打鄄城。

曹操对贾诩说："程昱的胆量超过了孟贲、夏育。"孟贲、夏育是战国时著名的勇士，曹操这样说，是对程昱的高度赞扬。

袁绍进驻黎阳不久，派遣大将颜良领兵渡过黄河，去进攻白马。袁曹战争的帷幕拉开了。

沮授见袁绍以颜良为这次进攻的主将，谏阻说："颜良性情急躁，沉不住气，虽然勇武，但不能安排他独当一面。"袁绍不听。

颜良到达白马后，对曹军进行猛攻。刘延向曹操告急。当时曹军共有三四万人，曹操不敢贸然分散兵力去救援，命刘延坚守城池。

白马被围困一个多月，曹军死伤不少。到了四月间，曹操见袁绍没有大举南渡的迹象，决定前去救援。

这时荀攸向曹操献计说："现在我军兵少，面临强敌，正面交锋恐怕不易成功，应设法分散袁绍的兵力。主公您领兵向延津作出就要渡过黄河袭击袁绍后方的姿态，袁绍必然向西来堵截，然后我们以轻骑突袭白马，攻其不备，一战就可以擒获颜良。"

曹操赞同这一声东击西的作战方案，他亲自引兵先向延津。袁绍果然分兵前往阻截。曹操见袁绍中计，立即调头率轻骑向东直趋白马。

这时在徐州被俘的关羽仍在曹操军中。曹操十分喜欢关羽的为人和武勇，想把他留下来据为己用。所以一直厚待关羽，任他为偏将军。

曹操见关羽没有留下来的意思，便让张辽去做工作。

关羽对张辽说："我深知曹公厚待我，然而我受刘将军的厚恩，誓以共死，无论如何也不能背离他。我终究要离开这里，不过，我要找机会报效曹公，然后再离去。"

张辽同关羽的关系很友好，听了关羽的这番话，有些为难了。他怕将情况报告给曹操后，曹操杀关羽；不如实报告，又违背事君之道。

经过一番思考之后，张辽感叹地说："曹公，是君父；云长，是兄弟，还是君父为先啊！"

张辽将关羽的态度报告给曹操之后，曹操并没有生气，反而赞叹地对张辽说："事君不忘其本，关云长真是一个难得的义士啊！你估计他什么时候能离去呢？"

张辽肯定地回答说："关云长受主公厚恩，必定在报效主公之后才能离去。"

于是，这次袭击白马，曹操就以张辽、关羽为先锋。

当曹军离白马只有十多里路时，颜良才发觉，慌忙准备迎战。关羽想在这时报效曹操，于是争先出击，打马飞一般地冲到颜良跟前。

颜良还未反应过来，就被关羽斩于马下。

关羽又下马割下颜良的头，奔回阵中。

袁军为关羽的气势所吓，没有敢上前拦阻他的。曹操乘势掩杀过去，袁军大乱，纷纷溃逃，曹军取得胜利。

曹操解了白马之围后，估计白马很难固守，于是便将军队撤出，并迁出了城中的老百姓，沿黄河向西撤退。

袁绍围攻白马失败，并损失了一员大将，十分恼火，便下令大军渡河追击曹军。

这时沮授又劝袁绍说："军事上胜负的变化，应该仔细考虑。现在我们最好的办法还是驻扎在黄河北岸，只需分兵去攻打官渡，如果能够攻下，大军再过河也不为晚；如果贸然南下，万一失败，那就有全军覆灭的危险。"

对于沮授的劝告，骄傲自负的袁绍根本听不进去。

当大军过河时，沮授面对滔滔的河水，不禁叹息说："上面固执骄傲，下面贪图战功，滚滚的黄河水啊，我们还能北渡回来吗？"

沮授感到在袁绍手下自己不能有所作为，便推托有病去向袁绍辞职。袁绍不准许，还有些忌恨他，于是把他统率的军队全部交给了郭图指挥。

袁绍领军进至延津以南，派大将文丑和刘备率领五六千骑兵追击曹操。曹操登高眺望，见敌军越来越多，便下令骑兵解鞍放马，同时将粮草、器械等辎重散放在路上。

诸将不明白曹操这样做的用意，看敌军人多势众，有些恐慌。

荀攸在旁忙说："这些辎重就是用来引诱敌人的，怎么能叫把它们白白扔掉呢？"

曹操知道荀攸明白了自己的用意，看着荀攸，露出了会心的微笑。

曹操以马匹、辎重为钓饵引诱敌兵抢夺，真的起作用了。敌军赶到后，见状误以为曹军在溃逃，便纷纷四散夺取马匹、辎重。

曹操乘势率领骑兵攻打袁军，袁军大败。文丑也在混战中被曹操大将徐晃斩杀。刘备见势不妙，率残部逃走。

由于徐晃在延津杀敌中立了大功，曹操立即升徐晃为偏将军。

双方在白马、延津接战时，曹操派于禁和乐进率领步骑五千，从延津西面北渡黄河，到汲县、获嘉一带，袭击袁绍别营。

官渡之战

　　于禁等烧掉了敌军的堡垒三十多座，俘、杀敌人各数千人，迫使袁绍部将何茂、王摩等二十多人投降，从而在侧翼有效地牵制袁军主力，配合了曹操在正面战场上打击敌人。曹操当即迁于禁为裨将军。

　　由于关羽在解除白马之围中立了大功，曹操上表封关羽为汉寿亭侯。曹操预料关羽将要离去，故意对他厚加赏赐，希望他留下来。

　　可是关羽决心离去，将曹操赏赐给他的东西全部留下，还给曹操写了一封告别信，然后私自离开曹营，到袁绍军中寻找刘备去了。

　　曹操部下听说关羽离去后，要求前去追赶。曹操说："他这是各为其主，不要去追了！"

　　白马、延津两次战斗，是官渡决战的前哨战。在战斗中，曹操机智果敢，采用机动灵活的战术，用声东击西、出奇制胜的方法，取得了初战的胜利。

　　这一胜利虽然不是决定性的，但打击了袁军的威风，鼓舞了曹军的士气。特别是颜良、文丑两员大将的被杀，使袁军震恐，曹军振奋，这对以后战局的发展是有着重要影响的。

　　曹操在白马和延津两次战斗的胜利，并未根本改变敌强我弱的形势，如果硬同敌人进行决战很可能吃大亏。因此，他决定诱敌深入，撤退到官渡一线，加强防守，寻找机会打击敌人。

　　袁绍因为作战失利，又损失了两员大将，又急又恨，迫不及待地要将曹操置于死地。这年七月间，袁绍率主力推进到阳武，在官渡以北扎下大营，准备同曹操进行决战。

　　这时沮授又来劝阻袁绍说："我军人数众多，但不如曹军果敢勇猛。曹军的粮食和物资不如我们充足。因此，曹军利于速战，我军则利在缓搏。我们应该用持久战的办法，消耗曹军实力，把他们拖垮。急于决战，是不妥当的。"

　　沮授的这个"缓搏"的主张，对兵多粮足、初战受挫的袁军来说，是可取的。但袁绍高傲轻敌，自以为同曹操决战定能取胜，便拒绝了这个建议。

八月间，袁绍军队逼近官渡，安下营寨，进行决战前的准备。到了九月，曹操派兵对袁军发动一次试探性的进攻，未能取胜。此后曹操就深沟高垒，固守营寨，等待有利时机。

袁绍见曹军坚壁不出，便命令士兵在曹军营外，堆起土山，筑起不少望敌楼，居高临下，用箭射击曹军，给曹军造成一些伤亡。

曹军士兵在营中来往行走，都得用盾牌遮掩身体，或匍匐前进，很是不便。于是曹操命令工匠连夜赶造了一种发石车，进行反击。

发石车是用简单的机械原理制成的一种抛发石块的车子。由于发射石块时响声隆隆，像打雷一般，所以又称"霹雳车"。曹军用这种"霹雳车"发射石块，将袁绍的壁楼击毁。

接着，袁绍又命令士兵暗中挖掘地道，直通曹营，以便进行偷袭。曹操针对这一情况，命令士兵在营内挖掘长沟来截断袁军挖的地道，使袁军未得成功。

就这样，双方之间，你来我往，一个月时间过去了。

袁绍的粮食虽然充足，但十多万大军到达官渡一线后，后方补给线就长了。于是，曹操考虑从这方面下手，争取主动。

这时荀攸向曹操建议说："袁绍的运粮车队早晚之间就会来到，押车的将领叫韩猛，这个人虽然作战勇猛，但很轻敌，可以派兵去袭击他，一定能成功。"

曹操认为这是个机会，问荀攸："派谁领兵去合适呢？"

荀攸说："可以派徐晃去。"

当袁绍的数千辆粮车快到官渡时，曹操派徐晃、史涣率领精兵突袭，打败韩猛的押粮队，将这些军粮全部烧掉了。

袁军的补给粮被曹军烧掉，这对袁军来说是一个重大损失，使袁绍一时间不能对曹军发动强有力的进攻。

同时，曹军方面的困难也越来越严重。由于袁绍的营寨东西相连，长达数十里，曹操需要分兵与之对抗。曹操虽然有三四万军队，但是一分散，负担加重，很容易陷于疲劳，在数量上的劣势就明显暴露出来了。同时粮食的供应也日益困难,很快就要有断粮的危险。

就在这时,原来投降曹操的汝南黄巾军首领刘辟,叛离了曹操,在许都附近地区进行骚扰,与袁绍遥相呼应。袁绍乘机派刘备前往汝南,伺机发动进攻。

曹操得到报告后,非常忧虑。曹仁见状,对曹操说:"南方一些县的吏民,以为我们大军正在同袁绍大军在官渡对峙,情势危急,不能及时去救援,加上刘备又兵临城下,所以背叛了我们,这是合乎情理的。不过,刘备刚刚统领袁绍的军队,还不得心应手。我们马上派兵去攻打,一定可以击破他。"

曹操立即派曹仁率领骑兵南击刘备,果然刘备被打败,逃回袁绍大营。刘辟的营寨接着也被攻破,叛离曹操的一些县也逐渐归附。

刘备回到袁绍大营后,见袁绍内部离心离德,袁绍对自己也不是诚心相待,感到在这里不是长久之计,便产生了离去的念头。他想了一个主意,建议袁绍派人前往荆州说服刘表出兵攻打曹操。

正在这时,汝南原来的另一支黄巾军首领龚都起来反对曹操,袁绍便派刘备领兵前去接应。刘备到达汝南后,与龚都会合,兵力达数千人,在曹操后方发起攻击。

曹操派大将蔡扬领兵进讨,结果被龚都、刘备联军杀死。尽管刘备、龚都的力量还不具备进攻许都的条件,但对曹操后方毕竟构成一定威胁。

粮食不足,士卒疲劳,后院起火,使曹操感到同袁绍在官渡这样长期周旋下去,是很危险的,便产生了退还许都的想法。为此,他给留守许都的荀彧写了封信,征求意见。

荀彧很快回信说:

> 袁绍把主力集中到官渡,要与主公决一胜负。主公如果不能打败袁绍,势必给他创造机会,这是一个关系全局成败的关键时刻。如今军中粮食虽然短缺,但还没有楚、汉在荥阳、成

皋之间相持时那样紧张。那时刘邦、项羽谁也不肯先退，就是因为先退者要屈居劣势。

主公以十分之一的兵众，划定地域，坚壁固守，扼住了袁绍的咽喉，使他寸步不能前进，已经有半年了。眼见袁军就要势竭力尽，情况必然会有大的变化。这正是用奇谋战胜敌人的好机会，万万不可失去啊！

荀彧的意见很有见地。因为战争中有利的形势和主动权，往往在于再坚持一下的努力之中。坚持一下，劣势就可能转化成为优势，否则优势也可能转化为劣势。

曹操见信后，很受鼓舞，增强了他同袁绍周旋到底的决心。为慎重起见，曹操又征询贾诩的意见。

贾诩说："主公的贤明胜过袁绍，武勇胜过袁绍，用人胜过袁绍，决断军机也胜过袁绍。有这四个方面的优胜，却用了半年时间还没平定袁绍，其原因在于主公只想做得万无一失。必须寻找时机，果敢决断，局势才会很快改观。"

曹操听后说："好。"于是命令军队加强防守，设法解决粮食补给问题，稳定军心，巩固后方，注意观察敌军动静，寻找有利的战机。

官渡之战

一场意外的胜利

汉献帝建安五年十月,袁绍再次从河北调运军粮。为防曹操袭击,他派大将淳于琼带领一万士兵押送,把军粮囤积于官渡以北四十里的乌巢,也就是今天的河南延津县东南一带,仍让淳于琼带原班人马镇守。

沮授认为袁绍这样的安排仍有不周之处,他向袁绍提议:"应让蒋奇另带一支军队,驻扎在乌巢外围地区,与淳于琼互为表里,以防曹军偷袭。"但袁绍不听。

袁、曹两大军事集团,在官渡相持了半年多时间,不分胜负。再僵持下去,曹操的处境只能一天天艰难,而袁绍兵精粮多,远比曹操要轻松得多。按照战局发展,曹军的失败似乎已经成为定局。

然而,就在这关键时刻,战局发生了戏剧性变化。一天,袁绍的谋臣许攸看到两军相持日久,致使曹操粮乏兵疲,许都也很空虚,就建议袁绍另遣奇兵袭击许都。

许攸说:"如果我们攻克许都,就可以捉到汉献帝,让汉献帝发布诏书，讨伐曹操，全国就会响应，曹操就成了丧家之犬，必然死无葬身之地。即使一时攻不下许都，也可使曹操两面受敌，首尾不能兼顾，最终必然灭亡。"

对于这个上好的计谋，袁绍不仅充耳不闻，还大言不惭地说："我就是要在官渡打败曹军，活捉曹操！"

许攸被袁绍顶了回来，心里本来就不舒畅，恰在这时，从邺城传来消息，说许攸的家属犯了法，留守邺城的审配把他们抓了起来，投入了大牢。许攸一听，如五雷轰顶，决定投降曹操。

在苍茫的夜色中，许攸骑马离开袁营，直奔曹操营寨而去。中途，他遇上袁军的粮车，源源不断地驶向乌巢粮库，一条绝妙好计，在许攸的心中生成。

因为战局越来越不利，曹操闷坐在帐中，愁眉紧锁。听到许攸前来投奔的消息时，他正在洗脚，一时激动得连鞋子也顾不上穿，急忙走出大帐前去迎接。

曹操握着许攸的手说："子远来帮我，我的大事马上就能成功了。请先生上座。"许攸，字子远，曹操叫字显得亲切。

坐定后，许攸长叹一声说："不听丞相劝告，落得家破人亡，如今只身来投，好不惭愧！"

曹操好言抚慰，又说："子远此来，必能助我破袁。"

许攸径直问："袁绍兵强马壮，粮草充足，您打算用什么办法对付他？您的军粮还能支撑多久？"

曹操一怔，回答说："够一年之用。"

许攸摇摇手说："您没这么多粮食，说实话吧！"

曹操改口说："半年还是可以的。"

许攸不耐烦了，站起来说："告辞了！"

曹操拦住他，问道："为什么要走？"

许攸说："您不想打败袁绍吗？为什么三番五次不讲真话？"

曹操见许攸真的生气了，料定他不是来探听军情的，连忙解释道：

"子远，军中机密，胜负攸关，真不敢轻易说出，我们的军粮，其实只够三个月用了。"

许攸笑了，他说："人言曹公多诈，今日一见，果然如此！"

曹操屏退左右侍从，附耳密告许攸："刚才是跟您开个玩笑，请您别介意。其实，我的军粮只能支撑一个月，我自己也不知道该怎么办才好，先生有何高见？"

许攸点点头，也想捉弄对方一下，故意说道："恐怕丞相军中粮草连一个月也没有了吧？现在已经有人向袁绍献计，说曹营粮草将尽，应分兵攻打许都。"

"啊！"曹操大吃一惊。他盯住许攸，思索了一下，忽然笑了，说："此人这条毒计，袁绍未必采用，是吧？"

许攸问："您怎么知道袁绍不用呢？"

曹操眯起眼睛，指点着说："袁绍若是言听计从，先生也不会到我这儿来了！"说罢，二人大笑起来。

许攸说："您孤军固守官渡，外无救援，内乏粮草，情况已经十分危急了。丞相无粮，袁绍却有。距此仅四十里的乌巢，便是袁军屯粮之所，守将淳于琼好酒贪杯，丞相及早差人扮做袁军将士，潜入乌巢，烧掉袁绍军粮，官渡一战即可告捷。"

曹操听罢，立即深施大礼，向许攸表示感谢。他说："仅此一计，胜过雄兵数万啊！"

曹操立即吩咐曹洪、荀攸坚守大营，自己亲率五千精骑，改穿袁军的服装，打出袁军的旗号，趁着夜色，从偏僻小道向乌巢进军，神不知鬼不觉地接近了乌巢。

曹操令士兵四处放火烧粮，袁军阵脚大乱。淳于琼仓促应战，失利后，退守营中。

袁绍听说曹操攻打乌巢，对儿子袁谭说："曹操围攻淳于琼，营中必然空虚，我们不如趁机攻破曹营，直捣许都。"

于是袁绍命令张郃、高览等大将急攻曹营。张郃认为这很危险，劝袁绍先去救淳于琼。可郭图却支持袁绍的想法。

于是袁绍只以少量军队前去援救乌巢，而以重兵围攻曹营。由于曹洪督促士兵殊死力战，袁军始终不能攻破营垒。

再说袁绍增援淳于琼的人马到达乌巢时，曹操手下的将领十分焦急地说："敌人的骑兵已经逼得很近了，请您分一些人去拦阻。"

曹操本来兵少，一听还要分兵，生气地说："敌人到了背后，你们再告诉我！"说完转身冲入敌阵。士兵们大受鼓舞，全都拼死力战。袁军溃败逃散，淳于琼被杀，军粮被烧得一干二净。

曹操在乌巢获胜后，迅速回保官渡大营。袁军将士听说淳于琼被杀，粮草被烧，一时军心涣散，人无斗志。

郭图见自己的计谋彻底失败，立即诬陷张郃说："我军在乌巢失利，张郃听了十分高兴。"

张郃一怒之下，联合高览烧掉攻营器具，投降了曹操。前军主将张郃、高览的倒戈，使袁军更加人心惶惶，不战自乱。

曹军趁机发起反击，袁军大乱，袁绍在慌乱中丢下大量装备及图书、珍宝，和儿子袁谭带着八百名残兵败将逃回河北。

在打扫战场时，曹操又缴获了袁绍的一批文书档案，其中有不少是许都官吏和军中将领暗中写给袁绍的。

有人建议对此应严加追究，曹操却下令将其全部烧毁，他解释说："面对强大的袁绍，我都不敢保证自己能否生还，何况其他人！"他这一烧、一说，使许多人疑虑顿消。

官渡之战，充分显示了曹操的军事才能。自始至终，曹操都从全局高度运筹调遣，先是声东击西，取得白马大捷；然后又退守官渡，诱敌深入，利用袁军的弱点，奇袭乌巢，最终以少胜多，夺取了战争的胜利，为他统一北方铺平了道路。

官渡之战

乘胜追击袁氏兄弟

官渡之战胜利后,曹操考虑用兵的方向。这时在南方除刘表控制荆州外,还有孙权控制江东。曹操见袁绍元气大伤,对自己已经构不成威胁,于是打算趁江东孙策刚死,孙权继承兄业、统治不稳的时机,进兵江东。

这时,原为孙策部属、现为曹操手下侍御史的张纮劝阻说:"趁别人办理丧事的机会去讨伐,这是不符合道义的。如果进攻不能取胜,反而舍弃了朋友使之变成仇人。不如利用这个机会厚待孙权,也好给自己留条后路。"

曹操接受了张纮的建议,举荐孙权为讨虏将军,兼会稽太守。并以张纮为会稽东部都尉,要他劝说孙权北附曹操。

建安六年春,曹操将部队集中到兖州东平国进行休整。曹操又考虑挥师南下去攻打长期和袁绍结盟的刘表。

荀彧劝阻说:"袁绍刚被打败,部众已经离心离德,我们应该趁他处境困难的时候，彻底消灭他。您要背向兖、豫二州，远道劳师江汉之间，一旦袁绍收集余众，乘虚从后面袭击我们，那事情就坏了。"

曹操听后，打消了南征刘表的念头，开始考虑进军河北，克平四州，彻底消灭袁氏势力的事情。

东汉建安六年春，刘备的力量又有恢复的迹象，他乘曹操大军征伐袁绍之机，在汝南地区建立起了许多根据地，并由关羽、张飞以及原公孙瓒手下的虎将赵子龙统兵。

刘备善于安抚民心，因而汝南地区刘备的力量有星火燎原之势。

曹操早就意识到了这一点，无奈当时官渡形势太逼人，只派了夏侯渊率一部分部队进驻汝南。夏侯渊的部队敌不过刘备，两千多人马被打得支离破碎。

当时，摆在曹操面前的任务是：先剿灭袁绍还是先围歼刘备。每当这个时候，曹操总是先不说自己的打算，而是让幕僚们畅所欲言。

夏侯惇兄弟可能是出于强烈的复仇心理，主张攻打刘备。

郭嘉和荀彧则主张先打袁绍。郭嘉是这样分析的："袁绍刚遭惨败，北方四州郡县潜藏着很大程度的离心力，应该乘此良机进行讨灭。如果远征西南的荆州、汉中，使袁绍乘机收拾残局，卷土重来，由背后夹攻，我们则陷入挨打的局面。"

正在大家各抒己见的时候，曹操心中豁然一亮，有了自己的主张。

几天后，新编的北征军团成立了。安排好后，荀彧问郭嘉："你说丞相这样编组的意图是什么呢？"

郭嘉反问："你说呢？"

荀彧说："这次丞相并不想将袁绍彻底消灭，只重行动速度，不重全盘规划，目的就是侵入袁绍势力范围，展示军威，以加速袁军阵营各州郡的离心力。"

郭嘉说："丞相是要我们安安静静地对官渡大战后巨变中的新形势作认真的评估，以拟订更妥善更有效的全盘性策略。"

说完，二人相视而笑。

再说袁绍兵败后，大气还没有喘定，就得到了曹操挥师北上的消息，一时急得生起病来。

妻子刘氏担心袁绍死后，几个儿子会自相残杀，待袁绍的病情略有好转，就劝袁绍立嗣。

当时，袁绍的长子袁谭守青州，次子袁熙守幽州，三子袁尚留在袁绍身边。

郭图说："大军压境，立什么嗣，闹不好兄弟之间会相互大动干戈，祸起萧墙，曹贼将不战而胜了。"

袁绍就将立嗣之事搁在了一边，派人叫袁熙、袁谭及外甥高干引军前来邺城助战。

曹操北征军的机动性和各路军的独立作战能力都相当强，袁绍不得不在曹军的每一个可能渡河的渡口都部署重兵，严加防范。特别是最靠近邺城的渡口黎阳津，更是大军屯集，防守得非常森严。

可是曹操并没有急着渡河，而是待袁绍布防完了突然下令选择距离邺城最远的仓亭津渡河。

曹操率领人马登上了黄河岸边的小山之巅，这时还没有到汛期，黄河显得比较安分温驯，曹操的胡须在河风的吹拂下飘忽着。

曹操站了好一会儿才下令渡河。

曹操刚渡河，袁绍已率大军赶到了仓亭。双方各自下寨。

第二天，两军布阵交锋，曹操带了几个将领走到阵前，袁绍带三个儿子、一个外甥及文官武将出阵。

仇人相见，分外眼红，两位枭雄一晃几个月不见了。曹操首先发话："本初黔驴技穷，怎么不举手投降呢？如果我的刀架在你的脖子上，后悔就来不及了。"

袁绍虽然满腔怒火，但又不想跟曹操较量嘴上功夫，所以只求赶快杀曹操以解心头之恨。

袁绍一挥手，袁尚挥舞着大刀冲出阵来，徐晃的部将史涣挺枪迎上去。两人交战不过三合，袁尚拨马回走，史涣追赶上去，袁尚拈弓搭箭，照史涣脑门射来，史涣应声落马。

袁绍挥鞭一指，大队人马拥来，混战大杀一场，各自鸣金收兵。

程昱说："兵法上说'置之死地而后生'，敌众我寡，我们退军河岸，埋下伏兵，诱敌军前来，我们反戈一击。"

曹操采纳了程昱的建议。半夜时分，许褚引兵佯装劫寨，袁绍率全军一齐出击，许褚大呼"上当"，败退后撤。

袁绍以为得胜，率领人马紧追不舍，一直来到了河岸。

这时，曹操的河岸伏兵一齐拥出。曹操高喊："背后是黄河，只有决一死战才是出路！"

曹军背水一战，杀得袁绍人仰马翻，尸横遍野。

袁绍退到仓亭，与三个儿子抱头痛哭。最后，他大声说："我袁绍当初雄踞四州，兵精粮足，想不到今天如此狼狈，这是天要亡我！"说完口吐鲜血而死。

魏武帝曹操传

袁绍死后，他的儿子之间的矛盾开始浮现出来。袁绍共有三个儿子，袁谭为长子，理当为继承人。可是袁绍比较喜欢幼子袁尚，并打算立他为嗣。

这样一来，袁绍手下的主要官员也分成两派。审配、逢纪支持袁尚，辛评、郭图支持袁谭。

袁绍死后，审配、逢纪立即同袁尚之母刘氏勾结，假托袁绍遗命，立袁尚为嗣子。袁谭对此自然很是不满，但见大局已定，也就勉强接受了这个现实。

袁尚派袁谭领兵去镇守黎阳，以抵御曹军进攻。袁谭只好接受命令。可袁尚并不信任袁谭，同时派逢纪去做监军。

这时，曹操大军压境，袁谭立即请求袁尚给他增派军队，可袁尚接受审配的意见，不给袁谭增兵。袁谭一气之下，把袁尚的亲信逢纪给杀了。这样，便加剧了他们兄弟之间的矛盾。

九月间，曹操率军渡过黄河，进攻袁谭。袁谭接战失利，向袁尚告急，袁尚怕黎阳有失，想派兵增援，又怕袁谭吞掉了他的军队，于是他留下审配守邺城，自己亲自领兵赶赴黎阳。

如何解黎阳之围呢？袁氏兄弟暂时没有计较前嫌，他们立即召集幕僚，商议对策。

郭图说："我们不妨借用官渡大战中曹操用过的策略，派人攻击曹军的后勤补给，断曹军粮道，以其人之道还治其人之身。另一方面进攻河东，另辟战场，转移曹军的注意力。"

袁谭、袁尚合计了一下，决定派并州刺史高干向河东方向进攻，派遣魏郡太守高蕃去断曹军的粮道。

曹操见黎阳城的袁军只守不攻，气氛比较缓和平静，意识到了袁军可能在实施金蝉脱壳之计，就去问郭嘉、荀攸这种情况如何处理。

郭嘉说："两军相持的日子较长，则双方必定有所图。"

荀攸分析道："郭图是官渡大战中自始至终的参与者，说不定他已经将失败的教训化成了某种制胜的经验。"

两个人的话一下子点醒了曹操，他决定活捉一名袁军来探听虚实，再拟订新的进攻方案。

袁兵很快被抓到，曹操亲自进行了审问。"这两天黎阳城里的军队有没有较大规模外出的？"曹操问。

看着明晃晃的钢刀，那名袁兵声音颤抖地回答说："昨天高将军带了一支约两千人的部队出了黎阳城，至于到哪儿去了，我们这些当兵的就不知道了。"

张辽还想盘问，曹操说："不用审了！"

曹操当即写了一封密信，叫人快马送给正在黄河南岸负责运输粮草的李典和程昱。

李典和程昱接到曹操的信后，连忙拆开来，只见上写：

袁军可能断我粮道，如果那样，勿与硬争，改采游击战术分别扰乱之，由陆路作粮草之补给。

李典和程昱便下令运粮草的部队暂且停下来。他们二人亲自到河岸观察敌情。

程昱说:"袁军显然是想由水路拦截,陆上穿铠甲的军士不多,显示轻敌懈怠之心,不如先下手渡河攻击,定可给予致命打击。"

李典有些犹豫说:"丞相的意思……"

程昱鼓励李典说:"丞相要求我们保护粮草,只要达到了这个目的,丞相是不会怪罪我们的。"

李典一向信服程昱,就没有理会曹操的指令。二人各率一支部队渡河攻打高蕃在北岸的营寨。

高蕃的增援劫粮的部队尚未立住脚跟,就遭到忽然攻击,登时大乱。高蕃大败而归,曹军水路上的粮草运输就畅通无阻了。

就在曹操收到李典、程昱捷报的同时,河东却传来了不好的消息。原来,并州刺史高干擅长谋略,接到袁尚的命令之后,他首先任命部将郭援为河东太守,直接前往经略河东的郡县。

郭援摆出一副强制走马上任的姿态,逼迫绛城的百姓,并说服匈奴帮助他,而且还对贾逵进行威胁、囚禁。

曹操得到这一消息,特别是听人陈述了贾逵及绛城百姓的事情,仰天长叹说:"我一时的疏忽使河东的百姓又遭殃了,我愧对河东的父老啊!"说到这里,不觉已是泪水涟涟。

伤心之余,曹操果断下令,让镇守洛阳的司隶校尉钟繇负责河东的防务。钟繇的军队很快便找到了南单于的匈奴军,并在平阳郡将他们团团围住。

但两天以后,郭援的并州军团也抵达了平阳。情势万分危急,曹操一时冲动之下没有客观地估量郭援的能力。

钟繇派遣新丰郡令张既去游说关中军团的马腾,并陈述利害。马腾还有些犹豫,谋士傅干对马腾说:"自古道,顺德者昌,逆德者亡。曹公奉天子之命诛暴逆,以法治天下,让百姓不愁衣食,这就是顺道。袁氏不顾百姓死活,驱使匈奴人侵犯河东,这就是逆德……"

本来坐观曹袁之争的马腾被傅干的一番话说得动心了，于是派儿子马超率一万多军马，以庞德为先锋，赶往平阳郡援助钟繇。

在平阳战场上，钟繇的几个部将主张撤退，因为郭援的声势太强大了。但钟繇已充分估计到张既很可能游说成功，因此就鼓励部将们说："我们再打败仗，丞相在黎阳进攻的士气将会受挫。过不了半天，马腾就会来援助我们。如果我们撤退，马腾就更瞧不起我们从而倒向袁氏集团，那不更麻烦吗？"

钟繇一面命人连夜挖地道，将城中百姓和大量的军队往外输送，一面派人跟郭援和谈，以争取延缓袁军进攻的时间。

郭援答应了钟繇提出的并不过分的投降条件后，大规模涌入平阳城，却被钟繇从地道内撤出的军队来了个反包围。

钟繇指挥军队围而不攻。三天以后，城中的粮食已尽。这时，马超、庞德率领的关中军团已经赶到，不费一兵一卒就攻下了平阳。

郭援被乱军所杀，南匈奴单于呼厨泉投降。这样，袁军在河东的经营便功亏一篑了。

建安八年二月，曹操率军奋力进攻黎阳，袁尚、袁谭出城迎战，被曹操打败。袁尚、袁谭见支持不住，便放弃黎阳，率部逃回邺城。

黎阳是冀州的重要门户，曹操占据了黎阳，对他进一步消灭袁氏势力是很有利的。

曹操乘胜追击袁军，四月间到达邺城，恨不得立即把它拿下来。可是邺城守备坚固，很难攻取。

郭嘉献策说："袁绍喜欢这两个儿子，生前没有确立他们谁是继承人。如果我们进攻太急，他们就会合兵对付我们；如果我们暂缓对他们的攻击，他们之间就会发生火并。我们可以作出向南征讨荆州刘表的姿态，静待形势的变化，然后再进攻他们，平定河北就容易多了。"

这时，荆州的刘表刚刚平定了由张羡、张怿父子策动的长沙、零陵、桂阳三郡的反叛，解除了后顾之忧，正在注视着中原局势的变化。

此时挥师南下，可以对刘表产生一定威慑作用，使他不敢轻易北上用兵。因此，曹操接受了郭嘉的建议，留贾信守黎阳，自己于五月间率军回到许都。

经过一段时间的修整，曹操动身南征。当军队到达西平不久，便接到了袁尚、袁谭互相攻伐，袁谭派遣使者前来求救的消息。

原来，当曹操南撤后，袁谭要袁尚给他的军队换些好的铠甲，以便追杀曹操，可袁尚不给。袁谭大怒，在郭图、辛评的挑唆下，领兵攻打袁尚。双方在邺城外展开激战，结果，袁谭大败，退守南皮。

这时，别驾王修率众从青州赶来援救袁谭。当袁谭还想攻打袁尚时，王修劝他不要听信谗言，断了兄弟情谊。只有同袁尚恢复和睦，共同对敌，才能横行天下。袁谭不听王修的意见。

不久，袁尚又前来攻打袁谭。袁谭被打败，逃到平原。袁尚领兵追击，将平原团团围住。刘表得知这一消息，分别给袁尚、袁谭写信，劝他们不要"忘先人之仇，弃亲戚之好"，要合力对付曹操。但这兄弟俩谁也没听袁绍这个老朋友的劝告。

在袁尚的多次围攻下，袁谭越来越难以支持，他无计可施，便派辛评的弟弟辛毗去向曹操求救。

辛毗到达西平后，向曹操说明袁谭的求救之意，曹操立即召集僚属们商议对策。不少人认为，刘表势力强大，应该先去平定荆州。荀攸则不赞同这种意见。

荀攸认为，当天下混乱之时，刘表却坐保江、汉之间，可见他没有征服四方的雄心壮志；袁氏拥有四州之地，兵力也不算小，如果他们兄弟和睦相处，承守袁绍创成的基业，是很难平定的。如今两兄弟间的关系恶化，势不两全，如果其中有一方被兼并，他们的力量就会专一，力量专一就很难图谋了。正应当乘他们战乱的时候，去攻取他们，天下就不难平定了。这个好时机是不能坐失的。

荀攸的这个意见，实际上是对原来郭嘉意见的一个发展，曹操认为有道理，便采纳了。

这年十月，曹操率军北上，到达黎阳。袁尚得知曹操已北渡黄河，将要攻打自己的老巢邺城，慌忙解除平原之围，回师邺城。

袁尚回军时，他的部将吕旷、吕翔叛归曹操，曹操封二人为列侯。袁谭暗中给他俩送来将军的印绶，想把他们拉拢到自己的身边。

曹操早就料定袁谭心中的企图，不过他表面上依旧对袁谭表示友好，并派人为自己的儿子曹整聘求袁谭的女儿，以稳住袁谭。袁谭怕曹操起疑，也答应了这门亲事。

此后，曹操借口粮食不足，率军退回河南。

建安九年二月，袁尚留审配、苏田守邺城，亲自领兵攻打平原。曹操乘机出兵，直捣邺城。苏田想为曹操做内应，计划被泄露，在城内与审配打了起来。苏田不敌，出城投奔了曹操。

曹操得知了城中的情况，指挥将士全力攻城。可各种攻城方法用尽了，都未奏效。

最后，曹操在城的四周挖了一条四十里的壕沟，开始时挖得很浅，给人一种可以越过的假象，审配在城上看见了不禁发笑。不料，在一天的夜里，曹操忽然下令将壕沟挖成深宽各为二丈的大沟，然后引漳河水灌城，城内一片汪洋。

从五月到七月，邺城被包围了三个月，城中粮食接济不上，有一半以上的人饿死了。

袁尚得知邺城危急，率兵一万多人回救。曹操接到报告后，召集部下商讨对策，不少人认为，这是回救老巢的军队，将会同我们拼死作战，不如避开他们的兵锋。

曹操说："如果袁尚是从大路而来，说明他们不顾安危，下定必死的决心，我们应该避开；如果是从西山小路而来，说明他们心虚胆怯，我们是可以打败他们的。"

袁尚果然是从西山小道而来，到离邺城不远的地方，袁尚举火向城中发出信号，审配知道援军已到，一面举火同袁尚呼应，一面率军出城，企图里应外合，打败曹军。

曹操早有防备，当审配出城后，受到曹操军队的强力阻击，审配作战不利，又退回城中。接着袁尚军队也被曹军打败。

袁尚率领残兵败将逃到漳水边上结营，刚驻下又被曹操的军队包围。袁尚见大势已去，派人请降。可是曹操不答应，并加紧围攻。袁尚的部将马延、张顗等投降了曹操，袁尚带着少数随从，逃往中山去了。

曹操缴获了袁尚丢下的大批辎重，并把这些缴获的东西向城中展示。城中袁军得知袁尚惨败，顿时士气低落，斗志瓦解。

审配见状，立即鼓励部下说："大家要坚守死战，曹操的军队已经疲惫不堪，幽州方面袁熙的救兵就要来到了。袁熙也是我们的主人，怕什么呢？！"

八月间，审配的侄儿审荣带头投降了曹操。他趁天黑时，打开自己负责把守的东城门，放曹军入城。审配率兵与曹军展开巷战，失败后躲进井里藏起来，结果被曹军发现，把他活捉了。

由于辛评一家早被审配关进邺城大牢里，辛毗随着曹军进城后，急忙朝奔大牢，想救出辛评一家。但是为时已晚，一家人早就被审配杀害了。当时曹操很钦佩审配忠于袁尚的骨气，想把他留下来，可是辛毗痛哭不止，坚决要求将审配杀掉，曹操只好把审配处死。

曹操占据邺城后，亲自到袁绍的墓前祭奠，痛哭流涕。还去慰问了袁绍的妻子，并且特别优待袁绍的家属，还为儿子曹丕纳了袁绍次子袁熙之妻甄氏。

在追剿袁绍残余势力期间，曹操又收降了一批有才能的人，这些人包括辛毗、崔琰、牵招、陈琳等。

辛毗，字佐治，颍川阳翟人。先跟其兄辛评辅佐袁绍，后跟袁谭，袁谭在袁尚的攻击下，派辛毗去曹操处求救后，辛毗便倾心于曹操，所出之策，都是不利于袁氏兄弟的。曹操占据邺城后，以其为议郎。

崔琰，字季珪，清河东武城人。年轻时喜尚武艺，二十岁以后，才发愤读书，在大经学家郑玄门下求学，很有学问。袁绍征召他为骑都尉，他曾劝袁绍不要过黄河与曹操决战。袁尚、袁谭兄弟相争时，他托病谁也不支持。曹操占据邺城后，让他担任冀州别驾。

牵招，字子经，安平观津人。先为袁绍督军从事，领乌桓突骑。袁绍死后，追随袁尚，曹操围攻邺城时，袁尚派牵招到上党督办军粮，还没有回来，袁尚就被打败逃走。牵招到并州见刺史高干，劝他把袁尚迎接到并州来，高干置之不理，还想加害于牵招。牵招见状，便投归了曹操。曹操让他担任冀州从事。

陈琳，宁孔璋，广陵人。很有文才，最初是何进的主簿，后来避难冀州，袁绍让他典掌文章，曾为袁绍写讨伐曹操的檄文。袁绍死后，追随袁尚。袁尚败走，他投归曹操。

曹操对陈琳说："你为袁本初写檄文，尽可以列举我的所谓罪状就是了，怎么还把我的父亲和祖父也牵连上了呢？"陈琳表示请罪。

曹操考虑陈琳原来是各为其主，原谅了他。因为爱惜陈琳的才华，让他担任司空军师祭酒。

不过，曹操对投降献计的许攸却采取了另一种态度。许攸自恃在官渡之战中立了大功，占据邺城后，经常和曹操逗乐取笑，甚至当着众人的面，直呼曹操的小名说："阿瞒，你若是没有得到我的帮助，是不会得到冀州的。"

曹操表面上笑着说："你说得很对。"而实际上心里很不高兴。

有一次，许攸出邺城东门，向左右人员说："曹家如果不是得到我，就不能够出入此门了。"

有人把这事报告了曹操，曹操认为许攸已归附自己，这样做是对自己不忠，于是把许攸下狱处死。

曹操占据冀州首府邺城之后，给汉献帝上了一道表文，报告战胜袁尚的情况。汉献帝收到表文后，立即下诏让曹操兼任冀州牧。

邺城是袁氏势力的老巢，是冀州的心脏，曹操占据了这里，在河北地区就算有了一个重要的立足点，这对他以后平定河北，彻底消灭袁氏势力是非常有利的。

这时，曹操已经快进入老年，但他没有想歇一歇的念头，而是继续去夺取胜利。他巡视邺城内外，情不自禁地吟诗一首《却东西门行》，其中有这样的诗句：

鸿雁出塞北（鸿雁出生在塞北），
乃在无人乡（那是荒无人烟的地方）。
举翅万余里（举翅可飞一万多里），
行止自成行（飞行停止会自觉成行）。
冬节食南稻（冬天到南方寻食稻粒），
春日复北翔（春天它们又飞回到北方）。
田中有转蓬（田中有种草名叫转蓬），
随风远飘扬（随风飘浮的很远很远）。
长与故根绝（长期与故根相脱离），
万岁不相当（千年万岁各一方）。
奈何此征夫（远征将士可奈何），
安得驱四方（怎得离开各战场）？
戎马不解鞍（战马永不解征鞍），
铠甲不离傍（铠甲常不离身旁）。
冉冉老将至（岁月逝去老将至），
何时返故乡（何时才能回故乡）？
神龙藏深渊（神龙藏身于深渊），
猛虎步高冈（猛虎漫步在山冈）。
狐死归首丘（狐死头必向故丘），
故乡安可忘（人的故乡怎可忘）！

在这首诗中，五十岁的曹操怀着"老之将至"的心情，抒发了在战争的岁月里，他和将士们对故乡的深切思念。但在四方尚未安定，统一大业尚未完成的情况下，他仍然要坚持战斗下去。

官渡之战

顺利平定河北各地

攻占邺城后,袁绍的势力还没有完全被消灭。当曹操围攻邺城时,袁谭乘机夺取了冀州东北部的渤海、清河、安平、河间四郡国的一些城池,并且进击在中山国的袁尚。袁尚被打败后,向北逃到幽州投靠了他的二哥袁熙。

袁谭将袁尚余下的军队接收过来,驻兵龙凑,准备夺回邺城。曹操见状,派使者给袁谭送信,谴责袁谭的做法背信负约,并宣布同他断绝了子女间的婚姻关系。

建安九年十二月,曹操带兵攻打袁谭。平原一战,袁谭大败,只好退守南皮。

次年正月,曹操冒着严寒,出兵南皮。袁谭死守南皮,曹军自晨至午与之激战,一时难决胜负,士卒死伤无数。

鉴于天寒地冻,人困马乏,南皮又一时难以攻克,曹操便打算暂时撤军,等以后再来进攻。

议郎曹纯劝谏说:"今千里蹈敌,进不能克,退必丧威,且彼胜而骄,我败而惧,以惧敌骄,必可克也。"

曹操听了曹纯的意见,认为有道理。于是,他重振军威,全力进攻南皮。袁谭奋力抵抗,但终于在曹操急攻之下战败。

袁谭披头散发,死命打马逃跑,追赶他的虎豹骑士兵料想他不是一般人,加紧追赶。袁谭从马上掉了下来,回过头来说:"喂,放我过去,我能够使你富贵。"话没说完,头已落地。

这时候曹操又杀了郭图等人,将他们的妻子儿女也杀了。至此,冀州全部平定。

不久,黑山黄巾军首领张燕率领十余万人投归曹操,曹操封张燕为列侯。曹操率胜利之师,平复河北诸县,很快攻下青州。但此时袁尚、袁熙兄弟仍然占据着幽州。

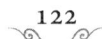

在曹操正准备进攻幽州的时候,袁熙的部将焦触、张南等见袁氏大势已去,便率部起兵围攻袁尚、袁熙,响应曹操。袁尚、袁熙走投无路,只得放弃幽州,投奔辽西的乌桓部族。幽州也成了曹操的地盘。

这时,袁绍的外甥、并州刺史高干,因为害怕曹操乘胜向并州进攻,先举州投降,表示愿意服从曹操。然而不久,他在并州豪强的支持下,乘曹操进击乌桓之机,举兵反叛曹操,并准备用骑兵袭取邺城。

冀州的豪强也蠢蠢欲动,打算配合高干的行动。在这种情况下,曹操为保邺城,决定出师征讨高干,并打击冀州的地方豪强势力。

建安五年正月,曹操留曹丕镇守邺城,亲自率兵出征。

时值隆冬,北风呼啸,大雪霏霏,五十二岁的曹操冒着风雪严寒,率领征讨高干的兵马,爬过太行山脉,向壶关进军。

壶关处于太行山巅,当时,曹操自邺城出发,绕道河内进入太行山,袭击驻守在太行山头壶关的高干。

在这次行军途中,曹操留下了著名的诗篇《苦寒行》。

北上太行山,艰哉何巍巍!

> 羊肠坂诘屈，车轮为之摧。
> 树木何萧瑟，北风声正悲。
> 熊罴对我蹲，虎豹夹路啼。
> 溪谷少人民，雪落何霏霏！
> 延颈长叹息，远行多所怀。
> 我心何怫郁？思欲一东归。
> 水深桥梁绝，中路正徘徊。
> 迷惑失故路，薄暮无宿栖。
> 行行日已远，人马同时饥。
> 担囊行取薪，斧冰持作糜。
> 悲彼《东山》诗，悠悠使我哀。

这首诗，格调古直悲凉，回荡着一股沉郁之气。诗人在诗中用质朴无华的笔触描述了委曲如肠的坂道、风雪交加的征途、食宿无依的困境。对于艰难的军旅生活所引起的厌倦及思乡情绪，诗人也如实记录。

曹操长途跋涉，经过数十天的艰苦行军，到达壶关。并于三月破壶关，消灭了高干的主力。高干带了几个卫士打算逃往荆州，依附刘表。当他逃到峤关时，被上洛都尉王琰杀死。

至此，除袁尚、袁熙逃往乌桓外，曹操彻底消灭了袁氏家族的势力。袁绍过去占有的冀、幽、并、青四州，全部归属曹操。

曹操为了稳定河北局势，扩大战果，巩固在冀州的统治，他辞去了兖州牧的职务，改任冀州牧。

冀州土地肥沃，有黄河作为屏障，宜守难攻。把冀州作为统一全国的后方基地，无疑对统一全国的事业有诸多好处。曹操把冀州牧所设在邺城，从此，邺城就成了曹操指挥作战的政治、军事中心。

一日闲暇，曹操凭窗独立，见窗外落叶萧萧，想起昔日和袁绍共事多年，而今袁绍已经愤郁身亡，下世一年之久，不觉生悲。便亲自到袁绍墓地祭祀袁绍，痛哭流涕。

然后，曹操还亲往袁绍家中，安慰袁绍的妻子，并送去很多财物。于此，我们可以看到曹操思念故情、不记旧恶的宽广胸怀。

此时，曹操虽然在军事上平定了河北四郡，但地方豪强地主势力还十分强大，时刻在准备进行反抗。如果不实行严刑峻法，就很难巩固在河北的统治。当初他在平定冀州后，就立即命人把袁谭的首级挂起示众，并下令不准为袁谭吊丧哭泣，目的就在于震慑当地豪强割据势力。

曹操为了恢复和发展冀州的农业生产，争取人民的拥护，维护新政权，在取得冀州后，立即推行"重豪强兼并之法"，防止豪强兼并小农，施恩于民，收到了"百姓喜悦"的效果。

为了巩固新取得的胜利，曹操又从军队中选拔了一批有战功、有才能的将吏，委派他们去担任地方行政长官。

建安十一年，曹操平定高干叛乱之后，任用梁习为别部司马，同时领并州刺史的职位。梁习一到晋阳，就严厉打击豪绅，很快使并州地方秩序稳定下来。

为了表彰梁习的佳绩，曹操赐爵关内侯。并州归属冀州后，又拜梁习为议郎，西部都督从事，继续治理西部边界。

梁习不仅将并州治理得很好，还向曹操推荐了一些到并州避难的名士，其中有河内人常林、杨俊、王象、荀纬，太原人王凌。于是，曹操任命他们为县令等职。

政论家仲长统也是在高干失败后投归曹操的。仲长统，字公理，山阳高平人。少年好学，博览群书，善于文辞，为人耿直，不拘小节。著有《昌言》一书，谈治乱，很有见地。

仲长统曾游学不少地方，到并州后，高干待之以上宾之礼。有一次，高干向他请教，他回答说："您有远大志向，而没有杰出的才能，喜爱人才，而不能恰当地选择。我以为这是您应引以为戒的。"

高干自以为多才，对仲长统的话很不满意，仲长统便离开了他。高干死后，荀彧向曹操推荐了仲长统，曹操让他担任尚书郎。

这年八月，青州东莱郡长广县的三千多家贫苦百姓，在管承的率领下造反。曹操大惊，立即挥师向东，前去镇压。到了淳于后，派乐进、李典率兵前去攻打管承。管承失败，逃入海岛。

与此同时，曹操又派于禁、臧霸前往徐州东海讨伐降而复叛的昌豨。开始时，未能成功。曹操又派夏侯渊前去支援，昌豨战败请降，结果被于禁杀死。

曹操在淳于听说昌豨被杀，感慨地说："昌豨不来找我投降，而去投归于禁，这岂不是命吗？"

建安十二年二月，曹操由淳于回到了邺城。然后论功行赏，大封功臣二十多人为列侯，其余的人也按功劳大小依次封赏。还下令免除阵亡将士家属的徭役负担，并把自己封地的食邑收入，全部分给了众将、属官及老兵。

曹操在《分租与诸将橡属令》中说：以前赵奢、窦婴得到千金的重赏，立即分给部下，所以能够成就功业，世代流传好的名声。我和诸将士大夫一起征战，幸而依靠有才能之人的出谋划策，众将士们的竭力备战，才克服险阻，平定叛乱，而我却窃取重赏，享受三万户的封邑。现在分我封地的租税给大家，算是酬答大家的功劳，不由我独自享用。

在这次论功行赏过程中，曹操特别肯定了尚书令荀彧、军师荀攸的重大作用，他说："忠心正直，秘密谋划，镇抚安宁内外的是荀文若，仅次于他的是荀公达。"

由于荀彧、荀攸早已分别封为万岁亭侯和陵树亭侯，曹操便给荀彧增加了食邑一千户，给荀攸增加了食邑四百户。

曹操在《请增封荀彧表》中说：

> 以前袁绍叛逆，陈兵官渡。当时我军数量较少，粮食不多，想退回许都。尚书令荀彧，深刻说明了应该坚持下去的好处，提出了有远见的谋略，启发臣改变了原来不高明的主张。于是打败了强大的敌人，转危为安。
>
> 袁绍被打败以后，我军的粮食也用完了，将要放弃进取河

北的计划，改用进攻荆州的策略。荀彧又详细说明利害得失，使臣改变了原来的想法，因此得以挥师攻打冀州，取得了平定四州的胜利。

荀彧提出的这两条计策，转亡为存，变祸为福，计谋和功劳都不同寻常，是臣赶不上的。

在这里，曹操对荀彧的谋划之功给予了充分的认识和肯定。曹操不贪天之功为己功，表现了一个政治家的博大襟怀，特别是公开承认自己的谋略赶不上属下荀彧，这不能不说是难能可贵的。

魏武帝曹操传

官渡之战

率大军远征乌桓

曹操平定河北后,幽州并未全部归附,袁尚、袁熙还在辽西等地依靠乌桓势力进行反抗,于是曹操又采取了远征乌桓的军事行动。

乌桓,也叫乌丸,是古代居住在我国东北方的少数民族。乌桓和内地的汉族,在相当长的时期内互相通商,相安无事。

东汉末年,乌桓的势力逐渐强大起来。他们大体上分四个部分:一是在上谷郡,大人为难楼;二是在辽西郡,大人为丘力居;三是在辽东属国,大人为苏仆延;四是在右北平郡,大人为乌延。这四个地区都属于幽州。

中平四年,中山太守张纯曾勾结乌桓辽西郡大人丘力居等,反抗朝廷。袁绍和公孙瓒连年争战时,袁绍也利用乌桓力量攻打公孙瓒。

建安四年,袁绍打败公孙瓒后,假托献帝名义,封蹋顿为乌桓单于,封辽东属国乌桓大人峭王苏仆延为左单于,封右北平郡乌桓大人汗鲁王乌延为右单于。

袁绍死后，曹操同袁谭、袁尚等人进行战争时，辽东属国、辽西、右北平三部乌桓继续为袁氏效力。

曹操进军南皮，将要攻打袁谭时，苏仆延想派乌桓骑兵去支援袁谭，曹操派牵招前去陈说利害，加以制止。

袁尚、袁熙逃到辽西后，曾唆使乌桓发兵攻击曹操所置的左度辽将军鲜于辅，被曹操率兵击败。

面对这种情况，曹操为了消灭袁氏残余势力，统一北方，准备远征乌桓。为了解决远征中的军粮运输问题，曹操组织人力开辟两条渠道。一条从滹沱河凿渠引水，名平虏渠；一条从沟河口凿渠入潞河，通渤海，名泉州渠。这既便于军粮运输，也有利于农业生产。

建安九年二月，曹操东征胜利，回到邺城。大封功臣后，他便考虑远征乌桓的问题。

远征乌桓并不是一件简单的事情。对此，曹操专门召集手下文武官员讨论。不少人担心说："如果我们出兵深入乌桓地区，在荆州的刘备，必然劝说刘表袭击许都，万一事情不利，后悔可就晚了。"

但是，谋士郭嘉极力赞同远征。他认为：

  曹公虽然威震天下，但乌桓人依仗着离我们遥远，必然不作准备。我们乘他不备，来个突然袭击，一定可以取胜。而且袁氏在河北影响深远，又有恩于乌桓，如果不及时远征，给他们留下准备反扑的机会，青州、冀州还有丢掉的危险。

  刘表这个人，不过是一个清谈客。他对刘备有戒心，自知才能抵不住刘备，委刘备以重任，怕控制不了，不予重任，刘备也不能真心实意帮助他。他们之间的关系是矛盾的。因此，即使我们虚国远征，刘表也不会有大的举动，曹公不必为此多虑。

曹操认为这意见很有道理，正合自己心意，决定尽快出兵远征。

同年五月，曹操率大军北进到易县。

郭嘉又向曹操进言说："兵贵神速，现在我军出击千里以外的敌人，辎重太多，行动迟缓。如果敌人得知消息，必然做好防备。不如留下辎重，快马轻骑，日夜兼程，出其不意地打击敌人。"

曹操认为说得很对，便留下辎重，轻装前进。军队很快就来到无终。曹操原计划从无终进击乌桓腹地，但过无终后连日下雨，大水暴涨，沿海一带行军困难。

前进过程中，曹军又受到了集中在这条交通线上的乌桓兵力的阻击。这样，曹军便处于无法前进的困难境地，曹操对此深为忧虑。正在这时，田畴向曹操提出了一个好主意。

田畴，字子泰，右北平郡无终县人。喜好读书，擅长击剑。二十二岁时，为幽州牧刘虞从事。

刘虞被公孙瓒杀害后，田畴率宗族及徒附数百人避乱于徐无山中。田畴在山中平敞的地方修造房屋，开垦土地，赡养父母，自给有余。四方百姓纷纷投归，数年之间达五千多家。

于是田畴率领大家建造城邑，订立法度，兴办学校，整顿社会风气，影响越来越大。袁绍父子多次请田畴出来，还给他将军印绶，都被他拒绝了。

田畴对乌桓侵扰内地，很是不满，想讨伐乌桓，无奈力量又不够。曹操率军到达无终前，就已经听说了田畴的情况，因此专门派人去请田畴帮忙。

田畴愉快地答应了，而且吩咐门生准备行装赶路。门生感到意外，问他："过去袁公思慕您，多次派人前来邀请，您都回绝了。现在曹公的使者刚来，您就唯恐去晚了，这是为什么呢？"

田畴笑着回答说："这不是你们所能理解的。"

田畴随同使者到军前拜见曹操后，曹操任命他为司空户曹掾。曹操同田畴谈过话之后，又传出命令说："田子泰，可不是我随便用做小吏的人。"于是任命田畴为蓨县令，但暂不赴任，先随军北征。

到达无终后,由于田畴很了解当地情况,曹操同他商量如何进军。

田畴便回答说:"沿海这条道路,夏秋时节,经常涨水,浅的地方不能通车马,深的地方又不能行船,这种困难局面,已经延续很久了。过去右北平郡治在平冈时,有条从卢龙塞到柳城的路。这条路虽然自光武帝建武年间以来,已经毁坏断绝将近二百年,但还有一条小路可以通行。现在乌桓以为我大军在无终被阻,不得前进,放松了戒备。我们如果马上改变方向,回军绕道,悄悄地从卢龙塞越险经过白檀,出空虚之地,路近而便,掩其不备,蹋顿可以不战而擒。"

曹操大喜,当即采纳了这个建议,引兵退回无终,并派人在路旁立下大木牌,上面写着:"方今暑夏,道路不通,且待秋冬,再行进军。"以此来迷惑敌人。

蹋顿得到骑兵报告这一情况后,信以为真。曹操在田畴和他手下几个向导带领下,上了徐无山,越过卢龙塞,跨过白檀,经过平冈,登上离蹋顿大本营只有二百多里的白狼堆。

建安九年八月,当乌桓王蹋顿和袁尚、袁熙得知曹军到来的消息时,曹军已经近在咫尺。乌桓王蹋顿慌忙与辽西单于楼班、右北平单于乌延等,率数万骑兵迎战曹军。

当时蹋顿率领的联军人马比较多,曹军辎重在后,前边披甲的将士不多,不少人有些担心。

曹操镇定地将军队稳住阵脚,然后登上高处观察敌情。他见敌军虽然人数不少,但彼此分散,阵容并不整齐。

这时,大将张辽意气风发,主张力战,曹操便以张辽为前锋,率众出击。张辽居高临下,一马当先,率骑兵向敌军冲击,蹋顿联军抵挡不住,节节败退。

曹军乘势追击,杀死敌军无数。敌军四散溃逃。蹋顿在逃跑时,被曹纯的部骑擒获,当即斩首。

曹操挥师前进,扩大战果,到达柳城时,汉族和少数民族投降、归附者计二十多万人。

走投无路的袁尚、袁熙及苏仆延、楼班、乌延等人，只好率领少数残兵，逃往辽东郡，投靠辽东太守公孙康去了。

曹操进入柳城后，手下人有的主张乘胜追击袁氏兄弟，斩草除根。

曹操笑笑说："诸位不用担心，我要让公孙康斩袁尚、袁熙首级送来，不需要再劳师远征了。"

大家听了，有些迷惑不解。

曹操将军队在柳城进行短暂休整后，于九月间，班师南还。

不久，公孙康果然将袁氏兄弟及苏仆延、楼班、乌延等人杀掉，并派人把他们的首级给曹操送来，表示归附。

对此，手下人问曹操："您收兵南还，而公孙康却斩二袁之首来献，这是什么原因呢？"

曹操笑着回答说："公孙康素来畏惧袁尚等，二袁投降他之后，如果我们攻打他们急了，他们就会联合起来对付我们；如果我们暂时不去攻打他们，他们之间就会不信任，互相残杀起来，这是势所必然。"

大家听后，才明白了其中的道理。

曹操立即任命公孙康为左将军，封襄平侯。

曹操打败乌桓，消灭袁氏残余势力，至此他已彻底占据幽州，这表明他在北方发动的兼并战争已经取得了最后胜利。

曹操完成了统一北方的事业，结束了中原地区长期混战的局面，在客观上对我国社会经济的恢复和发展，起了积极的作用。

平定乌桓三郡之后，曹操把被乌桓掳去和逃亡乌桓地区的十多万汉族人带回了内地，还挑选了乌桓的一些骑兵编入军队，组建"天下名骑"，在以后的战争中，起了不小的作用。

曹操班师回来，经过渤海之滨，登上碣石山，俯瞰脚下奔腾澎湃的大海，迎着萧瑟的秋风，遥望远处时隐时现的岛屿，想起经过艰苦奋战得来的胜利，心情无比激动，写下了著名的《观沧海》：

东临碣石（东临碣石山），
以观沧海（眺望大海湾）。
水何澹澹（汹汹海中滩），
山岛竦峙（高高岛上山）。
树木丛生（林木密而茂），
百草丰茂（百草丰而鲜）。
秋风萧瑟（秋风萧瑟起），
洪波涌起（大海洪波连）。
日月之行（日月之运行），
若出其中（如同波中出）；
星汉灿烂（灿烂的银河），
若出其里（海里升上天）。
幸甚至哉（十分庆幸啊），
歌以咏志（歌以表志愿）。

这首诗描写了大自然的风光，气势雄伟，把日月、星辰、山海、树木、花草汇于一体，展示了曹操热爱壮阔山河的情怀。

诗中从水写到山，从树写到草，从风写到波，从日月写到星汉，立体的画面，特别是那大海吞吐日月星辰的壮阔气势，表达了曹操奋发进取的豪迈襟怀。

在班师途中，有一件事使曹操很伤感，就是他的重要谋士郭嘉病死了，年仅三十八岁。

曹操痛心地对荀攸等人说："你们的年龄都和我差不多，唯独郭奉孝最年轻，我准备在战乱平定后，把身后的事情托付给他，不料，他却中年夭折，这难道是命里注定的吗？"

接着，曹操给汉献帝上表，请求给郭嘉增加封赏。表文中说：

军祭酒洧阳亭侯颍川郭嘉,与臣共事,能够尽节为国。他忠诚善良,智慧渊深,品性美好,通达时务。

每逢商议重大事情,发言纷纷,而他能恰当处理,提出很好的建议,没有失算过。

他在军中的十多年里,和臣行则同车,坐则共帐。东擒吕布,西取眭固,斩杀袁谭,占据并州,扫荡乌桓,郭嘉的功劳是很高的。

他却不幸早逝,使事业未得终结。追念郭嘉的功勋,实在不可以忘怀。对上,臣为陛下惋惜失去良臣;对下,臣为自己痛心丧失极好的助手。

现在应该追加他的封邑,由二百户增到一千户,以表彰死者,鼓励后人。

曹操还给在朝中的荀彧写信,对郭嘉的才干和忠诚进行热情的赞扬,对郭嘉的死表示深切的悼念。

曹操在班师途中,还写了《龟虽寿》一诗,诗中写道:

神龟虽寿(神龟虽能长寿),

犹有竟时(终有死的一天)。

腾蛇乘雾(腾蛇虽能驾雾),

终为土灰(终为土灰一团)。

老骥伏枥(老马卧在棚中),

志在千里(志在千里草原)。

烈士暮年(烈士到了晚年),

壮心不已(壮志丝毫未减)。

盈缩之期(人的寿命长短),

不但在天(不仅在于自然)。

养怡之福(得到养生好处),

可得永年（也可益寿延年）。

幸甚至哉（实在是庆幸啊），

歌以咏志（用咏歌表心愿）。

前边写，传说中可以活三千年的神龟，终有死亡的一天；能够腾云驾雾的"龙蛇"，也免不了化为尘土，说明人终究是要死的。中间写，人在有生之年，就要努力奋斗。

这一年曹操五十三岁，已经进入"暮年"，但他要像伏在马棚里的老骥一样"志在千里"。胸中激荡着驰骋千里的豪情壮志，要继续为统一大业，努力奋斗。

曹操认识到，人的寿命有长有短，这不仅仅在于自然，如果能够讲究养生之道，精神愉快，也是可以益寿延年的。他要争取更多的时间，以实现自己的抱负。曹操这种积极进取的精神，是值得肯定的。

官渡之战

大力抑制豪强势力

随着统治区域的扩大,曹操在进行军事行动的同时,在政治、经济方面也采取了比较开明的措施,特别是在占据冀州之后,他推行了一些进步的政策,拨乱反正,以巩固其统治。

曹操不仅军事才能出众,也很有政治头脑。他崇尚法治,也讲求儒家的仁义礼让,主张法治与德治并重。

曹操认为天地间人是最宝贵的,君主统治老百姓时,要任用贤能的官吏,使人民能够得到休养生息。这在他的《度关山》一诗中有所反映,诗中说:

> 天地间,人为贵。立君牧民,为之轨则。
> 车辙马迹,经纬四极。黜陟幽明,黎庶繁息。
> 於铄贤圣,总统邦域。封建五爵,井田刑狱。
> 有燔丹书,无普赦赎。皋陶甫侯,何有失职?

嗟哉后世，改制易律。劳民为君，役赋其力。
舜漆食器，畔者十国。不及唐尧，采椽不斫。
世叹伯夷，欲以厉俗。侈恶之大，俭为共德。
许由推让，岂有讼曲？兼爱尚同，疏者为戚。

曹操通过叙述古代君主治民的法则，认为退小人、任用德才兼备者是国家昌盛的基本保证。在此基础上，他提出了国君贤明、君民平等、执法公正、讼狱不兴的大同思想。

为了使百姓得以休养生息，曹操特别注意对豪强地主势力进行抑制和打击。抑制和打击豪强的不法行为，是曹操的一贯态度。他在任洛阳北部尉和济南相时，就这样做了。

掌握实权后，曹操非常注意选用得力的官员来执行这项政策。在一些得力的地方官员的支持下，曹操抑制豪强、扶持小农的政策，得到了贯彻实施。

曹操挟献帝到许都后，任命满宠为许昌令，负责治理京师地区。曹洪的一个宾客，仗着曹洪的势力，在许都地区胡作非为，满宠将他捕获下狱，准备严惩。

曹洪给满宠写信求情，满宠不理他。曹洪便去找曹操，曹操答应了解情况之后再说。满宠得知这一消息，不愿受干预，立即下令将罪犯处死。对此，曹操很满意地说："当官管事，就应该是这样的。"

曹操占据冀州后，听说邺城法令得不到贯彻实施，便下令挑选一个能够严于执法的县令。结果杨沛被选中了。

临赴任前，曹操专门召见了杨沛。

曹操问："你想如何去治理邺城呢？"

杨沛回答说："竭尽心力，宣传、执行法令。"

曹操说："好！"然后对别人说："这个人可真厉害，值得敬畏啊！"

杨沛辞别曹操后，准备去上任，曹洪、刘勋等豪强畏惧杨沛的威名，赶忙派人骑马前往邺城，告诫子弟宾客，要各自检束，不要胡作非为。杨沛为邺令数年，政绩突出，被提升为护羌校尉。

司马芝任济南郡菅县令时，境内豪强地主横行不法，郡主簿刘节，拥有宾客数千人，出为盗贼，入乱吏治。

司马芝按规定征发刘节家的宾客王同等人服兵役。刘节家是豪门大宗，依仗权势，长期没有服过兵役，这次也不听司马芝的警告，把王同等人藏匿起来。

司马芝立即向上级郡守报告刘节的不法行为，济南太守郝光素来敬畏司马芝，便下令让刘节本人代替王同去当兵服役。于是青州人称赞司马芝敢于"用郡主簿为兵"。

司马芝调任广平县令后，征虏将军刘勋家的宾客子弟，在境内数次横行犯法。司马芝正要处理时，刘勋给司马芝写信，嘱托他通融一下。

刘勋同曹操是老朋友，又是列侯，十分贵宠骄横，还是司马芝的老上级。可是司马芝却不予理睬，对这些违法的宾客子弟一律依法处置。

为了抑制豪强大姓经济力量的膨胀，保证军国的财政开支，曹操占据冀州后，正式恢复了汉武帝时期创立的盐铁官卖制度，并专门设"司金中郎将"等官进行管理。

曹操在写给司金中郎将王修的信中说：

> 我考察先代贤人的言论，大多认为盐铁的利益足以供给军队和国家的需要。

曹操鼓励部下要向西汉时代的法家人物桑弘羊学习，对盐铁的生产和贸易严加控制。结果比较有效地抑制了豪强势力的发展，增加了政府财政收入。

曹操为了发展生产，稳定社会秩序，增加租税收入，增强军国力量，一方面通过实行屯田制，将劳动力与国有土地结合起来，向国家佃农收取地租；另一方面则通过扶持小农，将劳动力与私有土地结合起来，向自耕农、半自耕农收取地税和人头税。

为了使自耕农维持较为稳定的生活，曹操注意抑制豪强地主兼并土地，以免将赋税转嫁到农民身上，并推行剥削比较轻的赋税制度。

建安九年，曹操在占据冀州之后发布《收田租令》，其中这样说：

> 治理国家时，不怕财富不多，而怕财富不均；不怕贫穷，而怕不安定。袁氏父子统治河北时，使豪强大族恣意横行，亲戚兼并土地；小民贫困软弱，替他们交纳赋税，变卖了家财，还不够交。审配宗族，甚至藏匿罪人，成为逃亡罪人的窝主。像这样，想得到老百姓的拥护，使甲兵强盛，怎么能办得到呢？
>
> 现在田租每亩地收谷四升，每户交纳绢二匹、绵二斤就行了。除此之外，不准擅自巧立名目，额外征收。郡守和国相要严格检查，不要让那些豪强大户有所逃避赋税负担。

魏武帝曹操传

在这个令文中，曹操推行了新的赋税制度，即"田租户调"制。两汉时期，实行的基本赋税制度，主要有两种：一种是地税，一种是人头税。地税是向土地所有者，包括地主、自耕农、半自耕农征收的，是根据谷物的收获量按比例征收，有时是三十税一，有时是十五税一。人头税是按人口的多少和大小征收的，分为算赋大人和口赋小孩，一般收的是钱，算赋经常收一百二十钱，口赋经常收二十三钱。

曹操将地税改为按定额征收，一亩收谷四升；将人头税改为按户征收，一户交纳绢二匹、绵二斤，称为"户调"，并将收钱改为收手工业产品。

曹操这一新的"田租户调"制度，是对赋税制度的一项改革。它是从当时的实际情况出发而确定的，比较切实可行，使农民的收入得到增加，负担得以减轻，增强了种田积极性，具有积极意义。

就"田租"制来说，新的"田租"制，定额是比较低的，如以亩产二石至三石计算，一亩收租四升，就是与汉朝最低的三十税一相比，剥削率也要低。

同时，定额"田租"制使自耕农、半自耕农在农业增产情况下，不用多交纳粮食，这有利于促进自耕农的生产积极性。

就"户调"制来说，按户征收，更加便于实行。因为汉末长期战乱，人口流动性太大，按人口多少、大小统计，很不方便。而按户，稳定性就大些，统计起来也比较容易。

同时，以实物代替钱币，给男耕女织的小农家庭带来了方便，减去了有些家庭出卖布帛、绢、绵去换钱的麻烦。

且受当时战乱的影响，货币交换已几乎废弃，一般都采用谷、帛进行交易，不用钱币上税，也减少了买卖过程中商人的盘剥。另外，家庭人口增加了，也不再增加户调额，这有利于小农经济的发展。

后来西晋统一全国后，继续实行"田租户调"制，但具体内容有所变化。如"田租"规定：每个丁男课田五十亩，收租四斛，平均每亩要交谷八升，这比曹操时所规定的四升，增加了一倍。又如"户调"规定：丁男做户主的，交纳绢三匹、绵三斤；丁女和次丁男做户主的折半交纳，即交纳绢一匹半，绵一斤半。由于丁男做户主的情况居多，总体上来看，西晋的"户调"量比曹操时规定的绢二匹、绵二斤，也还是增加了一些。由此可见，曹操推行的赋税制，对农民的剥削，是比较轻的。

总之，由于曹操的"田租户调"赋税剥削比较轻，又不准地方官额外征收以及抑制豪强兼并，限制他们将赋税转嫁到农民身上，尽管这种抑制执行起来并不可能彻底，但是，这对于改善农民的经济生活，恢复和发展生产，稳定社会秩序，还是起着一定作用的。

在减轻农民负担的同时，曹操强调，地主官僚们也要按规定向国家交纳赋税。曹操自己也注意以身作则，要求他家乡谯县的县令按章收取他家应交的赋税。

曹操要求郡县官员严格依法收税，对抗税的人，不管是谁，都要加以惩治。杨沛做长社县令时，曹洪的宾客不肯依法交纳赋税，杨沛就把他抓起来，先打断了他的腿，最后将其处死。曹操对此很满意，提升他为郡守。

地主和自耕农、半自耕农拥有的私有土地远远超过屯田的国有土地，随着统治区域的不断扩大，曹操从土地所有者那里征收的地税也越来越多。没有这经常性的、大量的地税以及"户调"收入，想维持军国的大量开支，养活官吏和军队，保持统治的稳定，是不可能的。

曹操为了稳定统治秩序，增加政府的财政收入，要求地方官员注意招徕、安抚流亡和叛亡的民众回乡生产，扶持自耕农，开垦荒地，恢复和发展小农经济。他将各郡县增加的户口数目和垦田数目，作为赏罚地方官的标准。

关中地区在李傕、郭汜之乱以后，老百姓流入荆州的，有十万多家。后来他们听说家乡恢复了秩序，社会比较安宁，都回乡来，但回来后却发现没有条件在自己的小块土地上恢复生产。

魏武帝曹操传

留镇关中的卫觊便给荀彧写信，建议实行食盐专卖制度，再用盐铁收入购买牛、犁等生产资料，提供给归乡的农民，帮助他们恢复生产。

荀彧将此建议转给曹操，曹操采纳了这个建议。实行后扶持了不少自耕小农，生产得到了恢复和发展，效果很好。

梁习为并州刺史，针对原来很多吏民流亡到南匈奴处的情况，一方面对那些继续叛乱的豪强进行征讨、镇压；另一方面对归降的老百姓，或送到邺城居住，或安排回乡生产。这样，很快就出现了边境安宁、人民安康的局面。当地老人称赞说，在自己所知道的刺史中，没有一个赶得上梁习的。

张既、郑挥先后为京兆尹，或招集、安抚流民，兴建、修复县邑，或制定移居之法，号召农民，勤务稼穑，申明禁令，稳定秩序。从此之后，民众都安心务农了。

苏则为金城太守时，由于过去战乱，吏民们流离失散，饥饿穷困，人口大为减少。苏则注意安抚他们，把从"羌胡"那里得来的牛羊，用来赡养贫民和老人，还把粮食与民众分着吃，不到一个月的时间，流民都回来了。苏则亲自教他们耕种，当年就获得了大丰收。

吕虔担任泰山太守之前，老百姓由于战乱，很多逃到山里隐藏起来了。吕虔到任后，开示恩情，藏在山里的老百姓都回来了。

扶持小农，成绩最为突出的是河东太守杜畿。他治理河东时，崇尚宽怀仁惠，让百姓休养生息。他督促农户畜养牲畜，上自母牛、母马，下及鸡、猪，都有管理章程。

河东的百姓勤于农业生产，家家都很丰盈。这样一来，政府的赋税收入也就大量增加了。后来，曹操西征马超、韩遂时，曹军中的粮食全仰仗河东供给，到打败敌人后，结余的粮食还有二十多万斛。

曹操高兴地下令表扬杜畿说：“河东太守杜畿，就是孔子所说的'禹啊！我同他没有隔阂'那样的人啊！”而且还特地增加杜畿的俸禄为中二千石。

为了发展生产，曹操对水利建设也很重视。他命令夏侯惇在陈留郡率领战士建太寿陂。这一蓄水工程，不仅方便了屯田将士种植水稻，附近老百姓的私田也借了光。

扬州刺史刘馥为了推广屯田，修治和兴建了芍陂、茹陂、茹陂、七门堰、吴塘等水利工程，以灌溉稻田，不仅使官家的屯田生产受了益，也使百姓的私田生产跟着受了益。

曹操占据冀州后，亲自督促修筑了天井堰，对过去西门豹渠也加以修复和改进，引漳水灌溉邺地。天井堰有十二条堤堰，在堤堰之首，都有引水闸门，灌溉的范围很广，绵延二十里。这对私田上的生产，特别是对居于多数的自耕小农，是有很大帮助的。

曹操还注意对社会风气的整顿，特别是对于一些影响内部团结，不利于政治稳定的结党营私、造谣诽谤、颠倒黑白、挟嫌报复等歪风邪气，大力加以革除和禁止。

建安五年，曹操下了一道命令说：

自从国家发生祸乱以来，社会风气败坏，诽谤的言论，难以用来评判人们的好坏。建安五年以前发生的此类事情，一切不再追究论处。今后如用断限以前的事情来诽谤别人的，就用他加给别人的罪，加在他自己身上。

曹操的这一道命令是针对徐宣诋毁陈矫而发的，被称为《为徐宣议陈矫令》。

徐宣和陈矫都是广陵人，原来都在广陵太守陈登手下为官，后来都被曹操征召为司空掾属，加以任用。可是二人相处并不和睦，常闹矛盾。

由于陈矫原来姓刘，过继给舅父改姓陈，又娶了刘氏本族之女为妻，徐宣便抓住这点，在大庭广众之中污辱、肆意诋毁陈矫。曹操认为这是小题大做，是对陈矫的有意伤害，不利于二人之间的团结，也不利于官僚内部之间的团结。

为了遏制这种恶劣风气的蔓延，曹操就下了这道命令，这是有着积极意义的。这里也体现了曹操用人从大处着眼，不怕偏短，不纠缠过去问题的精神。

曹操对无中生有、颠倒黑白、居心不良的匿名诽谤者，更是深恶痛绝。占据冀州之后，有一次，在邺城，曹操发现有人写匿名信诽谤他人，很是气恼，下决心查个水落石出。

魏郡太守国渊请求办理此事，他细看这封匿名信，发现其中很多处引用了《二京赋》，便让府吏选一些少年去拜师求学，访求能读《二京赋》的人为师。

访得能读《二京赋》的人之后，国渊就把选来的学生送到他那里就学。然后府吏乘机请这位老师写一份便笺，把便笺同诽谤书信相比较，结果发现二者同出一人之手。国渊当即把这个人收捕拘留，立案审问，最后完全弄清楚了他作案的情况。此事过去不久，曹操升迁国渊为太仆，居列卿之位。

建安十年九月，曹操在派兵攻打高干前，下了一道《整齐风俗令》，其中这样规定：

> 结党营私，是古代圣贤所痛恨的。听说冀州的风俗，父子分属两派，互相诽谤。历史上有过这样的事：直不疑没有哥哥，别人却说他与嫂嫂私通；第五伯鱼三次娶没有父亲的孤女为妻，有人却说他殴打岳父；王凤擅权，谷永却把他与申伯相比；王商忠父，张匡却说他搞歪门邪道。这些都是以白为黑，欺骗上天和蒙蔽君主的例子。我想整顿社会风气，像以上这四种现象不除掉，我以为是耻辱。

曹操说的这四件事，全发生在汉代。

直不疑，西汉文帝时官至中大夫，朝廷上有人诽谤他说："不疑状貌甚美，无奈他与嫂子私通。"直不疑知道后，解释说："我从来就没有哥哥。"

第五伯鱼，姓第五，名伦，字伯鱼。东汉光武帝时，为淮阳国医工长。随淮阳王入朝，光武帝开玩笑问他说："听说您为官时，打了岳父，有这回事吗？"第五伯鱼回答说："我三次娶的妻子都没有父亲。"

王凤，字孝卿，是王莽的伯父、西汉成帝的舅父。成帝时他为大司马大将军，领尚书事，专断朝政，引起许多人的不满。谷永见王凤掌权，想依附他，便向成帝上奏章，吹捧王凤说他"有申伯之忠"。申伯是周宣王的得力大臣。王凤因此提拔谷永为光禄大夫。

王商，字子威。西汉成帝时任丞相，为人忠直，却遭到了王凤的排挤、陷害。张匡时为太中大夫，见王凤要陷害王商，便迎合王凤上书成帝，诬陷王商"执左道以乱政"。后来王商被罢了官。

这类颠倒黑白、诽谤诬陷的事例，不单纯是个人的品德修养问题，而且也是关系到朝廷政治能否清明，统治能否稳定的大问题。因此，曹操下决心要除掉这种弊病。

曹操还在《清时令》中说：

> 现在政治清明，只应当尽忠于国家，效力于王事，即使用千匹绢万石谷，私下去结好他人，还是不会有什么益处的。

在这里，曹操又一次反对拉帮结伙，结党营私，警告官员们不要私下拉拉扯扯，搞小集团，要尽心竭力效忠国家，勤于朝政。

与此同时，曹操提倡官员间要有礼让之风，不要争权夺利。他在《礼让令》中说：

> 俗话说："对人让一寸，受人敬一尺。"这是合乎经书的要旨的。辞让爵位和俸禄，不因为争利而伤害自己的名声，不因为追求高官显爵而损害自己的品德，这就叫作礼让。

曹操要大家有礼让之风尚，这有利于协调统治集团内部关系，减少内耗，有利于统治的稳定。为了化消极因素为积极因素，曹操在平定冀州后，还下令说：

> 过去跟着袁氏一伙共同作恶的人，允许他们改过自新。

此外，曹操还下令不准报私仇，禁止大办丧事，违者一概依法严惩。对有些不利于老百姓生活、有害于人民身体健康的旧俗，曹操也注意加以禁止。曹操对于寒食节的禁止就表现了这一思想。

寒食节，亦称"禁烟节"、"冷节"、"百五节"。在夏历冬至后一百零五日，古代在清明节前二日。在这一日，禁烟火，只吃冷食，所以叫作"寒食节"。

寒食节原发地是山西介休绵山，春秋时，晋国人介子推曾随晋公子重耳长期流亡在外，后来回国时见狐偃向重耳邀功，他不愿与狐偃为伍，便不辞而别。

重耳即位后，封赏有功之臣，介子推与老母隐居绵山中，不肯出来，晋文公用放火烧山的办法，想把他逼出来，结果介子推被火烧死。晋文公为了悼念介子推，便规定在介子推死的这一天禁火寒食。

后来，民间为了纪念介子推，在介子推死的这个月内不举火，吃寒食，每年都有不少人因此死亡。到东汉顺帝时，并州刺史周举改为三天吃寒食。曹操认为这一习俗太落后，对老百姓的身体危害太大，因此，严令禁止寒食。

曹操对正面教育也很重视。他下令设置学官，发展教育事业。汉代的学校教育就已经很盛行，但由于东汉末年的长期战乱，使学校教育陷入了停滞的状态。

曹操虽然重视教育，但在逐鹿中原的前期，不具备发展教育的社会环境。当他在中原地区打败袁绍之后，统治趋向稳定时，便着手恢复废弃多年的学校教育制度。

建安八年秋七月，曹操下《修学令》，其中这样说：

> 战乱以来，已有十五年了，青少年仍不见有仁义礼让的风尚，我非常痛心。现在命令郡、国都要修文学，满五百户的县要设校官，挑选乡里中优秀的青少年对他们授以教育，或许可以使先王之道不致废弃，而有益于天下。

这里的"文学"，包括各家的著作，但主要是儒家经典。只有儒学教育发展了，教化的作用才能大，才能树立仁义礼让的风尚。尽管当时曹操还没有恢复国家的最高学府太学，但他在连年亲率大军征伐的同时，能够注意恢复发展教育事业，也是难能可贵的。

赤壁之战

赤壁之战,是建安十三年三国形成时期,孙权、刘备联军在长江赤壁一带大破曹操大军,奠定三国鼎立基础的以少胜多、以弱胜强的著名战役。

赤壁之战,是三国时期"三大战役"中最为著名的一场,也是我国历史上第一次在长江流域进行的大规模江河作战,标志着我国军事、政治中心不再限于黄河流域。

此战形成天下三分的雏形,奠定了三国鼎立的基础。

积极为南进做准备

"老骥伏枥,志在千里。烈士暮年,壮心不已。"这些诗句表明曹操是一个有理想、有作为的人物。而有理想、有作为的人物即使到了晚年,雄心壮志也不会有丝毫的消减。就像千里马虽然老了,已经伏卧在槽旁,却总还想着驰骋千里。

曹操就是这样一匹不甘寂寞的千里马。他在消灭袁绍、平定乌桓、统一北方,取得一个又一个的重大胜利之后,并没有满足,也没有因为自己年过半百而意志消沉。

曹操深知人的生命有限,这是自然规律,因此不想效法秦始皇寻求长生的灵丹妙药,只想抓紧时间在有限的生命里多做一些事情,让生命更精彩。他不顾连年征战的疲劳,在平定北方之后,便迅速准备麾师南下,征服荆州的刘表、刘备和江东的孙权,统一全国。

为了保证南下作战的顺利,曹操做了大量的准备工作。建安十三年正月,曹操平定乌桓回到邺城后,便开始对上层官制进行改革。废除三公制，恢复西汉初期的官制，设置丞相、御史大夫等官职。

丞相是皇帝的全权代表，地位在百官之上，仅次于皇帝。从当时的局势看，曹操平定河北，荡平乌桓，占领冀、并、青、幽诸州，兼有荀彧、荀攸、贾诩等智谋良臣，政治、经济、军事力量都很雄厚。因此，丞相之位，是非曹操莫属的。

六月，曹操正式被汉献帝封为丞相，掌管中央行政、军事大权。曹操为了巩固新政权，起用了公正廉洁的毛玠、崔琰为东曹掾，命他们掌管人事，专门负责录用官吏的工作。同时，起用司马郎、司马懿、卢毓等大批军事将领。

曹操为了巩固自己一手创建的新政权，不仅对懦弱无能的汉献帝严密控制，在其周围多安插亲信进行监视，而且对敢于忤逆自己的官宦、外戚实行残酷镇压。

建安五年，汉献帝国丈车骑将军董承等人，见曹操专权朝政，日甚一日，企图联结刘备，谋杀曹操。事情败露后，曹操杀死了董承等人，并夷灭他的三族。

董承的女儿，汉献帝的贵人，当时已怀有五个月的身孕，曹操气势汹汹地带兵入宫捉拿贵人，要一并处死。汉献帝再三向曹操求情，曹操坚持彻底消灭逆党，不留隐患。董贵人最终被拉出宫去，活活勒死。

曹操诛杀董承及董贵人之后，汉献帝深怨曹操的蛮横专权，但又无可奈何，整日闷闷不乐。汉献帝的伏皇后目睹董贵人被杀的惨景，也深恨曹操凶狠跋扈。

伏皇后为了使汉献帝摆脱曹操的控制，给当时任辅国将军的父亲伏完书写密信，言及曹操专权逼帝，要伏完待机谋杀曹操，解救皇帝。伏完害怕事情不能成功，不敢轻举妄动，把伏皇后的信密藏起来。直到建安十九年伏完病死，伏皇后的信才流传出来。

曹操知道这件事后，大为震怒，立即派兵入宫，逼汉献帝废黜伏皇后，并假借汉献帝的名义下诏，先命御史大夫郗虑持节收缴皇后印绶，又派尚书令华歆带兵入宫收捕伏皇后。

居住在深宫的伏皇后听说事发，慌忙躲藏在宫中夹墙之内。华歆持节搜宫，兵士破墙把伏皇后从夹墙内拉出。伏皇后被牵扯一路跟跄，披头散发来到汉献帝跟前，哀求皇帝救命。

汉献帝见伏皇后狼狈形状，泪流不止，可是他自身都难保，又如何救得了伏皇后？曹操下令将伏皇后幽闭冷宫，囚禁致死。同时将伏皇后所生的两个皇子一同杀害。伏氏宗族受牵连而死者达百余人。

曹操担任丞相之后，总揽朝政，集政权、军权于一身，引起了保皇派人士的极端不满。首先站出来公开反对曹操的，是清议派人物、当时的大名士孔融。

孔融是孔子二十世孙，自恃名门望族，又有文名，对曹操多所非议。曹操出于爱才之心，尽管自己的主张每每遭到孔融的抵触和反对，但他并不想轻易地将其除掉，而且尽量争取他为己所用。

孔融曾经推荐盛孝章，曹操虽然对这个人不是很满意，但仍然采纳了他的意见，征为骑都尉。曹操要诛四世三公的杨彪，孔融反对，曹操当天就把杨彪放了。曹操想恢复肉刑，孔融反对，这件事也就不再提。孔融与郗虑有隙，曹操还亲自出面进行调停。

可是，孔融恃才傲物，死心塌地地站在维护汉帝、尊奉献帝、反对曹操专权的立场上，抵触曹操政令的推行。曹操因为连年用兵，生产遭到破坏，军队缺少粮食，为了节约用粮，颁布了禁酒令。

孔融讥讽曹操说："天有酒旗之星，地列酒泉之郡，人有旨酒之德，故尧不饮千钟，无以成其圣。且桀、纣以色亡国，今令不禁婚姻也。"引古援今，反对曹操禁酒。

曹操北征乌桓，孔融首先反对。曹操按功行赏，大封功臣，孔融又上书反对，要求恢复古制。

孔融不是一般人，他是当世大文豪，名重四海，影响极大。他气焰如此嚣张，对于曹操巩固集权、推行政令都是极为不利的。

曹操为了维护曹氏政权，进一步巩固中央集权统治，保证南下夺取荆州，进而促进全国统一战争的顺利进行，于建安十三年八月，宣布了孔融的"恶迹",果断处决了孔融。

孔融被杀后,引起社会议论纷纷。为了缓和舆论,曹操专门发布命令,郑重宣布了孔融的罪状。他指出,孔融"违天反道,败伦乱理,虽肆市朝,犹恨其晚"。

曹操在出师荆州的路上,借故斩杀孔融,既铲除了叛逆,又震慑了朝中其他异己分子,进一步巩固了中央集权统治,为南下夺取荆州,完成统一大业扫清了障碍,解除了后顾之忧。

为了保证南下作战的胜利,曹操在整顿吏治、镇压异己的同时,开始在邺城加紧训练水军,并在邺城郊外开挖修建玄武池,把漳河和恒河的水引入池中,作为士兵实地训练之用。

曹操为严格训练水军,陆续颁布了《船战令》《军令》等一系列军规、军法。《船战令》规定:"擂鼓一通,吏士皆严。再通,什伍皆就船,整持橹掉,战士各持兵器就船,各当其所。幢幡旗鼓,各随将所载船。鼓三通鸣,大小战船以次发,左不得至右,右不得至左,前后不得易,违令者斩。"

在严格的作战纪律训练下,将士们很快熟悉并掌握了水上作战的本领,组建了一支具有较强战斗力的水军部队。

建安十三年夏,曹操带着随行官员来到操练水军的玄武池旁观看水军演习。只见方圆十几里的池面上,风平浪静,上百条崭新的战船在五彩缤纷的旗帜的辉映下,显得生气勃勃。

曹操站立将台,一声令下,金鼓齐鸣,训练开始。只见将士们奋力击水,整齐的船队飞一样地驶向池心。站在甲板上的水兵,手执戈矛,身着铠甲,各个威风凛凛,精神抖擞。

曹操看着这整齐划一、威武雄壮的水军,阵势如此威严,富有生气,万分激动。他心想,有这样强大的水军,要夺取荆州,继而突破长江天险,打败孙权便不成问题了。

就在曹操整顿军备,积极训练水军的时候,江东的孙权也在长江下游建起了比较稳固的统治,并试图吞并刘表的荆州。孙权采取的战略是先夺荆州后取蜀汉，再出兵襄阳北上与曹操争夺天下。

荆州地处南北要冲，北有汉水、沔水，南可直达海郡，东南接吴郡、会稽，西通巴、蜀，土地肥沃，山河险要，是一个用武的要地。

坐镇荆州的是刘表。刘表，字景升，山阳郡高平人。东汉末年宗室、名士，汉末群雄之一，西汉鲁恭王刘余之后。刘表身长八尺余，姿貌温厚伟壮，少时知名于世，名列"八俊"之一。

光和七年，刘表受大将军何进征辟为掾属，出任北军中候。初平元年，荆州刺史王叡为孙坚所杀，董卓上书派刘表继任。

刘表以荆州刺史的身份只身到宜城，与荆州名士蒯良、蒯越兄弟，用计将叛军头目五十多人引到襄阳，并一举消灭，荆州很快恢复安定。

不久，张济想乘关中大乱，率军攻占荆州，刘表派军抵抗，张济在攻打穰城时，死于流矢。荆州官员都向刘表表示祝贺。刘表此时已经拥有十多万军马。

然而，刘表是个胸无大志，缺乏远见和智谋的座谈客。自从初平元年以来，刘表一直秉承"保土安民、维持现状"的方针政策，对中原割据势力的争斗基本保持中立态度。

在曹操与袁绍剑拔弩张之际，刘表表面上倾向于袁绍，但从头至尾始终都没有真正投入这场争霸之战。刘表的保守态度使荆州地区免去了许多战火，让荆州百姓在乱世之中得以安居乐业。

但同时，刘表的态度也让他错失了争霸中原的机会，一定程度上帮助了曹操顺利统一北方。

刘表好谋无决，有才而不能用，闻善而不能纳。足智多谋的司马徽竟被刘表轻蔑地称为"小书生"，有"凤雏"之称的庞统被刘表的心腹傅巽看成是"半英雄"，文才卓著的王粲千里迢迢从洛阳逃难到荆州投奔刘表，却遭到刘表的冷遇。

正因刘表自身智谋短浅，又不能真正任用贤才，荆州才引起四周英才虎视，面临着诸多危险，随时都有被其他割据势力吃掉的危险。当时，在南方对刘表威胁最大的是江东的孙权，双方一直战争不断。

孙权，吴郡富春人，于东汉光和五年出生。其父孙坚时任下邳县丞，故传其出生于徐州下邳。孙权为孙坚的第二子，据传他是春秋时期军事家孙武的第二十二代孙。

中平元年，时任佐军司马的孙坚随朱儁征讨黄巾军。孙权与其母吴夫人等人都留居九江郡寿春县。

中平六年，时任长沙太守的孙坚起兵响应讨伐董卓的关东联军，迁居至庐江郡舒县，孙权与其母吴夫人等随行。

初平二年，孙坚奉袁术之命讨伐荆州刺史刘表。刘表派黄祖在樊城、邓县之间迎战。孙坚击败黄祖，乘胜追击，渡过汉水，包围襄阳。刘表闭门不战，派黄祖乘夜出城调集兵士。

黄祖带兵归来，孙坚复与大战。黄祖败走，逃到岘山之中，孙坚追击。黄祖部将从竹林间发射暗箭，孙坚中箭身亡。丧事毕，全家迁往广陵郡江都县。

孙权幼年丧父，受到吴夫人的教育。兴平元年，孙权的长兄孙策为袁术攻打庐江郡，扬州刺史刘繇深怕被吞并，欲对孙权及吴夫人等不利，朱治便将他们接到住在曲阿的孙权舅舅吴景处。

兴平二年，孙权的长兄孙策起兵征战江东，孙权跟随于左右。孙权性格旷达开朗、仁爱明断，又崇尚侠义，广纳贤才，渐渐与父兄齐名。

孙权经常参与孙策军内部的计谋商议，孙策感到很惊奇，自认为不如他。每当宴请宾客时，孙策常常回头看着孙权说："这些人，以后都会是你的手下。"

建安元年，孙策任命十五岁的孙权为阳羡县令，时领吴郡太守事的朱治察举他为孝廉，扬州刺史严象举其为茂才。后又代理奉义校尉。建安四年，孙权随孙策讨伐庐江太守刘勋。刘勋败逃后，又进军沙羡，讨伐江夏太守黄祖。

建安五年，孙策被许贡门客行刺，不久去世。孙权被东汉朝廷册拜为讨逆将军，兼领会稽太守，驻守吴郡。

孙权最初掌管江东时，局势动荡不安，在张昭、周瑜、程普等人的辅佐下，地位逐渐稳定。诸葛瑾、鲁肃、严畯、步骘、陆逊、顾雍、顾邵等人被召至麾下。孙权又分派诸将平定、安抚山越诸族，讨伐叛乱不臣的李术、孙辅等，很快便稳定了江南局势。

建安八年至十三年，孙权多次讨伐江夏太守黄祖，并于期间收得大将甘宁。

建安十三年春天，孙权已成为江东的一个小霸主。孙权为报当年父亲孙坚被杀的仇恨，派出猛将甘宁、凌统、吕蒙等袭击黄祖，黄祖命令水师都尉陈就对抗。

面对孙权的进攻，黄祖任部将张硕为先锋，陈就为舰队首领，自己留守江夏。战前，张硕率部乘大船侦察江岸，却被同样在侦察的凌统发现。当时，乘小船的凌统身边只有数十名勇士，但仍登上了张硕的船，可能是在夜幕掩护下伪装成张硕部卒，奇袭张硕军。张硕被凌统所杀，所部水兵尽数被擒。

魏武帝曹操传

得知张硕被杀，黄祖当即命陈就率两艘蒙冲舰守沔口，还让大力士和弓箭手在河边的崖顶埋伏，向敌军的大船投掷石头和火把。

为了打败黄祖的蒙冲舰，周瑜派出大舰队，却被崖顶掷下的石头摧毁。几小时的战斗过后，周瑜认识到黄祖的军械并非如此欠缺，孙权只能接受士卒疲惫、伤亡惨重的现实。

为了扭转战局，周瑜命凌统、董袭率一百人敢死队每人穿上两件盔甲乘大船冒着石头和火把冲锋。经过艰苦的战斗，凌统、董袭最终成功切断了两艘蒙冲间的联系，这也鼓舞了孙权军的斗志。吕蒙在近战中格杀陈就。失去首领的黄祖大军反被处于少数的孙权军歼灭。在吕蒙全歼黄祖大军之前，凌统分兵攻陷江夏。

无力抵抗孙权的黄祖逃离江夏，却被江东骑士冯则追上枭首。孙权下令将黄祖首级盛放在容器中验看。孙权见复仇目的达到，便下令全军撤退。得到黄祖首级后，孙权将其献祭亡父孙坚墓前。

当时不仅有曹操、孙权虎视荆州，就连官渡之战中被曹操打败的刘备，也在为取得荆州而积极谋划。

当初，刘备在离开袁绍之后，因为败于曹军而选择投奔刘表，刘表虽然对他礼遇有加，但始终没有加以重用，只让他屯兵新野、樊城来防御曹操南下。

在曹操远征乌桓的时候，刘备曾经力劝刘表乘机袭击许都，但最终如郭嘉所料，态度保守的刘表并未采纳刘备的建议，荆州也一直没有什么大动作。

当曹操从乌桓回师许都之后，刘表这才深感后悔，对刘备说："之前没有听从你的建议，如今我才知道已经错失良机了啊！"

刘备十分无奈，叹息道："现在天下分裂，干戈四起，机会必然还是会再有的。等日后再有良机出现的时候，若是能把握住，也就没什么可后悔的了。"

刘备嘴上这么说，但心里已经开始对刘表感到失望了。他知道，即便再有良机出现，只求自保而不图进取的刘表依然会白白错失。

一次，刘表宴请刘备。席间，刘备去上厕所，突然发现，由于长期不打仗，自己居然发福了，心中顿时感慨万千，鼻子一酸，眼泪就流出来了。

等刘备回到席位上的时候，刘表发现他神态异常，看上去很不对劲，就关心地问他："玄德，你这是有什么烦心事吗？"

刘备叹息道："过去我时常南征北战，几乎终日不离马鞍，腿上的肌肉都很结实。但现在，因为长期闲居，也不打仗了，竟然都发福了。时光如同白驹过隙一般，眼看我就要衰老，但却依然不能建立自己的功业，实在是非常伤心啊！"

可见，刘备这个人志向是非常高远的，他不甘于安定平淡的生活。但刘表却不同，他听完刘备的话以后，根本没有什么共鸣，只是礼貌性地安慰了刘备几句之后，就把这件事情抛诸脑后，继续沉湎在保守故土的美梦中了。

刘备越来越清楚地认识到，跟随刘表是没有前途的，想要成就大业，还是得自己干。

刘备自起兵以来，先投奔陶谦，再寄身曹操、袁绍，后又依附刘表，几十年间颠沛流离，寄人篱下，始终没有自己真正的立足地盘。他在刘表处一晃又是几年过去了，事业毫无进展，心中非常忧伤。

刘备深刻地总结自己起兵以来屡战屡败，不能成功的经验教训，认为之所以没有取得成就，主要是缺乏有才能的军师辅助。因此，为了兴复汉室，完成大业，他决心寻访智士辅佐自己。

当时荆州稳定富庶，很多中原士人都愿意到荆州来投靠刘表，但刘表这个人没什么大志，因此对这些士人也不太看重。

相应地，这些士人在发现刘表并没有想做大事的心思后，也都很不满意，不愿再继续留在他的身边。这个时候，刘备就站出来了，开始大力网罗这些有志之士，以扩充自己的势力。

刘备先访江南经学名家司马徽，后拜有"凤雏"之称的当世俊杰庞统。有一次，刘备手下的谋士徐庶和司马徽共同向他推举了一个能人，这个人便是诸葛亮。

魏武帝曹操传

诸葛亮，字孔明，生于琅邪阳都一个官僚地主家庭。他的父亲诸葛珪曾经担任泰山郡丞之职，由于父母早逝，诸葛亮是跟着叔父诸葛玄长大的。

后来诸葛玄做了豫章太守，诸葛亮和弟弟诸葛均便跟随叔父一起去了豫章。不久之后，因朝廷改派朱皓接替诸葛玄任豫章太守，诸葛玄只得又带着诸葛亮兄弟离开豫章，到荆州投靠故友刘表。

诸葛玄去世之后，诸葛亮便在襄阳以西的隆中定居下来了。诸葛亮在隆中一共住了十年，在这十年里，他热衷政治，常常和避乱荆州的士人探讨天下时势、古今政治，并一直自比为春秋战国时期的名相管仲、大将乐毅，期盼着能够做一番惊天动地的大事业。

在司马徽和徐庶的推荐下，刘备前往隆中去见诸葛亮，三顾茅庐请他出山来辅佐自己。当时，两人在隆中茅庐亲切交谈，诸葛亮字字珠玑，为刘备详细分析天下形势。诸葛亮说：

自董卓乱政以来，天下豪杰并起，军阀割据。曹操比起袁绍，无论是名望还是兵力都处于劣势，而他之所以能够由弱变强，最终打败袁绍，除了客观形势对他有利之外，更重要的是他的智谋和雄心。

现在，曹操拥兵百万，挟天子以令诸侯，占据一切有利条件，因此暂时不能与他争锋。孙权占据江东，已历三代，民众都归附于他，有德才的人也都愿意为他效力，因此，可以考虑和他联合。

荆州是一处战略要地，北面有汉水和沔水，南面有南海郡，东面则连接着吴郡和会稽郡，西面能直接通向巴郡和蜀郡。如今刘表虽然占据荆州，但他能力不足，不可能长期守住它。这对于将军你来说却是天大的好事情，不知道将军你有没有夺取荆州的打算呢？

益州地势险要，沃土千里，号称天府之国，当年汉高祖刘邦便是靠益州来成就千秋霸业的。益州现在为刘璋所占据。但刘璋这个人昏庸懦弱，不得民心，因此益州也不可能长久在他手中。

随后，根据天下形势，诸葛亮又向刘备提出了几点开创基业、统一天下的战略方针：

将军你是汉室之后，待人宽厚仁慈，声誉闻名天下。如果你能夺取荆州和益州，据险防守，并与西南边地少数民族保持良好关系，同时结交孙权，修明政治，那么一旦天下局势有所变化，将军你就可以派遣得力战将领荆州兵马进攻宛城和洛阳一带，将军你自己则亲自率领益州大军攻向秦川，如此一来，霸业便能成功，汉室也将得到振兴！

诸葛亮的一番讲解令刘备茅塞顿开，大为欢喜，即刻将其请入军中，奉为军师。而诸葛亮在茅庐之中对天下形势的分析，以及向刘备提出的战略方针便是名满天下的"隆中对"。

诸葛亮一到刘备军中，便立即采用清查"无籍"游户的方法来扩充兵源，使得刘备的兵力在短时间内得到迅速增强，发展到了两万余人。

此时，荆州刘表身染重病，他担心自己死后曹操和孙权图谋荆州，便想借助刘备的力量来保护其子孙基业。于是，他把刘备找来了，拉着刘备的手，虚弱地对刘备说："玄德啊，我的儿子才能全都不如你，军中的将领又都各怀异心，等我死了以后，你就来接管荆州吧！"

刘备一听，惊骇非常，赶紧说："将军你这是哪里话啊！公子都是贤才，无论哪位公子接管荆州，我都会全心全意地辅佐他。将军你现在就安心养病吧，不要胡思乱想。为了保卫荆州，让我去镇守樊城吧！"

刘表听刘备这么说，知道他没有夺取荆州的想法，顿时安心了。曹操的谋士郭嘉曾经分析说，刘表虽然接纳了刘备，但是一直对他怀有戒心，担心自己驾驭不了他。

那么，既然如此，刘表为什么偏偏还要提出把荆州让给刘备的建议呢？这很可能是刘表在试探刘备，看他是不是怀揣狼子野心，打荆州的主意，如果是，那么趁现在自己还没死，要趁早安排处理了。

就在这个时候，刘表病重，并已有意将荆州托付给刘备的消息传到了曹操耳中，曹操心中很是担忧，这刘备并非池中之物，胸中怀揣着一飞冲天的志向。

荆州富饶肥沃，又是兵家必争的战略要地，若是真让刘备得了荆州，后果恐怕就不堪设想了。于是，曹操按捺不住心中的忧虑，当即整军，准备大举南征。

赤壁之战

一鼓作气拿下荆州

曹操总喜欢在静观中等待，在蓄积中爆发。眼下局势正是出击的好机会，大敌乃是荆州刘备，若不将其铲除，必将养虎为患。

向荆州出兵势在必行，但曹操在分析自己的实力：直属军团力量严重不足，刚平定的幽、冀、青、并州也需要驻屯大量的直属军队进行监管，关中地区诸侯还随时威胁着兖州大本营。

对外宣传拥兵百万，而实际兵力不过四五十万，况且绝大多数兵马都是新编不久的袁氏旧军。这些情况，曹操当然是了然于心的。

董承事件过后，曹操便有意无意地回避朝见汉献帝，常驻屯邺城，甚至把许都的一群侍妾也带到了邺城。

曹操将许都交给和汉室公卿比较合得来的荀彧负责治理，兖州及许都均由直属部队防守，目的显然是为避免发生意外危及大本营。因此，曹操真正能自由调度的军队，其实力量单薄得很。尽管南征的意愿很强，但实际行动却不能不小心翼翼。

六月的一天，玄武池上督师操练的曹操突然接到襄阳城传来的密报，说荆州牧刘表突染重病，病情恶化，随时有生命危险。刘表健康状况不佳已是公开的秘密，但病情突然恶化却是始料不及的。

刘表病情恶化，继承人成为大问题。刘表有两个儿子，长子刘琦为原配所生，次子刘琮为续弦蔡氏所生。刘表最初因为长子刘琦的相貌与自己相像，十分宠爱他，想让他做继承人。

然而，少壮派权臣蔡瑁、张允等都明显支持刘琮，加上蔡氏的恣意，刘表也无意立温和软弱的刘琦，就派他做江夏太守，接任黄祖的职位，使他远离荆州的权力中心，让刘琮能顺利接掌政权。

建安十三年，刘表忽然病重，襄阳城内的少壮派官僚决定拥立刘琮，完全封锁了刘表的病情消息，连镇守江夏的刘琦和驻屯新野的刘备也不知情。

显然，荆州情势即将发生巨变。曹操的情报战也打得不错。平静了极短时间的邺城又将酿造一场战争风雨。荀彧在许都给曹操的密信中说："这是千载难逢的良机，应急速整军南下，由宛县和叶县抄小路急行军，杀他个措手不及。"

魏武帝曹操传

在荀攸及荀彧的鼓励下，曹操决定采取极大胆的军事行动。他派于禁、李典配合荀攸监守新征服的北方四州，夏侯惇军团配合荀彧镇守兖州及许都，徐州仍由臧霸管理，司隶校尉钟繇负责司隶区，并封关中马腾为卫尉，其子马超为偏将军。

由此部署可以看出，这个南征军团，曹营中不少谋臣武将并未随行。不过，投入的兵力却是曹操历次作战中最多的一次。七月底，曹操的军队由宛城和叶城分两路迅速前进，八月初便接到刘表病逝的密报。

刘表去世前，刘琦从江夏回来探望父亲。蔡氏弟弟蔡瑁和蔡瑁外甥张允怕他们父子相见会感动刘表，令刘表改让刘琦接手荆州，于是将刘琦拒于门外，不让他见刘表。

刘表不久逝世。在蔡瑁和蒯越的拥立下，刘琮勉强夺得继承权，但曹操的军队已攻入荆州境内，到达军事重镇樊城了。

面对大军压境，刘琮想自己和刘备都是皇帝后裔，加之刘备仁爱的名声远播天下，因此主张和刘备联合，打算在襄阳城部署军队抵抗曹军。蒯越、韩嵩及东曹掾傅巽等游说刘琮归降曹操。

刘琮仍想抵抗，说："今天与你们诸位据守荆州，守父亲的基业，观望天下转变，不可以吗？"

傅巽说："逆顺有大体，强弱有定势。我们以臣下抵抗朝廷，是叛逆之道；以新建设的荆州去对抗中原，必定是危险事；以刘备抵抗曹操，是不适当。三项都显得不足，想用以抵抗朝廷军队，是必定灭亡之道。将军觉得自己与刘备相比如何？"

刘琮答："不如。"

傅巽因而说："如果刘备不能抵抗曹操，那么荆州就不能自存。如果刘备能抵抗曹操，那么刘备就不再是将军的臣下了。希望将军不要再疑惑。"

蒯越向来不把软弱无能的刘琮放在眼里，只见他怒目圆睁，粗声粗气地说："曹操以朝廷命令出师，百万大军南下，其势如秋风扫荡落叶，不如奉迎他。"

刘琮听蒯越绘声绘色的讲述，有如晴空霹雳，谈虎色变。他仿佛看到曹操已踏平荆州，正在割士兵的鼻子，正在抢夺自己的妻小，他实在不敢再往下想。于是刘琮瞒着刘备和刘琦，当即派遣使者和曹操谈判，并下令所有荆州的郡县及军团首领无条件向曹操投降。

曹操不费一箭一矢就摆平了刘琮。他听到刘琮不战自降的消息，只是鼻孔里鄙夷地哼了一声，并没有现出太多的喜悦和得意。

毕竟刘琮是荆州地方权力的象征，又是刘表的后代，曹操就任命他为青州刺史，让他远离荆州原有势力，其余各郡县及军团首领，仍各自镇守原地。

曹操瞧上了蔡瑁、张允的八万荆州水军，就让他们加入了自己的南征军团，随军行动。

曹操越过荆州，浩浩荡荡直下江陵。原先驻守在新野的刘备军团，早在听闻曹军南下后,便全军进入樊城备战,并紧急向襄阳城的刘表报告军情。

不过,由于一直未得到刘表的回复,刘备很是疑惑。于是一再派使者到襄阳城请示。刘琮不得已,才命令部属宋忠通知刘备,告诉了父亲逝世的消息以及准备全军投降曹操的决定。

刘备得到消息时,曹军已抵宛城,离樊城不到三百里。对于曹操大军的到来,刘备则采用了边打边跑的战术。他决定先向南撤退,打算先行攻占长江北岸的军事重镇江陵,以江陵的军资及防备工事,再联合江夏太守刘琦的主力,或许能够守住南半部荆州。

建安十三年八月,据守江东的孙权,也已获悉曹军南下以及刘表重病的紧急军情。于是立刻派鲁肃前往江东,探询刘琦和刘备的态度。然而探听的结果是刘表已死,他的两个儿子不团结,刘琮投降了曹操。

孙权的谋臣鲁肃说:"我请求出使荆州,慰问刘表的两个儿子,并且慰劳他们军队中的当权者,顺便劝说刘备,使他安抚刘表的部众,同心同德,共同对抗曹操,刘备一定高兴,并且听从我的意见,如果能够成功,天下的形势就可以确定了。"

孙权被鲁肃的一番话说得心动了。于是,鲁肃出发,到了夏口,听说曹操已向荆州进发,他日夜兼程赶路,等到了南郡,听说刘备已朝南逃跑了。

鲁肃立刻意识到了肩上担子的沉重,决定往南去追赶刘备。再说刘备南逃,经过襄阳城时,停马向城内呼叫刘琮答话。刘琮在城头上探出头来窥探了一下马上又缩了回去。

刘备骂道:"你枉自皇族后代,曹贼大军未到,你就闻风丧胆,羞辱祖宗先人!"

刘琮虽不答话,但心里委实不服气,很想说,皇叔你不也投降过曹操吗?你眼下不也正逃之夭夭吗?

襄阳城中不少官吏和军民,听说刘备打这儿经过,许多人自动跟随刘备南下逃难。刘备看到这些,不禁号啕大哭说:"苍天啊,你怎么有眼无珠,让百姓跟我一起受难?"最后好不容易才被关羽、张飞劝住。

"皇叔德高望重,我们愿随你前往,跟你在一起,就是饿死累死也比在这儿等着好。"逃难百姓齐刷刷地跪在刘备面前。气氛倒也悲壮,张飞都流泪了。刘备将他们一一扶起,答应让他们随同前往。

陉阳城南有一座无名小山,山上白色的旗幡在秋风中翻飞,刘备看见一座很雄伟的坟墓,便勒马观看。逃难的襄阳百姓告诉他:"那就是刘景升的陵墓。"

刘备连忙翻身下马,趔趔趄趄地走向那座无名的小山头。他的后面,紧跟着兄弟、诸将,还有数不清的难民。

刘备带着军民从襄阳又行四百多里,到达了当阳县。由于荆州境内跟随而来的军民多达十余万人,大小行李车辆多达数千,道路拥塞,每天行军不到十里路,距离目的地江陵还有三百多里,估计以这种速度至少需要一个月,根本无法躲避曹操的追兵。

刘备不得已改变计划,他下令关羽率万余水军由汉水顺流而下,先到江陵布守防务,并派人到夏口联络刘琦,会师江陵,自己则带着难民慢慢地上路。

眼看曹军骑兵就要追上,众将劝刘备赶快率军先走,但刘备不愿丢下百姓。他说:"凡能成大事者,都要优先照顾百姓的利益。现在百姓都愿意跟我走,我怎能抛下他们不管?"众将听了,都很感动。

鲁肃赶到夏口,听说曹军已占据荆州,即将到达南郡。

鲁肃忧心如焚,四处打听刘备行动方向,又向人询问捷径,终于在当阳台附近追上了刘备。

鲁肃向刘备讲述了孙权的意图,发表了自己对天下大事和目前形势的看法,表明自己殷勤恳切的心意。刘备默然不语。

鲁肃建议刘备和孙权在江东结盟,共同抵抗曹操。刘备于是采用了鲁肃的计谋,进兵驻扎在鄂县的樊口。

曹操挥师南下,要求先头部队不惜一切手段迅速占领江陵。他在马背上听人说刘备带着很多百姓南下了,就对贾诩说:"以前我还把刘备当做英雄，实际上只是一个凡人，自己都不能保全，如何拯救百姓，太装模作样了。他在许都待了那么久，目睹了我如何对待兖州百姓，就偏要做一副体恤下民的姿态，实在是矫揉造作，沽名钓誉。"

"刘备直往南走，你估计他想去投谁？"曹操问。

"只有去投苍梧太守吴巨。"贾诩说。

曹操拈须大笑，说："果真如此，刘备真的又要成为我的阶下囚了。苍梧乃弹丸之地，吴巨不过是一只蚂蚁。"

不几日，曹操大军就占领了江陵。消息传来，刘备说："好悬啊，幸亏鲁肃先生赶来相劝！"

诸葛亮对刘备说："我们目前的唯一选择是向孙将军求救。"

刘备无可奈何，他早已尝够了寄人篱下的滋味，可现在，还有什么路可走呢？征得刘备同意之后，诸葛亮就同鲁肃一道去了孙权那里。

曹操听说刘备有意联合孙权，自知一下子吞并这两股势力还比较难。于是，就派人拿着他的书信去东吴，想和孙权联手消灭刘备。

孙权手下的谋士大都主张降曹自保，只有鲁肃主张联刘抗曹。但鲁肃自知难以说服孙权和东吴的群臣，特意请诸葛亮当说客。

鲁肃向孙权作了汇报，孙权第二天召集文臣武将于帐下，请诸葛亮来，升堂议事。鲁肃到驿馆接孔明同往孙权大帐中，孙权下阶而迎，厚礼相待。

诸葛亮见孙权碧眼紫发，仪表堂堂，暗想，此人相貌不一般，只能用话激他，不能光讲道理。于是，当孙权问起曹操现有多少兵马时，诸葛亮说有一百多万。

孙权道："怕不是在诈我们吧？"

诸葛亮便将曹操原有的兵力，加上从袁绍、中原和荆州那里得到的新增兵力，不下一百五十多万，且曹操手下战将谋士都不下一二千。

鲁肃在旁一听，惊慌失色，连忙向诸葛亮使眼色不让他再说了，孔明却只装作没有看见。

这时孙权又问："曹操平了荆楚之地，还有其他图谋吗？"

诸葛亮说："他如今已沿江边安营扎寨，准备战船，不图你们江东，又想取哪里呢？"

孙权说："若他真有吞并之意，请先生替我想想该怎么办。"

诸葛亮说："亮有一句话，只怕将军不肯听从。如今曹操势力极大，威震海内，即便是英雄，也无用武之地，奈他不可。将军要量力而行，若有能力与曹抗衡，不如趁早消灭他；若没有能力对抗，不如听从众谋士的建议，投降曹操算了。如今，将军嘴上说要降曹，心里又不想降曹，形势危急，却总是拿不定主意，大祸可就要临头了！"

孙权说："若像先生说的这样，刘备为什么不投降曹操呢？"

诸葛亮说："过去，像齐国的田横那样的壮士都能坚守大义，不容屈辱，何况我们主公是汉室宗亲，怎么能自己就先屈服于他人之下呢？"

孙权听了这番话，不觉脸色顿变，站起身来拂袖而去，众人一见，也都一笑而散了。

鲁肃责怪孔明道："先生为何说出这样的话来？幸亏我们主公宽宏大度，没有当面责怪你，你的话过于藐视他了。"

孔明仰面笑道："何必这样不能容人呢？我自有破曹之计，他不问我，我怎敢说呢？"

鲁肃一听，立即到后堂去见孙权。孙权一听，转怒为喜，道："原来他是在用话激我。"于是又出来与孔明互致歉意，商讨良策。

孔明说："我们虽新败，但关云长仍带有精兵万人；刘琦在江夏也有万人。曹兵虽多，却是远道而来，征战疲惫，正所谓'强弩之末，势不能穿鲁缟'。并且北方人不习惯于水战。荆州之民依附于曹操，是迫于当时的形势，并不是出于本心所愿。将军如果现在能诚心诚意地和我们结成联盟，破曹之事必成。曹军败了，自然退回北方，那么荆州和东吴的势力也就加强了，三足鼎立的局面也得以形成。成败的关键即在眼下，就看将军怎样决断了。"

孙权听了这番话，喜悦万分地说："好，我立刻与群臣商量这件事。"

正在这时，曹操派使者给孙权捎来一封信，信上写道："近来我奉皇帝的命令讨伐有罪的臣子，大军南进，刘琮已俯首称臣。我现在已训练好了八十多万水军，正想与将军在东吴会猎。"

孙权一口气将这封信读完。群臣像失去了蜂巢的蜜蜂一般，立刻出现了非常热闹的场面，大家七嘴八舌地议论开了。只有鲁肃默坐不语。

孙权起身上厕所，鲁肃赶忙追到屋檐下。孙权似乎知道他的用意，紧紧握住鲁肃的手说："先生想说什么？"

鲁肃说："刚才我听了这般人的议论，感到非常气愤，他们的主张只能坑害将军，不值得同他们商讨国家大事。今天我鲁肃可以迎降曹操，但你不可以。"

魏武帝曹操传

孙权感到莫明其妙，说："先生这话使我不解。"

鲁肃说："今天我迎降曹操，曹操当会将我送回乡里，品评我的名位委以官职，还不至于不能生存。我还能够做个小官吏，出门乘坐牛车，一批小吏士卒跟着我，与士大夫们交朋结友，相互拜访，一级级往上爬，仍然不失州官郡守一类的官职。"

"那么，我又为何不可以迎降曹操呢？"孙权问。

鲁肃说："你胸怀大志，继承父兄之业绩，怎么能将祖传的基业送给他人呢？就像刘琮一样，有辱先人啊！希望你及早拿定主意，切莫采纳张昭那班人的意见。"

孙权长吁了一口气，说："这些人发表的议论使我很失望。现在你提出的策略，正与我的想法相同。"

诸葛亮本来不便参加东吴朝堂议事，但他想到东吴国内部主张迎降曹操的力量很强大，恐怕孙权难以说服他们，且自己辅佐刘备以来，这么久了尚未建功，恐被人耻笑，今天出使东吴，倘若孙刘达不到联盟的目的，这如何向主公交代呢？他们可正处在逃难之中。

诸葛亮思来想去，决定参加东吴朝堂议事，把孙刘联合的道理阐释给众人。在鲁肃的引领下，诸葛亮风度翩翩地进入朝堂。可是群臣就因为看出了诸葛亮是来求救兵的，所以都不主张援救，把矛头都指向了刘备。

经过激烈的辩论，诸葛亮用三寸不烂之舌说服了众人。孙权听了诸葛亮这番精彩的辩论，暗自叹服，坚定了他联合刘备共抗曹操的决心。但如何筹划，还得等周瑜回来。

正当诸葛亮游说孙权之际，曹操的轻骑兵以一日三百里的速度行军。这个时候，他的脑子里想的是，绝对不能让刘备与孙权联合，倘若那样，南征将和北征一样艰难而漫长。于是，他一面追赶刘备，一面发信给孙权，用攻心战先唬住孙权。

终于，曹军在当阳长坂坡附近与缓缓蠕动的刘备大军相遇了。刘备大军虽比曹军多得多，但曹军来得突然，刘备又急着保护跟随的难民，根本无法作战。

在曹操的轻骑兵一阵冲杀下，刘备全军大溃，连妻儿都陷于乱军中，幸赖赵云全力死战，并在乱阵中救出甘夫人及刘备之子阿斗。

负责殿后的张飞带二十骑轻骑兵，则巧妙地选择在漳水及沮水汇合的长坂桥，布下疑兵阵，以阻挠曹操的追兵。

这个地方水势湍急，极难渡过，加上长坂桥已被张飞破坏，除了冒险渡河，没有其他通路。

曹纯赶到长坂桥头，只见张飞在对岸横矛直立，大声怒吼："我乃张翼德，有胆的不妨过来决一死战！"曹纯见张飞一副有恃无恐的样子，弄不清有何诡计，不敢贸然渡河。

双方在断桥的两岸僵持了很久，使刘备得以撤退到安全的地方。为了避免曹军死命追赶，刘备决定放弃江陵，向东南直接退守夏口。终于在扬水及汉水间巧遇关羽的船队，于是一同顺流而下。

不久又碰上江夏太守刘琦北上支援的一万多名水军，双方会师暂住夏口，以便和孙权取得联系。当曹操追到长坂桥时，曹纯已向后转了。

曹操惊愕地问："侄儿为何不追刘备大军？"当他看到坍塌的桥梁

时才明白是怎么一回事。

"守住那方桥头的人是谁?"曹操问道。

"是一员满脸胡楂儿的粗壮将领,声音特大,拿一长矛。"曹纯说。

曹操一听,暗自庆幸。

"叔父,只怪那将领毁了长坂桥,不然我早已取下他的人头。"曹纯不无遗憾地说。

"你知道刘备的手下有一个叫张翼德的名将吗?这家伙在万军之中取敌方上将的脑袋好比探囊取物。这个守桥的将领就是张翼德。"曹操对曹纯说。

哪知曹纯不以为意地说:"张翼德又有啥可怕,就是吕温侯再世,我也要与他打斗几十回合。"

曹操望着这位年轻英武的同族晚辈,不禁脱口赞叹:"后生可畏,后生可畏啊。我们曹氏家族可谓占尽了天下文武,前途无限好啊!"

曹操这次用了不到两个月的时间就占领了江陵。当时周瑜接受使命到了鄱阳,鲁肃劝孙权召周瑜回来共商大事。

周瑜,字公瑾,出身士族,曾助孙策起兵创建孙吴政权。孙策死后,辅佐孙权,任前部大都督。周瑜从鄱阳回来,孙权马上将鲁肃的建议和自己的想法告诉了他。

"都督认为处在目前这种情形,如何对待曹操?"孙权很想听听周瑜的建议。

周瑜说:"曹操虽然自称是汉朝丞相,实际上他是汉朝的奸贼。主公凭着超人的武略才智,继承了父兄开创的事业,占据江东,时至今日,已经拥有方圆数千里的土地,军队武器精良,粮草充足,英雄俊才都忠于职守,各显其能。面对这些优势,你应当威震天下,替汉朝扫除残渣,荡除污秽。今天曹操自取灭亡,你怎么可以迎降他呢?"

孙权听了这番话,心下更加踏实了,因为诸葛亮、鲁肃,还有自己都这么认为。

"我想听听将军的具体策略。"孙权对周瑜寄予了极大的希望。

周瑜说："现在北方的一些地区，曹操还没有完全平定，马超、韩遂都有反叛曹贼之心，他们成了曹贼自己觉察不到的隐患。再说曹操丢掉骑兵，依仗船只，来与江东争胜斗强，现在天气又很寒冷，马匹没有饲料，驱使中原地区的许多士兵来到江东的江湖地带，士兵们不服水土，不习水战，光疾病就够他受的。这些都是用兵的忧患，但曹贼狂妄至极，称霸野心太强烈了，全然不顾兵家大忌，将军打败曹操，今天就是一个绝好的机会。"

周瑜的分析具体详尽，孙权非常满意，于是决定再一次召集谋臣、武将，研究一下具体的抗曹方案。

在会议上，周瑜首先说："我请求领几万精兵，进驻夏口，保证击败曹军！"

对于周瑜的主张，主张迎降曹操的人不以为然。"但愿都督的几万精兵以一当十，把曹操赶回许都去！"长史张昭的语气充满讽刺。

孙权见形势如此紧迫，居然还有那么多人抱着侥幸心理，很是气愤。他从座位上猛地站起，厉声说道："老贼想废掉汉献帝以自立的野心由来已久，只是因为顾忌二袁、吕布、刘表和我而不敢称帝罢了。现在几个称雄割据的人已被消灭，只有我还存在着。我跟老贼势不两立……"

说到激动的时候，孙权拔剑砍掉面前的桌角，厉声说："谁再说投降，下场和这桌子一样！"

大家都被孙权的语言和行动镇住了，现场鸦雀无声。

这天晚上，周瑜又会见了孙权说："众人一见到曹操信上所说的水军步兵八十万，就各自恐慌起来，不再考虑曹操兵力的虚实情况，便提出迎降的主张，纯属无稽之谈……我只要得五万精兵，就足够打败曹军了，希望主公不必担忧。"

孙权紧紧抚着周瑜的手，不知怎么表达感激之情才好，他心里想：这个足智多谋的人辅佐兄长创下江东霸业，如今国难当头之际又为我竭忠尽职，我孙权就凭这一点也该和曹操决一雌雄，以告慰父亲和英年早逝的兄长。

良久,孙权才说:"周瑜啊,你和子敬太了解我了。子布、元表这些人,各人只顾老婆孩子,怀着个人的打算,太令我失望了。"

周瑜见孙权如此伤怀,就劝慰道:"众望难归,众心难收,自古皆然,希望你不要把区区小事放在心里,以免伤了身体,你肩上的担子挑的可是方圆几千里的东吴啊!"

孙权好像是自言自语地说:"你和子敬大概是上天派来帮助我的人。五万兵一下子难以集合起来,我现在已选好了三万人马,船只、粮草和武器等都已准备停当,你和子敬、程公马上出发,我继续调拨人马,多载粮草,作为你的后援。你能对付,那当然最好。若不能击退曹军,就回来同我会合,我们共同与曹贼决一高下。"

就这样,孙权很快发布了进军命令。他以周瑜、程普为正副统帅,率领大军与刘备大军会合,一起迎战曹操。又以鲁肃为赞军校尉,协助周瑜与程普谋划作战策略。

这样,东吴方面三万多人马,加上刘备、刘琦的二万多兵马,总数约五万人马,开赴前线,一场大战箭在弦上。

魏武帝曹操传

赤壁之战

因为猜忌错杀良将

建安十三年九月底,刘备在鲁肃的建议下,将大队人马由夏口顺流而下二百多里,改驻屯在樊口,以和东吴军就近会合。根据情报,曹操的大军已在江陵做好了出战的准备,随时会顺流而下。

但是,诸葛亮和鲁肃却仍毫无消息,刘备忧心如焚,把希望寄托在了诸葛亮的身上,倘能说服孙权出兵,局势就可以逆转;如果情势发展不是鲁肃所预料的那样,那就不敢想象了。刘备于是每天派前哨往江中下游探察东吴军队的调动情况。

刘备的焦躁与不安极少表露,但他对诸葛亮充满了极大的信心。大约过了两天,哨兵传报孙权已答应出兵,并派周瑜率水军逆流而上,即将到达樊口。

刘备又是绝处逢生,为表示一点谢意,刘备派人去迎接和慰问周瑜的船队。上行船像逆流而上的大鱼,行动比较迟缓,加之船只众多,速度和距离都要基本保持一致。因此过了两天,刘备才盼来了周瑜的船队。

一人按剑立于船头，这只船上挂一面很大的红黄相间的旗帜，上有一个大大的"孙"字。岸上的刘备觉得按剑而立的人就是周瑜，于是，便喊道："周瑜先生，周瑜先生！"

这日天气晴朗，又处中午时分，江上云雾已消失殆尽。周瑜把头扭向岸边，看那喊话的人，心想这人可能就是刘备了。

一会儿，周瑜就将指挥船移到岸边，这才看清迎来的这个人。只见他长得方面大耳，面容和善。身旁跟随着两个威风凛凛的人：一个人满脸胡须，体格魁伟健壮，两眼圆睁，想这人就是天下人都知道其大名的张飞了；另一个人身材高大，脸色红润，丹凤眼，很是伟俊，心想这人大约就是那个身在曹营心在汉，过五关斩六将的关羽了。

周瑜与刘、关、张三人见面，相互寒暄。刘备表达了自己对于时局的看法，并表示将希望寄托在了周瑜身上。周瑜听罢，不觉心生豪气，信心十足地说："豫州不必担忧，你就等着看我打败曹军吧。"

刘备还是不放心，他告别周瑜，回到岸上的营中，立即暗中派出许多人马，由关羽带领，北上过汉水预作部署，以留撤退的后路。

而在此时，曹操遇到了一个严峻的问题。在部署方面上，他是十分谨慎的。他命令曹仁、曹洪驻屯襄阳，负责陉阳到江陵间荆州降军的监视工作，并保持前线军团和后方间的联络路线畅通。乐进、满宠率领袁氏降军也在这块地方部署，一方面阻止孙刘联军可能的反攻行动，另一方面也和荆州降军作相互的制衡。

曹操则在江陵建立后勤指挥部，以掌握全盘军情，并亲自指挥程昱、曹纯、张辽及徐晃的军团，配合荆州蔡瑁和张允的七万水军，由长江乘船舰顺流东下，准备在水上和孙刘会战。

曹操为什么突然放弃自己一向擅长的野战，而选择他不熟悉的水战呢？这个问题，就连许多曹军将领也想不通。

程昱曾问曹操："我们的优势在陆地，顺流东下，万一东吴在水上处处布防，我们的水军未经长期集训，如何迎战？"

魏武帝曹操传

曹操回答："前面有荆州水师开道，七万水师够东吴受的了！"

程昱："万一蔡瑁和张允有变，我们如何应急？"

曹操回答："刘琮在我们手中，蔡、张二人的亲眷全在荆州，他们巴不得早日踏平东吴，返回荆州呢！"

其实，曹操的心中早已想好，如果自己以大军团由长江北岸进攻东吴，孙权就会恃长江天险进行对抗。要强行渡江，自己对长江沿线的天候、地形都不熟悉，危险更大。倘若由荆州顺长江而下，那么，东吴占尽的长江天险的优势不就自行消亡了吗？

此外，由水上进攻，可以在气势上给东吴以致命的打击，何况荆州水军在数量上两倍于东吴，只要在长江攻防战中掌握优势，刘备和孙权将会无计可施，不得不投降了。

曹军果然一路顺风强占了江陵。但是，曹军和东吴大军的水上接触尚未展开，严峻的问题就出现了。曹军舰队中的士兵接二连三地出现呕吐、腹泻的现象，半日不到，就有两万兵士染上了疾病，曹操只好放弃了立刻南下的计划，下令全军原地休息。

接着，死亡的阴影又笼罩着舰队，平均每天大约有四五十人死亡，曹操下令将死亡士兵的尸体趁夜色秘密投入江中，以免动摇军心。

曹操命军中医官集中一切力量对付疾病，这些医官在岸上买回或亲自采回许多草药，熬成药汤，不分白天黑夜逐一送上每只战船。这样，时间一长，曹军就慢慢适应了江南水土，疾病不再那么严重了。

攻心为上，攻城为下，不战而屈人之兵，曹操一贯奉行这条孙子兵法。破袁绍，占荆州，下江陵，这一兵法的运用确实使曹操尝到了不少甜头。

占据江陵以后，曹操立刻派遣使者出使东吴，劝孙权放下武器，却失败了。不过他并不感到意外，对孙权这个新一代江东霸主，他还是有比较客观公允的认识。

东吴本来就有了一个治军能手周瑜，如今又添了一个诸葛亮。看来，要荡平东吴也绝非轻而易举的事。

怎样才能"不战而屈人之兵"呢？要孙权像刘琮之辈那样归降，看来是没有多大可能了。如今，必须让东吴与刘备的力量不能走到一块，让周瑜去对付诸葛亮。

贾诩说："周瑜一向为人气量狭小，容不得他人比自己强，今诸葛亮与之合作，一山不能容二虎，我想可以借周瑜的手来除掉诸葛亮。"

曹操问："那怎样激起周瑜对诸葛亮的仇视呢？"。

贾诩说："东吴那方，周瑜和陆绩一向很好，他们是同窗。诸葛亮在劝说孙权出兵之际，骂得陆绩狗血淋头，陆绩必然怀恨在心，我们可以怂恿陆绩让周瑜找诸葛亮的碴儿。"

曹操就吩咐贾诩去办理此事。可就在这时，忽然传来情报说，孙刘联军已经进驻三江口。曹操在攻心战术完全无望的情况之下，准备下三江口迎战。

程昱说："这场水战应该缓慢进行，因为我们对这一带的水域还很不熟悉。"

可是曹操一改过去沉稳和善于纳谏的作风，说："趁他们来不及作周详的部署，我们可以一下子打乱敌人的阵脚。如果时间拖长，他们占有了地利，又得人和，就不好收拾了。惊弓之鸟，不用顾忌！"

蔡瑁、张允也劝阻说："荆州的水军以前操练得太少，进入新的水域，应作一番实地操练才能适应这里的水战。"

对于两位降将的建议，曹操更是不以为然。他说："二位休得多言，我主意已定了。"

张允说："将士们刚刚经历了一场瘟疫，身体尚未复原，从江陵下三江口，水势汹涌，如此颠颠簸簸进入战区，恐怕……"

不等张允说完，曹操打断他的话说："我不能等到猴年马月了，你们二人若是害怕的话可以守江陵，我自率军下三江口。"

二人见曹操阴沉着脸，哪里还敢多言。

建安十三年十月底，周瑜已将他的舰队总指挥部设在三江口。这个地方离汉口下游大约有五十公里。他一方面派出大批细作深入上游的曹军活动区，随时掌握曹军动态；另一方面则在曹操船队必经的通道上，选择赤壁附近的水面，作为预设决战点。

这里的落差大，河流宽度约十里，水流时速八里，经常会出现漩涡状的浪潮，因此在此行驶的船只都摇晃得很厉害，对于不习水战的曹军来说，的确是极大的挑战。

赤壁附近两岸几乎全由红色岩石构成，水面波涛汹涌，非常不利于登岸。北方对岸两百里处有一片叫作乌林的大森林，周瑜亲自在水面、岸边详细观察，然后胸有成竹地在此布下天罗地网，只等曹军到来。

陆绩说："都督的部署真是无隙可乘，只有诸葛亮才能跟你相比。"

周瑜一听，心中有些不快，他素知诸葛亮的大名，群英会舌战群儒，孙权也佩服得五体投地。

陆绩又说："诸葛亮狂妄至极，那天在群英会上，他说东吴方圆几千里，难找一个英雄豪杰。"

周瑜更是怒火中烧，说："这人初出茅庐，竟敢口出狂言，等曹军一到，我倒要见识见识。"

陆绩又说："刘备得了诸葛亮才能起死回生，这人一出仕，就在博望烧得曹仁大败而逃。今日虽孙刘暂为一家，若打败曹操之后，这人辅佐刘备，一定是江东的隐患，不可不除。"

这时鲁肃说："大敌当前，若搞内讧，那不正合曹贼的心意吗？诸葛瑾是诸葛亮亲兄长，可让他去说服诸葛亮同事东吴。一切等把这场恶仗打完再说。"

第二天，周瑜叫来诸葛瑾，说："你的弟弟诸葛亮是王佐之才，为什么委屈自己去投刘备呢？你可否前往刘备处说服诸葛亮，这样兄弟二人同事东吴，主公一定高兴万分，东吴的事业一定能成功。"

诸葛瑾说："我到江东这么久，没有建立任何功绩，深感愧疚。既然都督如此吩咐，我敢不效力吗？"诸葛瑾策马来到驿亭见诸葛亮。兄弟相见，百感交集，均成泪人。

诸葛瑾哭着说:"弟弟可知道伯夷、叔齐饿死不食周粟的故事?"

诸葛亮一听,就明白这一定是东吴派兄长来说情的,于是回答说:"谁不知这二人是贤明之人。"

"伯夷、叔齐兄弟俩宁肯饿死,也相守在一块。我与你同父共母,而今却各事其主,比较伯夷、叔齐,能不惭愧吗?"

诸葛亮立即反将一军说:"兄长所说的话的确合乎情理。但你我均是汉人,如今刘皇叔是汉室后代,兄长如果能与我共同辅佐刘皇叔,岂不两全其美。"

诸葛瑾本想劝说诸葛亮投孙权门下,想不到反被诸葛亮的一番话说得不能开口,只得失望而去。

这时,曹操在江陵已经做好了攻打江东地区的编组工作,他将张辽、徐晃、程昱的军团编成船队,再加上蔡瑁、张允带领的七万荆州水军,开赴战区的人数大约有十多万人。

正如张允所说的那样,从江陵到三江口这段水域水势汹涌,船只颠簸得甚为厉害,将士们晕船现象相当严重,每只战船上约有上百名的士兵呕吐不止,还有不少的人休克了。

曹操见到这种情形,非常着急。这样的状态不战自溃了,怎么能够迎战呢?他下令停止行船,休整一段时间后再说。这时,华中地区已进入了冬季,强劲的西北风自上而下掠过江面。

曹操和贾诩、程昱等上岸后一边休息一边想对策。每只战船留下部分人守候,绝大部分人下船来休息。

长江沿岸十多里长的路段,炊烟袅袅,天气转晴,阳光洒在江面上,金波闪耀,船只整整齐齐排列,煞是壮观。如何解决将士们的晕船问题呢?曹操在河滩上来回踱步,身旁跟着程昱、贾诩等文臣武将。

突然,曹操想出了一个办法,他说:"我想将整个舰队用铁锁链串联起来,形成巨大的连环船。这样,行船就应该平稳多了,晕船现象也就克服了。"

程昱说:"丞相这办法虽能避免船的剧烈摇晃,但万一遇上敌人火攻，那如何得了？"

贾诩也说："遇上火攻，我们连逃生的办法都没有。"

曹操叫二人不必顾虑，他指着天空说："你们看！"

二人跟着曹操仰望天空，只见天空一片澄澈，万里无云。见两个人不明白，他解释说："我们的战船顺流而下，与风向一致，敌军在下游，火攻无济于事。二位尽管放心，吩咐大家注意两岸防守就行了。"

曹操这个时候更怀念逝去的郭嘉，他多么希望谋士当中有谁能够提出与自己不同的见解，并且以十分充足的理由说服自己。可是，下到江陵以后，差不多都是自己在想主意，提出的观点几乎无人反驳。程昱、贾诩、娄生这班人虽然有谋略，但临大事，还得郭嘉这样的人啊！曹操忽然感到很孤独。

经过一个多月的努力，三千多只战船已经串成了一个整体，整个船队首尾相连数百里。平行的船队每个横面有二十四只船，看起来如同一座水上长城，气势非常雄伟。并有数百艘小船在周围巡逻，以避免敌人偷袭。由于规模空前庞大，光是整编便耗费了一个多月。

在这短短的一个月之内，东吴方面的情形如何呢？

陆绩的一番话使诸葛亮在周瑜的心中成了一团阴影，周瑜智谋过人，善于治军，特别擅长治水军，深得孙策、孙权兄弟二人赏识。这样，就使得周瑜天性中的嫉妒、气量小等毛病一步步加剧。

想来想去，周瑜还是觉得诸葛亮的存在是那么使人生厌。好比刚刚登上一座高山，想独临大江，一览天下，却不料面前陡然冒出一个比自己高的人，一下子遮挡了视线，这能不使人觉得厌恶吗？

心情虽然不好，日子还要继续下去。周瑜与陆绩等人沿江溯流而上进行一番实地考察之后，决定引军北上迎敌。

孙权说："都督先行一步，我随后。"

周瑜又对诸葛亮说："先生可有胆量同我一道迎战曹操的大军？"

诸葛亮说："跟都督随行，可蒙受许多教诲，当然愿往。"

于是周瑜、程普、鲁肃与孔明一道登上指挥船，张起风帆，向夏口方向开拔。

在离三江口五六十里的地方,周瑜令船队依次停泊,在岸上扎寨屯住。周瑜在中央下寨,作为临时指挥中心。诸葛亮在一只小船上栖身。对于周瑜,诸葛亮的认识是全面而客观的,他知道周瑜容不下自己,只是碍于目前形势,还不至于加害自己。

诸葛亮正仰躺在小船的舱内休息,忽听说周瑜请他到帐中商量军务。诸葛亮整了整衣衫,习惯性地拿起那把鹅毛扇,迈着优雅的步态进入了周瑜帐中。

二人施礼一番后,周瑜说:"大战即将开始,兵法上说,'粮战优于兵战',我突然想起官渡大战中曹操火烧乌巢之事。如今,曹军八十多万人,我们联军不过八九万人,情形正与官渡大战一样。我已探知曹操的军粮屯在聚铁山。先生对那一带应该是非常熟悉的,我想劳烦先生带一千精兵去阻断敌军的粮道。"

诸葛亮略一思忖,便知道了周瑜葫芦里卖的是什么药,无非是想借曹操的手杀掉自己:曹操用兵历来非常注重后勤补给,我这一去不是白送性命吗?又一想,假若我不去,一定被周瑜讥笑,借题疏离两军关系。车到山前必有路,先应承下来再说。

于是,诸葛亮就欣然答应了周瑜。诸葛亮走后,鲁肃问周瑜:"都督遣诸葛亮断曹军粮道,打的是什么主意?"

周瑜说:"很简单,借刀杀人,以绝后患。"

鲁肃大为吃惊,辞了周瑜,跑到小船上,见诸葛亮正在睡大觉,连忙将他推醒,说:"你去断粮道,究竟有多少成功的把握?"

诸葛亮漫不经心地说:"我精通兵法,熟知各种战争,不像周都督,除了水战稍显能事,此外便一无所知。"

鲁肃很着急,又不便向诸葛亮挑明周瑜想加害他的事,于是嘱咐道:"先生要多留点神儿。"

鲁肃将诸葛亮的一番话告诉周瑜,周瑜大怒道:"诸葛亮欺我不能陆战,我倒要让他看看我如何去断粮道。我立刻带一万兵马,往聚铁山断曹军粮道！"

鲁肃又将周瑜的这番话告诉了诸葛亮，诸葛亮说："周瑜让我去断粮道，是想让曹操杀我。所以，我跟周瑜开了一个玩笑。曹操善于用兵，他要去断粮道，是有去无回的。现在只宜水战挫敌军锐气，陆战是水战之后的事情。"

鲁肃又连夜将这番话告诉了周瑜，周瑜听后说："诸葛亮的见识真令我难以望其项背，如果不除，以后将严重威胁我们东吴！"

鲁肃说："现在正是用人之时，等破了曹操以后再杀他不迟。"

周瑜没有吭声。

一个月之后，曹操率几千只战船沿江东下，士兵们在船头船尾欢呼："丞相办法高妙！"

连成整体的战船行驶十分平稳，只是行驶速度比以前慢了些，但看到精神抖擞的军士，曹操感到满心喜悦。

这时，忽然有消息说周瑜水军已屯驻三江口，派出去的招降使者已被周瑜斩首示众，那封招降书被周瑜撕得粉碎。

曹操大怒："两军交战不斩来使，这周瑜欺人太甚，我非给他一记重创不可！"他命令蔡瑁、张允为前军，催督战舰迅速抵达三江口。

宽阔的三江口，东吴船只正徐徐而上，为首一只船的船头立着一员大将。那大将扯着嗓门大喊："我是东吴战将甘宁，谁敢来与我决战！"蔡瑁、张允领命出战，大败而回。

曹操命船队停止前进，然后将蔡张二人传到帐下。"东吴兵少，反而将你们打得惨败，你们二人怎么交代？"曹操责备他们。

蔡瑁说："荆州水军，很久没有操练。青州和徐州的军队更不会水上作战。我军应当设立水寨，让青、徐两军在中间，荆州军在外面，每天让他们集训，这样经过一段时间才能迎战东吴水军。"

曹操说："既然让你们做水军都督，训练之事自行安排就是了，何必向我禀报？从明日起，你们二人好好训练水军，再打败仗，提你们的人头来见我。"二人胆战心惊地退出营帐。

过了几天，曹操视察前线，只见自己的水军军容齐整，非常高兴。他鼓舞将士们说："胜败乃兵家常事，等两位将军训练好水军，踏平东吴指日可待！"

曹操依然不忘自己形成习惯的攻心战。他想，若能劝降周瑜，擒孙权、捉刘备就易如反掌了。但想起周瑜毁书斩使之事，就感到劝降的机会比较渺茫。他嘱人四处打听军中有没有跟周瑜关系亲近的人。

这时谋士蒋干因为自幼和周瑜同窗读书，便向曹操毛遂自荐，要过江到东吴去做说客，劝降周瑜，免得大动干戈。曹操闻知大喜，亲自置酒为蒋干送行。

这天，周瑜正在帐中议事，忽然部下传报："故人蒋干相访。"周瑜闻讯，已经猜出蒋干来意，他眉头一皱，计上心来，连忙吩咐众将依计而行，随后带着众人亲出帐门迎接。

二人相见，寒暄一番，周瑜挽着蒋干手臂同入大帐，设盛宴款待蒋干，请文武官员都来作陪。席上，周瑜解下佩剑交给一员大将，命他掌剑监酒，吩咐道："蒋干和我是同窗契友，虽从江北到此，却不是曹操的说客，诸位不要心疑。今日宴席之上，只准共叙朋友旧交，有人提起两家战事，即席斩首！"

蒋干听了，面色如土，哪敢多言！

周瑜又对蒋干说道："我自领兵以来，滴酒不饮，今日故友相会，正是：江上遇良友，军中会故知。定要喝他个一醉方休！"说罢，传令奏起军中得胜之乐，开怀畅饮。

酒至半酣，周瑜举杯祝酒道："在座各位，都是江东豪杰，今日之会，可称作群英会！可谓同窗契友会'群英'，江东豪杰逞威风！"随后，乘着酒兴，起身舞剑作歌：

　　丈夫处世兮立功名，立功名兮慰平生，
　　慰平生兮吾将醉，吾将醉兮发狂吟。

宴罢，蒋干扶着周瑜回到帐中。周瑜说道："很久没和子翼兄共寝，今夜要同榻而眠。"说着，蒙蒙眬眬地睡去。

蒋干心中有事，想起在曹操面前曾经夸下海口，不知回去如何交代，听听外面鼓打三更，哪里还睡得着？

蒋干见周瑜鼾声如雷，便摸到桌前，拿起一叠文书偷看起来。正翻着，忽见里面有一封书信，细看却是曹操的水军都督蔡瑁、张允写给周瑜的降书。

蒋干看罢，大吃一惊，慌忙把信藏在衣内。再要翻其他文书，却听周瑜梦中呓语："子翼，我数日之内，定叫你看曹操首级！"蒋干口中含糊答应着，连忙吹了灯，匆匆睡下。

清晨，有人入帐叫醒周瑜，说道："江北有人来……"周瑜急忙止住他，看看蒋干，蒋干只装熟睡。周瑜和那人轻轻走出帐外，又听那人低声说道："蔡瑁、张允说，现在还不能下手……"声音越来越低。

蒋干心中着急，可又不敢乱动。不一会儿，周瑜回来躺下睡了。蒋干等周瑜睡熟，偷偷地爬起来，径直走出军营，守营军士也不阻拦。他来到江边，寻着小船，飞一般驰过长江，回见曹操。

其实，这一切都是周瑜设下的反间计。他知道曹军中只有蔡、张二将精通水战，便设下此计，想借曹操之手杀掉这两个人。曹操果真上了当，斩了蔡瑁、张允。等到事后曹操省悟过来，已经晚了。

周瑜得知蔡、张二人被杀的消息，并没有显出多么的高兴，因为他一直在猜想，此事是否能瞒得过诸葛亮？于是便让鲁肃前去探听诸葛亮对此事的看法，哪知诸葛亮早已看破这是周瑜的计谋。鲁肃向周瑜讲了实情，周瑜大惊失色。

遭到孙刘联军火攻

周瑜看到诸葛亮很有才干,心里着实妒忌,一有机会就想除掉他。有一天,周瑜请诸葛亮商议军事说:"现在军中缺箭,想请先生负责赶造十万支。这是公事,希望先生不要推却。"

诸葛亮说:"都督委托,当然照办。不知道什么时候用?"

周瑜问:"十天造得好吗?"

诸葛亮说:"只要三天,我愿意立下军令状。"

周瑜大喜,在他看来,诸葛亮无论如何也不可能在三天之内造出十万支箭,因此,立即叫诸葛亮当面立下军令状,等他完不成任务再将他杀掉。

诸葛亮告辞以后,周瑜就让鲁肃到诸葛亮处察看动静,打探虚实。诸葛亮说:"只望你借给我二十只船,每船配置三十名军士,船只全用青布为幔,各束草把千余个,分别竖在船的两舷。这一切,我自有妙用,到第三日包管会有十万支箭。但有一条,你千万不能让周瑜知道。

如果他知道了，必定从中作梗，我的计划就很难实现了。"

鲁肃答应了诸葛亮的请求，但并不明白诸葛亮的意思。他见到周瑜后，不谈借船之事，只说诸葛亮并不准备造箭用的竹、翎毛、胶漆等物品。周瑜听罢也大惑不解。

诸葛亮向鲁肃借得船只、兵卒以后，却再也没有什么动静。直到第三天夜里四更时分，他才秘密地将鲁肃请到船上，说要去取箭。

凌晨，浩浩江面雾气蒙蒙，漆黑一片。诸葛亮命人用长索将二十只船连在一起，起锚向北岸曹军大营进发。

时至五更，船队已接近曹操的水寨。这时，诸葛亮又教士卒将船只头西尾东一字摆开，横于曹军寨前。然后，他又命令士卒擂鼓呐喊，故意制造了一种击鼓进兵的声势。

鲁肃见状，大惊失色，诸葛亮却坦然自若地对他说："我料定，在这浓雾低垂的夜里，曹操绝不敢贸然出战。你我尽可放心地饮酒取乐，等到大雾散尽，我们便回。"

曹操闻报后，果然担心重雾迷江，遭到埋伏，不肯轻易出战。他急调旱寨的弓弩手六千多人赶到江边，会同水军射手，共约一万多人，一齐向江中乱射，企图以此阻止击鼓叫阵的"孙刘联军"。

一时间，箭如飞蝗，纷纷射在江心船上的草把和布幔之上。过些时间，诸葛亮又命令船队头东尾西，靠近水寨，并嘱加劲擂鼓呐喊。等到日出雾散，船上草把插满密密麻麻的箭支。此时，诸葛亮才下令船队返回，还命令士卒齐声大喊："谢曹丞相赐箭！"

当曹操得知情况时，诸葛亮取箭船队因顺风顺水，已经离去二十余里，曹军追之不及，曹操懊悔不已。船队返营后，计算共得箭十几万支，为时不过三天。鲁肃目睹其事，极称诸葛亮为"神人"。周瑜得知这一切以后自叹不如。

草船借箭之后，周瑜又邀孔明进帐饮酒。周瑜说："吴主又派人来催我进兵，但我还没有想好破曹的计划，希望先生赐教。"

诸葛亮谦逊地说："我不过一平庸之辈，哪有什么妙计？"

周瑜说:"我观察曹军水寨,很是严整,一般人对此无计可施。我想了一条计,不知如何,请将军同我一块筹划。"

诸葛亮说:"我们各自将思考的结果写在手上,看是否一致。"

周瑜非常高兴,叫人取来笔砚,自己先往手心上写了一个字,而后孔明也在手上写了一个字,两人凑到一起,伸出手来,两人的手心都写着一个"火"字。

再说曹操,他因蔡瑁、张允二将无端被杀,感到万分懊悔。南征以来,虽无大的挫折,但他总感觉磕磕绊绊,远不如北征那么顺利。

曹操反复审视自己的策略,是时机不成熟,还是对方力量本身就很强大,他想不出个究竟。就力量而言,自己是联军的十多倍,单就水军的力量,自己也是孙刘联军的五六倍,步兵就更不用说了。

曹操想理顺南征以来的千头万绪,他的面前跪着毛玠和于禁两位刚继任不久的水军都督,他们正等候着发落。

曹操仿佛没有看见部下的存在,依旧想自己的心事。贾诩离间周瑜、孔明的计划看来毫无进展,孙刘力量已经拧成了一根无法折断的绳子,攻心战在这里显得苍白无力。可是,既然立下以天下为己任的抱负,怎么能知难而退,功亏一篑呢?

一会儿,程昱到了。望着这位忠心耿耿,随自己南征北讨的老将军,曹操心中涌起一阵酸楚。他停止了思考,说出了挂在心上放不下的问题:"程将军,我也思谋了很久,主战船连在一起,固然克服了战船摇晃、军士晕船的困难,但我还是担心,万一周瑜用火攻,那后果就令人不堪设想。"

程昱说:"丞相放心,主战船的周围有许多护航的机动战船,战船上弓箭手林立。再说,这段时间已入冬了,不会刮东南风。"

正在此时,只听贾诩说:"丞相不必忧虑,我有一计可以破东吴。江东有周瑜、诸葛亮二人用计,很难对付。我们也可差人去东吴诈降,以做内应。"

曹操想了许久才说:"军中谁可以担此大任呢?"

贾诩说:"蔡瑁被杀,蔡瑁的族人亲眷都在军中。蔡瑁的族弟蔡中、蔡和现为副将,丞相可以派二人前往。"

贾诩解释道:"东吴周瑜以为丞相杀了蔡瑁,今番蔡瑁之弟去投东吴,这是情理之中的事,不会引起周瑜的怀疑。"

曹操在没有想出更好办法的情况之下,只得依贾诩之计而行了。

周瑜见第一战就挫败了曹军锐气,又不费一兵一卒就夺得十多万支箭,正在思索下一步的打算呢。忽见一只小船像树叶一般从上流漂将下来,眨眼工夫,那小船已泊在东吴水寨旁边。

只见从船上急急跳下两个人来,哭喊:"周都督在哪儿?周都督给我们做主啊!兄长蔡瑁,无辜被曹贼所杀。我二人欲为报兄仇,特来投靠周都督。"

周瑜说:"难得这般忠义之心,我接纳你们。"又吩咐人赏与二人一些银两,二人暗自高兴,以为周瑜中计。

周瑜悄悄把甘宁叫到一边说:"这二人不带家小亲眷,必是诈降。吾准备将计就计,你好好照料二人,待出兵之时,拿他们祭旗。"

鲁肃去见周瑜,说:"蔡氏兄弟来降多半有诈。"

周瑜斥责道:"兄长被杀,替兄报仇而来投我,这是情理之中的事,何诈之有?你如此多疑,如何揽天下之士?"鲁肃遭到一阵抢白,感到大惑不解。

就在这天夜里,周瑜正独坐帐中思谋如何利用蔡氏兄弟向曹操传递假情报,黄盖老将军来访,也提出火攻曹军的作战方案。

周瑜认同了黄盖的建议。为了在发动火攻的时候尽可能接近曹营,确保火攻成功,周瑜与黄盖秘密商议,决定派人诈降,混入曹营做内应。可是要使曹操堕于诈降计,必须有人受些皮肉之苦。黄盖当即表示,甘愿先受重刑,然后再向曹操诈降。

第二天,周瑜召集诸将于大帐之中,命令诸将各领取三个月的粮草,分头做好破曹的作战准备。

黄盖打断周瑜的话茬儿,抢先说:"不要说三个月,就是支用三十个月的粮草，也无济于事。如果这个月内能打败曹操，那再好不过了；如一月之内不能击溃他，倒不如依了张子布的主意，干脆束手投降。"

周瑜勃然大怒，喝令左右将黄盖推出帐外，斩首示众。黄盖也不示弱，他以江东旧臣的资格倚老卖老，根本就不把周瑜放在眼里。这就越发使周瑜怒不可遏，他立命从速斩决。

大将甘宁替黄盖求情，结果被一阵乱棒打出大帐。众文武官员一见大都督火冲脑门，老将黄盖将死在眼前，就一齐跪下，苦苦为黄盖讨饶。看在众人的面子，周瑜这才消了消气，将立即斩决改为重打一百脊杖。

众文武官员还觉得杖罚过重，仍苦求周瑜抬手。周瑜此次寸步不让，掀翻案桌，斥退众官，喝令速速行杖。行刑的士兵把黄盖掀翻在地，剥光衣服，狠狠地打了五十脊杖。众文武官员见状再次苦苦求免，周瑜这才恨声不绝地退入帐中。

魏武帝曹操传

周瑜和黄盖导演的苦肉计，几乎瞒过了所有的文武官员。唯独诸葛亮心知肚明。这五十军棍将黄盖打得也真够惨的，他皮开肉绽，鲜血迸流，一连几次昏死过去。其他将领来探视时，黄盖守口如瓶，只是长吁短叹，似乎有许多难言的隐情。

最后，黄盖的密友阚泽到来，黄盖才道出了实情，并请他潜到曹营代献诈降书信。这个计谋商定后，黄盖给曹操写了一封投降书，让人送到江北曹营。投降书中写道：

> 我黄盖深受孙氏恩德，长期担任将帅之职，孙家给我的待遇也很好。但是如今，天下大势已经明朗，江东六郡怎么可能与曹公的百万之众相抗衡呢？其实在东吴，无论是文臣还是武将都很清楚，我们是无法抵挡曹公你的。但周瑜和鲁肃这些人却偏狭浅薄，自视甚高，看不清楚形势，非要和曹公你对抗。
>
> 现在我黄盖决定要归顺曹公，因为这是大势所趋的事情。周瑜统领的军队完全不堪一击，希望在两军交战的时候，曹公你让我黄盖做先锋，帮你效命立功！

曹操一见到黄盖的投降书，顿时大喜，认为他叛离的理由陈述得合情合理，没有任何矛盾之处。曹军与孙刘联军相比，其实力的悬殊也是有目共睹的，因此，想要投降，没什么奇怪的。

曹操生性多疑，他一边读投降书，还一边仔细打量了送信之人。但觉得此人也没什么破绽，于是就相信了。而且这时，蔡中、蔡和也遣人送来了周瑜怒杖黄盖的密报，因此对黄盖更是深信不疑。

曹操如此轻易地相信黄盖投降，最主要的原因还是他骄傲轻敌，轻而易举的荆州之胜遮住了他的眼睛，让他看不清楚方向。他只知道当今形势是敌寡我众，却忘了当初自己在官渡之战中也是以寡敌众了。

阚泽离开曹营回去之后，又使人给曹操带去了密信，进一步约定了黄盖来降时的暗号和标识。

建安十三年十一月，孙刘联军方面已经作好了大战前的准备与部署。诸葛亮设坛祭风三日，是夜将近三更时分，果然东南风渐起，并越吹越急。

黄盖也将准备好的二十只大船，装满芦苇等干柴，浇上鱼油，铺好引火用的硫黄、焰硝等物，然后用青布油单遮盖好，船头还钉满大钉，船上又竖起诈降的联络标识"青龙牙旗"。每只大船后面各系着行动便捷的小船"走舸"。

黄盖还特派小卒持书与曹操约定当晚来降，周瑜也安排好了接应黄盖的船只和进攻的后续队伍。

这时，江北的曹操，正在大寨中与诸将等待消息。忽然有人来报，黄盖的船已经来到。曹操军中的将领、士兵都走出营寨站在那里观看，指着说黄盖前来投降。

这时，却见黄盖的船只上忽然点起火来，火势很旺，风势很猛，船只像箭一样扑向曹操的连锁大船，霎时把曹操的战船全部烧着，并蔓延到岸上营寨。只见烈焰通天，浓烟遍地，整个江面变成了一片火海。

曹军退避不及，烧死的、淹死的人和马不计其数，只听到人喊马嘶，乱成一团。周瑜等率领着轻装的精兵随即冲锋而来，擂鼓轰鸣，杀声震天，曹操的军队彻底溃散了。

曹操率领残兵败将，仓皇逃命。当他逃到乌林西时，看见树木丛杂，山川险峻，忽然在马上仰面大笑不止。

大家问他为什么笑，他说是："笑周瑜无谋，诸葛亮少智。若是我用兵时，预先在这里埋伏一军，你又能奈我如何呢？"

话音未落，两边鼓声震天，火光熊熊而起，赵云领军斜刺里杀出，众将拼命死战保卫曹操，才得以侥幸逃脱。

一路逃至南彝陵大路，人饥马困，曹操命令大家就地暂时歇息。曹操又忽然毫无来由地仰面大笑，笑得大家莫名其妙。

曹操说："我笑诸葛亮、周瑜毕竟智谋不足。假若是我用兵时，就在这个去处，也埋伏一彪军马，以逸待劳；我们纵然脱得性命，不免重伤。他们看不到这里，因此引得我发笑。"

魏武帝曹操传

大家还来不及称赞，张飞带了一队人马杀出来，众将又是拼命死战，才得逃脱，但已经如曹操所说，多已受伤，狼狈不堪，且天寒地冻，道路泥泞，走到华容道时，已所剩无几。

曹操却再一次在马上扬鞭，又是大笑不止。众人又问原因，曹操说："人皆言周瑜、诸葛亮多谋，依我看，到底还是无能之辈。假若在此处也索性埋伏一旅之师，我们岂不是束手受缚？"

话音刚落，一声炮响，两边五百校刀手摆开，为首大将关云长提青龙刀跨赤兔马，截住去路。这正是英雄所见略同。曹操和诸将想要反抗也不现实，想要逃走又没有了路，真是插翅难飞。

关云长感念曹操昔日相待之恩，最后关头义薄云天，放了曹操。若非曹操昔日的大量，这次必脑袋搬家了。

这次逃走，曹操的处境是很凄惨的，这"三笑"都有强颜欢笑，灭敌人的威风、壮自己的志气的意思，表现了曹操不服输的乐观主义精神，也表现了他的真正的聪明才智，正如望梅止渴所能起到的鼓舞士气的效果，笑敌手无能以显己高明，为将士壮胆，鼓起他们的勇气以渡过眼前难关。

曹操逃脱虎口，被曹仁接入南郡置酒为他洗尘压惊时，他仰天大哭起来。众谋士莫名其妙，不敢言语。

曹操伤心地说："我是哭郭奉孝！若奉孝在，绝不会使我军有这样大的失败！"于是捶胸大哭："哀哉，奉孝！痛哉，奉孝！惜哉，奉孝！"众谋士都默然自惭。

对曹操这一哭，后人一针见血地指出其妙用："曹操前哭典韦，而后哭郭嘉，虽然同样是哭，但效果不同。哭典韦，是要感动众将士，以典韦为楷模；哭郭嘉，要让众谋士心里惭愧。前哭典韦，带有一种褒扬的性质；后哭郭嘉胜似用柳条轻轻打人，而打到心里去。"

曹操的眼泪既可做奖赏，也可以做打杀，宜哭而笑，宜笑而哭，只有曹操才能这样笑得出、哭得出，而他的哭笑都有深深的用意，并非常人哭笑，这是他御人的妙术。难怪人家说曹操：奸得可爱，奸得直爽，真大丈夫所为。如果他在败军之际责备众人，众人多有逆反心理，远没有软鞭子打人打得有效果，有水平。

随着曹军的败退，孙、刘联军水陆并进，乘胜猛追，一直追到了南郡。与此同时，孙权为了配合西线作战，亲自率领军队在东线向合肥发起了猛攻。

曹操逃至江陵后，才得知东线告急的消息。他留下征南将军曹仁、横野将军徐晃守江陵，折冲将军乐进守襄阳，自己回到了北方。

赤壁之战，也称之为乌林之役，是我国历史上以少胜多、以弱胜强的著名战役。曹军数量虽然多，但弱点也不少，主要是远来疲惫，不习水性，发生病疫，战斗力不强。

同时，曹操骄傲轻敌，急于求成，舍己之长，以水战为主，使骑兵未能充分发挥作用。曹操的连接战船，给敌军以可乘之机。又麻痹不慎，中了黄盖诈降火攻之计。从而使优势变成了劣势，陷于失败。

孙、刘联军，数量虽然少，但在曹军的压力下，能团结对敌。同时，善于水战，战斗力较强。周瑜沉着果断，注重发挥自己的长处，利用敌人的弱点，抓住战机，出其不意，攻其不备，利用东南风，火烧战船，机动灵活地打击敌人，因而取得了胜利。

赤壁之战后，周瑜率兵攻打江陵的曹仁，双方大战于江陵城下。江陵城池坚固，粮食充足，曹仁又英勇善战，周瑜几次进击，都未攻下。

有一次，周瑜跨马掠阵，不巧被流矢射伤右肋，疼痛难忍，伏鞍还营。曹仁得知周瑜受伤卧床不起，便勒兵叫阵。周瑜忍着创痛，起来巡视各营，激励将士。曹仁见后，知道无机可乘，才领兵退回城中。

经过一年的激烈战斗，曹仁军伤亡不少，渐觉孤军不能坚守，只好放弃江陵北撤，退保襄阳、樊城。于是孙权取得了江陵及其以东的大片土地，以周瑜为南郡太守，程普为江夏太守，吕范为彭泽太守，吕蒙为寻阳令，分军驻扎在沿江一带。

与此同时，刘备则乘胜向荆州南部的四郡发展势力。刘备为了团结刘表旧部，专力南征，推举刘琦为荆州刺史。曹操的武陵太守金旋、长沙太守韩玄、桂阳太守赵范、零陵太守刘度等人，由于势孤力弱，在刘备、关羽、赵云的进攻下，都先后投降了。

刘备便占据了荆州江南部分。不久，刘琦病死，刘备自称荆州牧，领兵屯驻油口，并改油口为公安，以诸葛亮为军师中郎将，使督零陵、桂阳、长沙三郡，征收赋税，供军政费用。

这时，刘备成为荆州人士众望所归的人物了，荆州的文武人才不少集聚到他身边，像庞统、黄忠、魏延等人，都先后投靠了他。

赤壁之战是三国形成过程中的重要战役。战后，曹操退回北方，一时无力南下。刘备在荆州站住了脚，得以向益州地区进军。孙权稳定了在江东的统治，得以向岭南地区扩张，便逐渐形成了三国鼎立的局面。

合肥之战

合肥之战是东汉末年至三国时期,孙军与曹军以合肥为目标的争夺战。

合肥之战的胜利对曹魏来说意义十分重大,因为合肥是曹魏在江淮一带极其重要的战略要地,"自大江而北出,得合肥,则可以西问申、蔡,北向徐、寿,而争胜于中原;中原得合肥,则扼江南之吭而拊其背矣"。因此,曹操对此战中立下重大功劳的张辽倍加器重。

暂时停止江淮战事

在赤壁之战结束后不久,孙权率十万大军围攻曹军占据的合肥。

合肥城中早有防备,扬州刺史刘馥在此前已进一步加高了城墙,还囤聚了许多木头、石料,编了草苫数千万张,贮备了鱼膏数千斛,以供战时之用。

合肥曹军虽少,但依靠高大的城墙和充足的作战物资储备,进行了顽强的抵抗。孙权见久攻不下,想亲自率领轻骑前往冲杀。

这时,长史张纮劝阻说:"兵器是不祥的器械,战争是危险的事情。如果您仗着盛状的气魄,忽视强暴的敌人,三军将士没有不寒心的。斩杀敌将,拔取敌旗,威震敌军战场,这只是偏将的任务,不是主帅应做的事情。希望您克制一下孟贲、夏育那样的勇猛,胸怀建立霸王之业的计谋。"

孙权听后,才没有冲锋在前。

后来,由于连降雨水,城墙被雨水浇泡,有坍塌的危险,城中军民使用草苫覆盖城墙。到了晚上，曹军点烧鱼膏照亮城外，根据敌军的行动而做准备。孙权军队还是没有办法攻破合肥城。

曹操听说合肥被围，急忙派兵支援，但一时抽调不出更多的兵力，只派大将张喜率领一千骑兵，火速前去解围。同时让张喜路过汝南郡时，把在那里的驻军也带上，可是汝南的兵也不多。

扬州治中蒋济得知援兵不多，一时又难以到达，便向扬州刺史献了一个密计，让刺史谎称已经得到了张喜的书信，张喜正率领步骑四万人前来救援，已经到达雩娄，刺史正派主簿前去迎接。

扬州刺史同时派出三路使者带着伪造的张喜书信，去通知合肥守军，以使他们增强信心，同时借以迷惑敌人。

第一路使者冲进了合肥城，另外两路使者被孙军抓获。孙权看了使者身上带着的伪造书信后，以为曹操的救援大军真的快要到达了，便烧掉围城的营寨，率军退去。

随后，曹操亲率救援大军赶到了谯县，得知孙权已经退兵后，便在这里停留下来，并下令制造轻便的战船，训练水军，以便同孙权水军进行较量。

七月间，曹操走水路从涡水进入淮河，再出淝水到达合肥。

曹操到达合肥后，对坚守淮南的将士进行抚慰，他想起了近几年来在战争中遭受疫病死亡的大批将士，便下了一道《存恤吏士家室令》说：

> 近年以来，军队多次出征，有时遇到疫病，官兵死亡不少，有的不能回家，家属失去依靠，生活出现困难，百姓流离失所，仁爱的人难道愿意这样吗？是不得已啊！凡死者没有财产、家属不能养活自己的，县官不要停止口粮供应，有关部门官吏，要对他们抚恤、慰问，以符合我的心意。

曹操的这个命令，对安定军心，鼓舞士气，无疑起到了积极的作用。与此同时，曹操还对淮南地区的地方官员进行了调整，以加强对这一地区的统治。

原来，曹操选派的扬州刺史刘馥对淮南地区的治理很有成绩，他安抚了梅乾、雷绪等起义军，稳定了社会秩序，有很多流民返回家园。他推广屯田，修复了不少水利工程，使农业生产有所发展。在官民有蓄的情况下，刘馥会聚诸生，兴办教育，提高人们的文化素质。

刘馥还加强了合肥城的守备，在战争中发挥了重要作用。可是这个被人们称道的刘馥，在孙权进攻合肥前就去世了。在这种情况下，曹操又选用通晓军事的丞相主簿温恢为扬州刺史，又以文武兼备的蒋济为扬州别驾，辅助温恢。

曹操对温恢说："非常想让您在我身边工作，只是我认为在我身边不如扬州刺史的任务重大。《尚书》写道：'股肱之才优秀啊！众事安康啊！'"曹操引用《尚书》上的话，是赞扬温恢是得力大臣，并对他寄予殷切希望。

魏武帝曹操传

然后，曹操对蒋济说："季子为臣，吴国就应有国君，现在您又回到扬州任职，我就不用担忧了。"

季子是春秋时吴国公子季札，有贤名。曹操是在借用赞扬季札的话来赞扬蒋济。蒋济原来任扬州治中，后为丹阳太守，现在又被任为扬州别驾，所以说"回到扬州"。

合肥是处战略要地，因此曹操将扬州治所由寿春向南迁到了合肥，并调配、选用合适的人担任淮南郡县官员，以加强对这一地区的统治。

与此同时，曹操任命淮南人仓慈为绥集都尉，进一步在芍陂周围大片地区实行屯田，招募农民，开荒生产，以保证军粮的供应。

这期间，陈兰勾结梅成在庐江郡的灊县，也就是今天的安徽霍山县东北及六安县一带，聚众叛乱，并且同孙权有联系。

曹操派张辽督率张郃、牛盖等讨伐陈兰，派于禁讨伐梅成，派臧霸到皖县迎击孙权部将韩当，使其不能出兵援救陈兰等。

梅成见曹军势盛，假意向于禁投降。于禁退兵后，梅成又乘机率领部众投奔陈兰，转移进入灊县境内的天柱山，在山上设置营垒。

天柱山山高陡峭，通往山顶的小路，长达二十多里，而且艰险狭窄，只能勉强过人。张辽想要发动进攻，可是诸将认为，道路艰险，不能深入攻取。

张辽说："在一个人对付一个人的狭窄地带作战，只有勇猛的人才能取得胜利。"然后亲率部队冲上山去，将陈兰、梅成斩杀。陈兰、梅成的部下，大部分被俘虏。

对此，曹操非常高兴，在评价诸将的功劳时说："登天山，踩峻险，获取陈兰、梅成，是荡寇将军的功劳。"于是给都亭侯张辽增加了封邑，还授予张辽假节的权力，使其有权处置违令的人。

曹操见淮南的统治秩序已比较稳定，巩固淮南防线的工作已安排就绪，便留下张辽、乐进、李典三位大将统兵七千人镇守合肥，自己领兵北归。

临行前，曹操对张辽、乐进等人说："扬州刺史通晓军事，凡行动、止息都要同他一起商量。"要求他们这些文武官员，同心协力，一定把合肥这个东南战略要地守好。

同年十二月，曹操率军回到谯县。这时，曹仁在周瑜的压力下已从江陵退保襄阳、樊城。此后，襄、樊成为曹操在南方同孙权、刘备争斗的战略要地。

这时，曹操仍然想争取周瑜归附自己，于是派周瑜的老熟人蒋干前去劝说。周瑜知道他的来意，一见面就说："子翼，您太辛苦了，远涉江湖，是来为曹操做说客的吧？"

蒋干回答说："我与足下是同乡，别离很久，特来叙旧，并学习一下治军的良规，怎么能怀疑我是说客呢？"

周瑜笑着说："我虽然不及师旷那样聪灵，但听弦赏音，还是能够得知雅意的。"

接着，周瑜设宴款待蒋干，还请他参观军营队列、仓库军资等，并让他欣赏服饰珍玩之物，就是不同他谈军旅之事。

过了几天，周瑜明确表态说："大丈夫处世，遇见知己之主，外托君臣之义，内结骨肉之恩，言听计从，祸福与共，在这种情况下，就是苏秦、张仪那样的说客再出来，也是说动不了我的。这哪是足下所能做得到的呢？"

蒋干听了，无言以对，只好回去报告曹操说："周瑜气量恢宏，品德高尚，不是言辞所能离间的。"曹操只好死了这份心。

建安十五年，曹操退回北方后，自知暂时还不具备吞并孙权、刘备的条件，在稳定内部的同时，将兵锋转向关西地区，准备全力攻打马超、韩遂，占据关中。

魏武帝曹操传

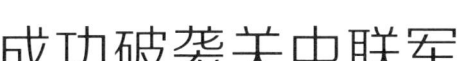

合肥之战

成功破袭关中联军

曹操赤壁战败后决定将所有精力集中于经营北方,争取关中、陇右等地区的统治权。因此,关中地区最大的割据势力马腾、韩遂成了曹操攻打的下一个目标。

马腾,字寿成,扶风茂陵人,是马超之父。韩遂,字文约,凉州金城郡人。马腾、韩遂原来曾在一起反抗朝廷,后来表示归附朝廷。

曹操南征荆州前,为了避免马腾反叛,上表举荐他到朝廷做官,还以马超为偏将军,继续留在凉州统领其父旧部。随后曹操又将马腾家眷迁至邺城,便于监视、控制。

赤壁战败后,回到北方的曹操又想将马超召进朝廷为官,但马超不肯,只能作罢。马超、韩遂虽然在名义上接受朝廷的节制,但实际上是各怀异心,想割据称雄。

建安十四年冬,韩遂派遣心腹部将阎行前往邺城拜见曹操,一方面表示友好,另一方面也是刺探情况。

曹操非常热情地接待了阎行，并且向汉献帝上表，推荐阎行做了犍为太守。等到阎行即将回凉州的时候，曹操又赠送给他许多东西，并托他将一道手令带给韩遂，希望韩遂能够像马腾一样归顺朝廷，入朝为官。曹操此举实际上是想像控制马腾一样，将韩遂也"拐"到朝廷控制起来。

阎行乘机请求让他的父亲搬到京城，得到曹操应允。正所谓"吃人嘴短，拿人手软"，阎行从曹操这里得到不少好处，回去之后自然不遗余力地为曹操说话。

阎行回去见了韩遂，向他传递曹操的指示："你起兵的情况有迫不得已之处，我已知道，应当及早来归顺，共同辅佐朝廷。"

阎行又劝说韩遂："我阎行也是为了将军啊。将军起兵三十年，人民与将士都已疲惫，所占据的地方又偏狭，应该及早找到依靠对象。所以在邺城的时候，我已经禀报曹操我会让我的父亲去京师，希望将军也能派遣一个儿子前去，以表示对曹操的赤胆忠诚。"

韩遂回答："先观望几年！"不过之后还是同意遣子，而阎行则将父母一同送往曹操控制的京师。

虽然马腾和韩遂此时在名义上已经归顺朝廷，并都相继表示了忠心，但曹操对他们依然是不放心的。尤其是马腾的儿子马超，素来有骁勇之名，如今又继承父业，拥兵关中，始终不肯入朝，让曹操不免感到寝食难安，如芒在背。只有真正荡平关中，消灭这两支割据势力，才能彻底消除后患。

攻打韩遂、马超对于曹操而言是势在必行的，但此时，曹操也有所顾虑。因为从名义上来说，韩遂和马超都是朝廷的官员，贸然去攻打他们，道理上是说不通的。

曹操很清楚，当初自己能够一步步壮大势力，很大一部分原因是在政治上占据了优势，出师有名。因此，要您获得天下人的支持，要想取得最终的胜利，出师就必须有名。这样一来，一切顺理成章，才不会引起各路诸侯恐惧，从而产生叛变之心。

为了出师有"名",曹操辗转反侧想了很久,就在这个时候,钟繇来找曹操,对他说:"曹公你不如指派给我三千兵马,让我以讨伐汉中的张鲁为名进入关中,然后从韩遂和马超那里抓更多的人质来,胁迫他们投降。"

张鲁是盘踞汉中的一股小的割据势力,曹军要征讨张鲁,必定要从关中借道而行。曹操想了想,这个计划倒也可行,但还是觉得不满意,于是又找了另一个谋士卫觊,想要征求一下他的意见。

卫觊对曹操说:"西凉的那些人都没有什么雄心壮志,只求守着自己的地盘好好过日子就行了。现在朝廷已经给了他们高官厚禄,他们必然不会有什么大变故。但如果曹公你提出要远征张鲁,张鲁在汉中,那大军必然要借道关中才能抵达。这样一来,只怕会引起关中诸将的恐慌,认为曹军借道是假,攻伐他们才是真。这样一来,关中必然大乱,局势必然失控啊!"

这时,大臣高柔也劝阻曹操:"曹公你不能去打张鲁啊,你要是发兵去打张鲁,恐怕会引起马超和韩遂等人的误会,因恐惧而发生反叛。我们不如先安抚三辅地区,然后再向汉中传送檄文,张鲁必然会不战而降的。"

曹操听完众人的意见后,心中已经有了决定:打张鲁!

众大臣都劝阻曹操打张鲁,并且还详尽陈述了利害关系,曹操为何还要一意孤行呢?事实上,众大臣所担心的结果其实正是曹操想要的出师之"名"!

打张鲁,那是醉翁之意不在酒,曹操心中的盘算正是借打张鲁之名,率军进入关中,对马超和韩遂等人施加压力,引诱他们反叛。这样一来,曹操再攻打他们,那便是讨伐逆贼,出师有名了。

建安十六年,曹操派遣钟繇率兵前往汉中征讨张鲁,同时令夏侯渊等人率兵从河东郡出发前往与钟繇会合。曹操大军一路浩浩荡荡朝着关中开过去了。

曹军压境,关中诸将果然都慌了,全部乱作一团,大家心里都很害怕，认为曹操大军哪里是想借道，肯定是来攻打自己的，于是纷纷联合举兵反叛。

当时，韩遂行军在外，军营中只有阎行留守。关中诸将联合到一起之后，马超提出让众人推举韩遂为都督，统领众将。

韩遂与马超的父亲马腾是结拜兄弟，辈分上比马超高一辈，因此马超推举他做统领合情合理。

韩遂回到军中，马超早已经等着他了，一见到韩遂，马超赶紧走了过去，激动地对他说道："将军，以前司隶校尉钟繇曾让我谋害您，但我没有同意，可见关东的人都是不可相信的。如今我的父亲在朝中被他们控制了，我只能忍痛将他抛弃转而把将军您当作我的父亲。我希望将军您也能如同我一样，抛弃您在朝中为质的儿子，把我当作您的儿子！"

马超声泪俱下，说得慷慨激昂，目的就是要让韩遂下定决心反叛，与诸将联合，共同抗击曹军。

马超一走，阎行就赶紧站出来阻止韩遂造反。但此时，关中诸将都起兵造反了，韩遂的从众心理开始作祟，他对阎行说道："你看这情况，诸将不谋而合，全部都反叛了，这恐怕是天意啊！"

最终，一切正如曹操所愿。韩遂和马超带领着关中大大小小的军阀，包括曾经击败斩杀李傕的张横、梁兴、安定的杨秋、河东的侯选、程银、李堪、马玩、成宜等，集结了十余万兵马，浩浩荡荡开赴潼关，准备要与曹军决一死战。

曹操下令曹洪代替曹仁镇守襄阳，命曹仁为安西将军，进驻潼关与马超、韩遂对峙，并派钟繇、徐晃、夏侯渊军团一同出征。

因为忌惮彪悍的关西兵，曹仁对诸将下令说："关西兵粗犷强悍，你们要坚守壁垒，不要同敌人正面交锋。"

七月，曹操命曹丕留守邺城，自己则亲率大军踏上西征关中之路。曹操率军抵达潼关之后，立即调兵遣将，与关中大军相隔潼关对峙，等待着出击的最佳时机。

在此期间，曹操手下的一个人提醒曹操："丞相，这些关中军队的作战能力还是很强的，听说他们特别擅长用长矛来作战，很难对付，必须要选择精锐部队做前锋啊！"

曹操骄傲自满的毛病复发了，他笑着对那人说："这作战的主动权可是掌握在我的手里呀！他们擅长用长矛作战？那我就叫他们的长矛刺不出来，军队就打过去！"

于是，曹操决定首先发动攻击，指挥大军开过潼关。贾诩坚决反对曹操的战略，但曹操不听，贾诩就不再说话了。

军队开过潼关之后，一切却不像曹操设想的那般顺利。马超坚守不出，曹军攻击了半天，却毫无成效，顿时士气低落。

徐晃一看情况不好，便向曹操建议说："现在敌我双方都集结在了潼关，山西境内的蒲坂津却没有人进行防守，可见这敌方军团没什么谋略。丞相你不如给我一支精兵，让我渡过蒲坂津去偷袭敌人，必然让他们溃不成军！"

蒲坂津位于潼关北面，是蒲坂县西边的一个黄河渡口。从蒲坂津渡过黄河之后向渭水南行，便能从侧面进入潼关攻击敌人。

曹操对徐晃的主意感到非常满意，当即就拨了四千精兵给徐晃，并令大将朱灵从旁协助，趁着夜色渡过蒲坂津。

马超实际上早已经预料到曹操会有此一招，开战前他就向韩遂提出建议："曹军很可能会从渭水以北渡过黄河偷袭我军，我们应该在此设置守卫，让他们不能渡河。时间一长，粮食供应不上，曹操必然会主动退兵。"

韩遂听完，当即采纳了马超的提议，并补充说："我们不如先让他们渡河，等渡到一半的时候再攻打他们，让他们手忙脚乱，进退不得，必然能够成功。"

马超和韩遂虽然早有防范和计划，但没想到，徐晃和朱灵大军行动太过迅速，不等马超等人布置防守就已经顺利渡过黄河，并且构筑起了防御工事。

等到马超和韩遂反应过来的时候，曹军已经将他们包围了。马超立即派梁兴乘夜带着步骑五千攻打徐晃，徐晃早有防备，梁兴被打得落荒而逃。马超只得全力坚守潼关进入关中的通道。

眼见徐晃偷袭成功，曹操突发奇想，准备顺着蒲坂津内渭水进入关中，直接攻打马超后方。

八月，曹操亲自指挥大军北渡黄河，并让张郃和乐进等人统率部队，自己则带领百余名卫士准备断后。

曹军主力刚渡过黄河，马超突然率领步骑万余人杀来，他不顾曹仁军团夹击的危险，以迅疾如风之势扑向曹操。

顿时，喊杀之声震动原野，箭如飞蝗般射来，保护曹操的近卫军一下便被冲散，仅剩百余人死守曹操大本营。

许褚、张郃等将领，见事情紧急，将曹操架起带上船中，急忙渡河，马超率领骑兵在后面边追边射，箭如雨下，曹操几乎丧命。

曹操部下虎卫军许褚一手用马鞍挡箭，一手撑杆，拼死救出曹操。曹操帐下校尉丁斐在河岸放出大量牛马，马超的士兵顾不得乘胜追击，跑去抓奔跑的牛马，马超控制不住，曹操因此才得以成功渡河。

曹操手下将领见兵败，又不知道曹操在哪儿，都非常惶恐，到后来见到曹操，心情有的悲伤有的惊喜，还有的吓哭了。

曹操对众人大笑着说："今天太大意了，差点被小贼困住。"

曹操的话既是自我安慰，也是自我责备。他在明知马超有防备的情形下，仍然贸然出击，完全是失策，相当于将主动权让给了马超，使得自己险些丧命。

到达河西后，曹操迅速占据有利地形，并将辎重等秘密运往渭水北岸，准备大举南渡渭水。如此一来，曹操进一步掌控了战场主动权，打乱了韩遂和马超的阻击计划。

马超等人见战况不利，只得放弃潼关，退守渭水南岸。曹操脱险之后，继续指挥大军朝渭水移动，并布置疑兵，迷惑敌人，暗中用舟船运送士兵进抵渭水，并在渭水之上搭好浮桥。

夜间，曹军出其不意，悄悄渡过渭水，在南岸建起营寨，马超得到报告后，连夜率兵前来偷袭，谁知曹操早就在营寨四周布置了伏兵，马超战败而归。

马超屡屡受挫，一直被曹操牵着鼻子走，自知不是曹操对手，便派使者向曹操求和，答应割让黄河以西的土地作为赔偿。曹操此次西征，志在彻底消除关中割据势力，进一步围攻汉中、巴蜀，于是不假思索地拒绝了马超的请求。

曹操继续指挥大军南渡渭水，当然遭到马超的拼命抵抗。马超的骚扰使得曹军根本无法建立营寨，而南岸多沙，又难以挖掘壕堑。没有固定的营寨，曹军根本无法在南岸站住脚，北岸的曹军也难以继续渡河。

这时，谋士娄圭建议："现在天气这么寒冷，我们可以在南岸用沙来垒城墙，然后把水浇在上面，一夜之间就能冻住，形成坚固堡垒。"

曹操一听，果然是妙计！立即命士兵用细绢制成口袋，用来运水。又连夜派兵渡过河去，垒起沙墙，用水浇筑形成坚固的营垒，这样，曹军便顺利在南岸站稳了脚跟。

九月，曹操大军全部渡过了渭水，与马超的关西联军形成了新的对峙。不久，马超再次派遣使者求和，并承诺把自己的儿子送到许都做人质。贾诩知道这件事后，便向曹操建议，先假意与马超讲和，之后再寻找机会离间马超与韩遂二人，让他们斗个两败俱伤。曹操大喜，当即同意了贾诩的计策。

曹操假意接受马超等人的投降，并与诸将约定了在阵前会面，商量具体事宜。韩遂作为统帅，自然代表联军来与曹操谈判。

韩遂和曹操是老相识，曹操一见到韩遂，立马亲热地走上去跟他握手，并开始跟他扯家常，说过去在洛阳时候的旧事，对交战和投降的事情却闭口不谈。

事后，韩遂回到大营，马超等人问他："曹操都跟你说了些什么啊？"

韩遂一想，曹操老说陈年旧事，也没谈成什么，于是就应道："没说什么。"

此前，马超等人都看到曹操与韩遂相谈甚欢的样子，两人交头接耳，鬼鬼祟祟，不知商量什么，如今韩遂不肯说，自然引起众人怀疑。

不久之后，曹操又邀请韩遂和马超进行会面，并下令左右在阵前放置好障碍物，挑选精兵随身保护。

双方见面之后，曹操依然对韩遂表示亲近，对马超则处处防范，故意区别对待，以此来增大马超对韩遂的疑心。

会谈结束后，关中的将领们都想见识一下曹操的威风，于是纷纷拥上前来，观看曹操。

曹操大笑说："怎么？你们这是想看看曹公什么样子？和你们没什么不同嘛，没有四只眼睛、两张嘴巴，如果说比你们多了什么，那也就是多了点智慧！"

此时，曹操身边只带了一个卫士，马超本想趁机擒获曹操，但此前他曾听说，曹操身边有一员猛将名叫许褚，勇猛无敌，人称"虎痴"。马超担忧跟随曹操的这个人便是许褚，一时之间不敢轻举妄动，便问曹操说："听闻您的身边有一位'虎痴'，如今不知在何处？"

曹操大笑，示意马超，自己身边的卫士便是他在寻找的人。得知此人果然是许褚，马超只得打消了图谋不轨的念头。

几天以后，曹操给韩遂送了一封信，并故意假装写错字，在信上进行了一些涂抹。马超等人看过信后，对韩遂越发感到不信任，以为是韩遂自己在信上进行涂抹，企图掩盖重要信息。

眼见离间计已经取得成效，曹操开始变脸，不再继续商谈"和解"事宜，直接向诸将下了战书，无奈之下，马超和韩遂等人只好硬着头皮迎战。

曹操以轻兵为先锋发起进攻，马超一马当先，率领联军全力迎战，曹操渐渐不敌。眼见形势开始转为不利，曹操立即调整战略，下令骑兵由两翼突击，对联军形成夹击之势。

曹操知道，这些军阀联军虽然名义上是盟友，但实际上都提防着彼此，各自心里都打着自己的小算盘，与当年袁绍等所组成的讨董卓联军别无二致。

重要的是，这些军阀联军的统帅主要就是韩遂和马超，此前曹操所做之事便是为了让此二人之间相互猜忌，只要他们两个人不能同心同德，那么联军内部必然发生分裂，这场战争基本上就大势已定了。

果然如曹操所料，联军很快就被曹军冲散，关中大部分地区相继落入曹操手中，韩遂和马超等人溃败逃回凉州。这场关中之战以曹操的全面胜利暂时落下了帷幕。

壮心不已的曹操在解除了关中割据、威胁后方的后顾之忧后，便立即准备再次向东南用兵，以图尽快实现他梦寐以求的统一全国的愿望。

稳定南方局势

曹操喜欢邺城这个地方,因为在地势上,邺城占有很大的优势。曹操为了使自己有一个安适的环境,在邺城的北区以西、漳河之畔,修筑了以铜雀台为中心,金凤台、玉凤台为左右的"邺城三台",由于与汉献帝刘协关系不好,就渐渐不想去许都了。

汉献帝原本是一个较为平和的人,又因为曹操对自己的拥戴,所以对曹操大权独揽并没有太多想法。可是,众大臣与外戚却是天天在他耳边煽动,迫使汉献帝开始关注起自己汉天子的尊严来。

为了维护天子的自尊,汉献帝开始与曹操发生愈来愈多、愈来愈严重的冲突。一次,议郎赵彦向汉献帝提出了许都和邺城的权力分配问题,鼓励献帝与曹操谈判,收回大权。

当时曹操刚死了长子曹昂,又听到了朝廷中的这个消息,大怒欲狂,立即派人以煽动叛乱、分化政府的罪名,处杀了赵彦。汉献帝大惊,此后,只要见曹操有事入殿,便深感惧怕。

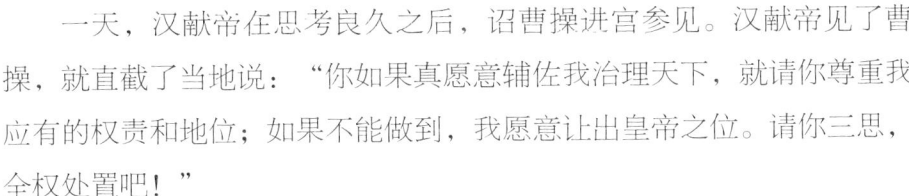

合肥之战

一天,汉献帝在思考良久之后,诏曹操进宫参见。汉献帝见了曹操,就直截了当地说:"你如果真愿意辅佐我治理天下,就请你尊重我应有的权责和地位;如果不能做到,我愿意让出皇帝之位。请你三思,全权处置吧!"

曹操听了,脸色遽变,立即伏地谢罪,并请求当即退朝。从此以后,曹操能不上朝就尽量不上朝,即使有事,也由他的首席谋士荀彧一人代为沟通。

与此同时,曹操更加紧了对邺城的扩建。他裁决军政大事,除了在邺城外,就是在南征北战时临时搭建的军营兵帐之中,平常只是走过场似的,向许都作些事后的报告。

按照当时的情况,如果不是荀彧在谋划战争的同时,又花大量精力从中协调,许都与邺城之间,必然会爆发公开的政治冲突。

荀彧受曹操之命,全面负责他与献帝之间的联络和关系的协调,但几年下来,他发觉在许多政治主张上,荀彧不再为他说话,而是逐渐倒向了朝廷一方。想到这些,常令曹操非常头痛。他的偏头痛也常常因为这类事情的纠缠而发作。

曹操先后击败了马超、韩遂,又不断对江东孙吴用兵,功绩卓著。朝中大臣董昭等人认为曹操功大权重,与他的爵位不相称,建议汉献帝晋封曹操为国公,备九锡,"以彰殊勋"。

董昭的举动非常符合曹操的心意,曹操让他征求一下荀彧的意见,然后再实施。谁知荀彧对这件事不仅不支持,还对董昭等人进行了严厉的批评。

荀彧说:"曹操本兴义兵以匡朝宁国,秉忠贞之诚,守退让之实,君子爱人以德,不宜如此。"他认为董昭等人这样做正是授人以柄,有损曹公的忠贞、退让之德。

由于荀彧坚持反对,曹操只好暂时放下晋封国公的事情。正是因为与汉献帝关系不好,曹操在关中之战后直接班师回到了邺城。

在荒凉苦寒的关中以及更为贫瘠的西凉征战了数月,回到繁荣富足的"老家",曹操非常高兴。只是,曹操见到邺城,就情不自禁地又想起了许都,笑容之中,令人不察地掺入了一丝忧虑。

一时,鼓乐齐天,歌舞升平,以示庆贺。

曹操见席间有人说起讨伐关中、西凉,到了得意处,口沫横飞,心中暗想:赤壁之败痛犹如新,切不可让关中大捷冲昏了将士头脑,便命人停止了鼓乐,罢息了歌舞,只让大家饮酒谈话。

曹操在席上总结了自己的战争历程,他一边站起身来,一边用手往台前大片空地一指,说:"你们看,这大片空地未派上用场,废之不用,如此浪费,令我心痛!我意可因地制宜,妥为利用。诸公有何高见?"

荀彧知道曹操意在用兵孙权、刘备,便建议说:

"丞相之意,想必属意长江。今孙、刘联防,确也是我军未来最大的劲敌,汉中的张鲁还在其次。因此,我认为可在左侧设立一座'讲武城',百官众将在无军事行动时,可以不像以往一样待在营中,而都来'讲武城',共同研究未来的军事行动方略。

据目前形势,可根据事情的缓急,分作两步进行:一是绘制吴越详细地形图,并制模拟地形盘……

这样,中间尚余一地,足够跑马之用。铜雀三台,可以由此而文武备至,为邺城增辉了!

众将官听了,无不鼓掌欢笑。曹操更是高兴地说:"我部大军西征,无暇顾及他事,荀彧先生早已成竹在胸,实为社稷之福啊!"

荀彧连忙说:"身为臣下,焉敢不为社稷出力!我另有一件喜事,要禀丞相。皇帝得闻丞相亲领大军平定西凉,龙颜大霁,即刻便有诏至,命公赞拜不名,入朝不趋,剑履上殿,如萧何故事!"

众将官闻言,顿时轰动。连一向沉稳不惊的曹操也不禁为之动容,惊喜地道："皇上如此眷爱，孟德何堪承受？！"

其实，曹操心中的惊喜更大于他所表现出来的兴奋之情。

本来，在回师途中，曹操一直在苦思与朝廷的关系越来越僵，竟无良策改变，现在，汉献帝主动下诏赐他如此殊荣，很可能不是伪作，而是真心感激他平定西凉。

曹操深知，汉献帝虽然对他专权心存芥蒂，但却一直对他为平定天下而南征北战的行动持高度的赞赏态度。

汉献帝主动示好，不禁让曹操浮想联翩。他想，说不定可由此契机而恢复自己与许都的良好关系。

这时，百官纷纷离座来贺。刚随曹操征战归来的徐晃、于禁等一众将军，更是喜形于色。

正在热闹之际，只见一彪人马向铜雀台驰来，原来是天子的使臣已经从许都到了邺城。

曹操连忙率百官下得台来，在台前空地上列队相迎。一会儿，天子的使臣到来，口称诏至。

曹操振衣露膝，望东南许都方向伏地而拜，文武百官也跟随跪下。曹操接了诏，览毕又拜，然后邀天使登台，重张管弦，尽欢方散。

第二天，荀彧等人随同曹操往许都而去，汉献帝亲排銮驾，去城郭迎接，满城百姓争相观看。这一天曹操第一次认真地向汉献帝亲口汇报了西征战事的详情，以及即将亲率大军南征的计划。

汉献帝见曹操说得诚恳，倒是许久未有之事，也就颇为感动地说："你替朕为国家征战多年，劳苦功高，个中艰辛，朕岂有不知？治罪之言，今后休再提起。只希望你我君臣一体，共振朝纲。"

见过汉献帝，曹操回到邺城，又开始准备率大军南征。

统一全国一直是曹操的梦想。此时曹操本可以乘着关中之战的余威，继续用兵，但是他害怕孙权乘自己用兵汉中之机，骚扰刚刚稳定的东南。所以，他准备先从武力上震慑孙权，使他不敢在东南轻易动兵。

稳住东南后，再继续进兵汉中。

其实，曹操在进兵关中时，就一直惦记着江东的东吴政权。早在建安十四年三月，曹操就亲自到谯郡指挥督造战船，大兴水军，准备讨伐孙权。

建安十四年七月，曹操亲率水军自涡水入淮河，东至合肥。为了保证对东吴作战的胜利，曹操在合肥设立了行政机构，并对扬州地方郡县政权进行了整顿。

此外，为了保证战时的粮食供应，曹操在本地大力屯田。经过全面治理，昔日的荒坡野甸，很快成为稻田相连的沃野。淮南很快成为一个生产粮食的重要基地。

以上各项措施的贯彻实施，不仅促进了淮南地区农业生产的恢复和发展，而且直接支援了合肥前线的战争。

再说东吴，他们在赤壁大败曹操后，为防其卷土重来，按照鲁肃的建议，把荆州的长沙、零陵、桂阳三郡暂时借给刘备，让他负责西线防卫，联合拒曹。

这一天，孙权预感到，曹操南下的时间快到了，便叫来张纮，同议此事。张纮因为在赤壁之战时受了风寒，当时就一病不起，因为当时军情紧急，没有及时医治。

战争结束后，张纮的病就一直没好。但孙权要商量军国大事，张纮不敢怠慢。他由亲兵用车驾送到了孙权之处，见了面，就直接问孙权："明公相招，可是为曹操将至？"

孙权回答："正是。我这几天颇有预感，曹操即将挥师南下来犯。他这一次来，显然是有备而至，依你之见，我应当如何应付？"

张纮说："曹操收取了关中，士气正旺。演练水军，也有一年时间了。他这次卷土重来，必然要报赤壁之仇。因此，不宜一上来就和他作大规模的硬拼硬斗的决战，而应与他进行小范围的接触，以此来拖他，使其士气疲惫。那时，我军既可击溃他，又不至于要像现在就击溃他付出较大伤亡的代价。"

孙权点头称善，张纮又说："近一月，我因抱病在身，多读兵书古籍，时或偶尔，以江川山冈娱目，亦望其气。发现秣陵山川有帝王之气，如果长期居住，足成大业。因此，曾与吕蒙相议，要劝明公迁都于彼，不知吕蒙曾先行禀过？"

孙权回答："还没有听他说起。吕蒙亲自率领一支精干密探，几天以前便已过江，刺探曹军动向，想必当在这两天回来。我正因这些天预感曹操将至，才派他带人出去，多多探得实情回来。"

张纮"哦"了一声，又说："新迁之都不宜再叫秣陵，可依明公壮志，呼之为'建业'，不知明公尊意如何？"

孙权喜道："建业！这个名字好啊。"

话音未落，一个洪亮的声音从外面传来："果然是个大吉大利的名字！"

孙权和张纮抬头看去，正是吕蒙，两个人都十分高兴。

吕蒙向孙权躬身拜了，又过来问候张纮的病情。

寒暄罢，孙权便急切地问："将军之行，可探到了曹操有何动向？"

吕蒙略一皱眉，说："果不出明公所料，曹操已基本完成南征军的最新组建，克日便要亲率大军南下，号称拥兵四十万！"

见孙权低头不语，似有忧虑之态，吕蒙又说："但我在驻守浔阳时，便已打听到，曹操此次南征，并未打算与我决一死战。"

孙权抬起头，惊问："何以见得？"

吕蒙回答："此次南下，曹操只想击我东线战场，西线根本没在他的考虑之中，此为其一；曹军号称四十万大军，其实却只有曹洪和程昱两部，加上本来屯驻合肥的张辽等部，也只不过十余万兵马，明显是密云不雨，此为其二。"

孙权有点疑惑："那么，曹操如此兴师动众，却又不尽全力，是什么意思呢？"

张纮说："一方面是向我炫耀他凯旋之师的军威，同时也想把调来的军队长期安顿下来,即使一时不敢犯我,也为以后做好准备。"

吕蒙表示赞同后,又补充说:"第三点,说明曹操其实是想进军汉中的,因为怕我军从后面进攻,所以虚张声势,用所谓的四十万大军牵制住我军,尤其是牵制刘备。"

听到这里,孙权不禁失声:"刘备这几天正要进入西川,与刘璋为敌。若曹操克日便来,西线防卫,谁能放心?"

"因此,不管曹操此次的真实意图如何,"吕蒙说,"我们都应做好各方面的准备。张子纲说秣陵颇宜做我东吴都城,确是罕见的江山形胜之地。不过,为了预防万一,当重新筑一个石头城墙,令其固若金汤,以御随时可能来犯之敌。"

孙权表示同意。

这时,只见张纮的病痛又开始发作起来,表情十分痛苦,孙权命令立即唤来太医。张纮表示不要,只是要求回到自己营中。于是,孙权就令吕蒙亲自护送张纮回营。

不料想,第二天中午便有张纮手下的亲兵前来哭报说,张纮昨夜因胸痛而失眠,至天明才入睡,岂知竟一睡不起,急呼太医,方知已经气绝多时。

孙权闻报大哭,急往张纮营中吊丧。随即吕蒙、凌统、徐盛、韩当、周泰、陈武、潘璋、甘宁、陆逊等将官,凡是就近的,也纷纷前来吊丧。

孙权痛哭流涕,对众人说:"子纲遗言劝我迁都秣陵,改名建业,不意今日就永诀于世!子纲之言,我如何不从!"

于是,立即下令迁都建业。

又过了一月,有一天吕蒙独自外出散心,纵马驰骋,不知不觉间,到了濡须口。

吕蒙想到曹操将即刻来犯,不由得心中忧虑。

回到浔阳后,吕蒙一夜没有睡好,第二天,终于想出一个两全其美的办法,便又来到柴桑,晋见孙权。

孙权见是吕蒙，十分高兴，说："建业城正在大兴土木，相信不久便可竣工。"

吕蒙一笑，说："我今天来，也正是想向明公建议，在濡须口也来个大兴土木！"

"修什么？"孙权和当时在场的其他将领都感到惊讶。

"我昨天单骑到濡须口，看其地势，无险可凭。因此，想在濡须口两岸修筑码头和城寨。"

许多人都反对，认为是多此一举。有人说："身为水军，举手即攻击敌人，离岸便登上战船，修城寨干什么？"

吕蒙说明了水寨的用处。孙权认为吕蒙的话极有道理，立刻下令在短期内完成濡须坞的修建。

这样，建业、濡须口两地各自加紧建造，很快全部建成。

再说曹操方面，临近大军出发，他决定召开一次会议。他来到了讲武城，于讲武堂中坐定。

曹操此来，一方面是作临行前的最后军事部署，另一方面则是总结前一段时间发生的一场战斗的经验。

半个月之前，曹操回了一次故乡谯县。正待回邺城之时，突然偏头痛发作，不得成行。而正当此时，却有河间人田银、苏伯，聚兵起义，引起幽州、冀州一片混乱。

五官中郎将曹丕在邺城得报，便欲立即用兵。他见父亲因病未回，就想趁此机会，一显自己的军事指挥能力，以补未能西征马超之憾。

但是负责人事调动的官员常林却劝他说："北方官民，喜爱太平，厌倦战争，好不容易归附了朝廷，至于今天，为日已久。因此，奉公守法的占绝大多数。田银和苏伯，不过是一群狗羊而已，凑在一起，势不能大。依这种情况，你就要亲自率军去平息，而不顾镇守邺城的要职，未免有失法度。"

"其实现在邺城并无危险啊！"曹丕不悦地打断常林的话，抢着说，"我率军前去，不也能增加一些临阵对敌的经验吗？"

于是曹丕不顾反对，只带将军贾信，领兵一万前往河间府讨伐。

那田银、苏伯本是无谋之徒，一经曹丕大军围城，才三天时间，就被攻下。

破城之后，曹丕正待出榜安民，却有残余变民一千余人，请求投降。曹丕左右之人见了，几乎是异口同声地对他说："丞相从前颁布过一项令，凡是破城之后才投降的，一律诛杀。"

曹丕听言，也知父亲确有此令，便打算不准其请，立予屠杀。

却有程昱到来，听说曹丕要屠城，连忙表示不同意。他说："屠城这种极端的举动，是在天下大乱之际，而采取的暂时应变之法。丞相颁布此令时，北方尚未平定；现在北方已基本平定，主要精力应放在建设性的事务上，而不应该随意杀戮，以绝民心。"

曹丕听了，就有些犹豫。

可是赞成屠城的人却一再强调丞相既未修改法令，就应坚决执行，以免兵士视纪律为儿戏。

又有人提出要向曹操请示，可是立即遭到众人的反对，他们说："军事情况有时本应专断，不能事事请示。"

程昱说："专断的含义，是指临时发生了紧急情况，如果还请求指示，则会贻误战机，因此，将在外君命有所不受，才不得已行专断之特权。而今，变乱已平，残余变民手无寸铁，已不会对社稷造成什么紧急的恶性影响。因此，我希望将军在内部未取得一致意见前，不要擅自下令屠城。"

在这种委决不下的情况下，曹丕只好立即写了一封信，派人飞马送往谯县，听取曹操指示。

曹操见后，立即在信的背面写了两个字："赦免。"便令来人火速送回。这样，降城的一千多变民保住了性命。

后来，曹操回到邺城，才知道这是程昱的建议，他高兴地对程昱说："你不但了解军事，还能正确地协调别人父子间的亲情关系，真是一个难得的智将，希望你以后多多指点我的儿子们！"

曹操自立曹丕为世子，封曹植为陈平侯以后，一直想找个机会让他们直接参与政治和军事事务。

曹操在谯县得到曹丕的书信并作了"赦免"的批示后，想到人民生活但求安定这一事实时，深恐沿长江一带郡县的居民在大战将至的时期，受孙权的侵扰，便打算把居民强行迁移到内地。

回邺城后，曹操尚未把这个打算告诉任何人，他也不知道是否有人反对。因此，便准备把这个问题在讲武城提出来，好让曹丕和曹植参与其中，看看他们的表现。

这时，正好扬州别驾蒋济也刚从南边赶来。曹操想，如果此事议定，就可赶在开战之前，令蒋济督促居民内迁。

曹操首先发言，他借机批评了曹丕欲屠城那件事，当然这一方面是出于对爱子的教育，另一方面也是做样子给部下看。曹操说罢，目视曹丕。

曹丕面红耳赤，立即起坐，诚惶诚恐，说："我临事未能分析当时形势，以致险些贻误人命，甘愿领罪。只盼丞相给我改过自新的机会，以观后效。"

曹操见曹丕态度诚恳，这才温言道："事情不急不大，尚可留观后效；如若不然，则不可能有什么后效来弥补已经造成的损失了。你今后可切记。"

曹丕连声应诺。

稍后，曹操向众将官扫了一眼，说到了正题："自古明君贤臣治国，都以爱惜百姓为己任，今我即起大军南征，唯恐长江、淮河沿线居民受战争之苦与孙权之害，想强行将当地居民迁到内地来，以避其锋。"

说到这里，曹操望了曹丕一眼问："你以为如何？"

曹丕略一思忖，说："昔日丞相跟袁绍在官渡对抗时，曾强行迁移燕县、白马两地的居民，人们聚而不散，躲过了敌人的掠夺。今天与孙权对抗，又把长江、淮河沿岸一带郡县的居民迁移到内地，正是同情同境，百姓将感恩戴德，自然是迁得。"

曹操脸露笑意，又把头转向刚从扬州赶来的蒋济："请对当地情况熟知的蒋别驾说说对迁移的看法。"

蒋济连忙站起，微一沉吟，才道："我体会丞相刚才所说的根据实际情况的变化而作出行动决策的意思，认为现在不宜强令居民迁移。"

曹操目光一闪说："愿闻其详。"

蒋济说："丞相讨袁之时，我军的兵力较弱，而敌军强大，如果那时不令居民强行迁移，势必落入敌人之手，为其所掳。我认为军与民的关系应该是这样的，当士兵与敌人对抗时，民众应尽各种可能的力量帮助士兵，以民心鼓励兵心，士兵才会真正做到保国安民；如果士兵在前线与敌人拼命，而民众却一味远遁，士兵觉得自己连一个可以叫作后方的地方都没有，有的只是自己战线上的一座座空城，仿佛注定是要失败似的，信心定会受挫。如果军民同城，敌人见此，必定知道我军胸有成竹，因而产生畏惧心理。属下这些话，请丞相三思。"

曹操听得相当仔细，及至蒋济说完，先是面红耳赤，继而脸露笑容，喜形于色地说："唉，真是让人羞愧难当啊！程昱教育了我的儿子，我本来想让自己也给儿子做一个表率，却不料又成了蒋济教育的对象，这种活跃和自由的气氛，真是令我高兴，它应当成为讲武城的精神。为此，我得感谢上天给我赐予了像程昱、蒋济这样刚正的智慧之士！"说罢，起身向程昱与蒋济坐着的方向拱了拱手。

二人连忙站起，口称"不敢"。

随即，众将官再一次将南征方略作了详细的讨论，直到认为该计划无懈可击，方才散去。

曹操南征的消息，早有人传报了东吴。孙权立刻派人向刘备求援。但刘备大军此时正与刘璋争夺益州，一时无力东顾。同时，在江陵及公安镇守荆州的诸葛亮和关羽，则守有余而攻不足。

万般无奈，刘备只好修书一封，派人送交孙权，具言处境，并同时下令诸葛亮和关羽全力在西战线上作战，以减轻东战线的压力。

虽说刘备未立即率大军来支援孙权，却被刘备的军师庞统借用这事，收取了西川。

一年以前，庞统就投靠了刘备。刘备以貌取人，让他做了个从事，兼耒阳县令。庞统到职后，每日里只是饮酒，不理政事，民有怨声，闻于刘备。

刘备怒而免其职。庞统于是又有去意。这时，鲁肃闻讯，立即给刘备写了一封信，说："管辖一个面积不过方圆百里的郡县，怎敢劳动庞统？至少要让他当治中或别驾，方可显出他的才华。"

诸葛亮也再次力举。刘备这才醒悟，又惊又愧，立即正式召见庞统，相谈之下，顿时有相见恨晚之叹，立即委以治中的重任，待遇仅次于诸葛亮，并且与诸葛亮同时担任军师中郎将。

庞统一上任，便建议刘备收取西川。刘备却一直因自己和刘璋是同室同宗，而不愿前往。恰好此时刘璋手下的别驾张松，与军议校尉法正有意来降，愿做内应献出益州，庞统更是从旁附和。

张松短小精干，行为放荡，可是，他辩才无碍，常常有真知灼见，超过常人。张松自负才干超过当世，而刘璋庸庸碌碌，毫无作为，使自己的才华无处施展，因而常常暗自叹气，同时，也暗中留心观察。

当年刘璋听说曹操取得荆州之时，十分震惊，派张松前往晋见曹操，以示敬贺。曹操当时轻易取胜，刘备也狼狈逃走，因此对其貌不扬的张松非常瞧不起。

然而，主簿杨修知道张松的才能，便敦请曹操延聘张松在朝廷当官，张松本来也有意投降曹操。谁知，以招纳贤士而闻名于世的曹操一口拒绝了。

张松引以为奇耻大辱，心怀怨恨，立即返回了益州，建议刘璋跟曹操断绝关系，转跟刘备交好，刘璋立即同意了。曹操做梦也没有想到，就是他这一次倨傲，便葬送了他一统天下的美梦，使天下分裂为三。

在赤壁之战前，曹操尚有广阔的胸襟，能以张绣之仇而一听来降，握手言欢，加官晋爵；能以许攸、邴厚之狂而一听来投，跣足倒履，急切相迎。而今，却不能容下张松的容貌！

假如曹操能以从前的胸襟对张松，以张松之能，肯定能献出益州，令刘备无立锥之地，天下又如何能三分？

张松自此以后，便全心注意刘备的动向。正好有一个名叫法正的人也注意上了刘备，此人也有高才，但未得重用。只有张松十分看重他，因此二人十分交好。

一天，张松再次建议刘璋，应立即与刘备联系，以对抗曹操，刘璋问："应派谁去？"张松立即就保荐了法正。

法正自公安晋见了刘备回来，悄悄向张松汇报，说刘备确有雄才大略，二人于是密谋奉迎刘备为益州之主。

不久，曹操令司隶校尉钟繇讨伐张鲁，进攻与益州相毗邻的汉中。刘璋得到消息，内心深感恐惧。张松就向刘璋建议，迎接刘备前来。刘璋深以为然，立即派法正领四千人去迎接刘备。

主簿黄权劝阻，说："刘备有骁勇声名，请他前来，把他当作部属，他一定不会满足；但把他当作宾客，则一国岂能容得下二主？如果客人来这里有了泰山一般的安全，那么主人你，就有累卵之危了。不如一切稍缓再议，关闭边界，等待天下大势安定。"

刘璋认为这种被动的姿态只能挨别人打，于是就未采纳。黄权又谏，刘璋就把他逐出成都，派到广汉当刺史去了。

这时，法正到了荆州，向刘备秘密献计："以将军的才干和英明，正好利用刘璋的昏庸懦弱。张松是他身边最重要的角色，用来做内应夺取益川，易如反掌。益州形势，只等将军收取。"

刘备迟疑不决。庞统说："荆州荒凉残破，人才已尽，且北有曹操，东有孙权，很难发展。而益州户口一百万之众，土地肥沃，物产丰富，有'天府'之美誉，如果能据为己有，大业何愁不成功！"

刘备摇头说:"而今,跟我势如水火的,只有曹操。他严厉,我则宽厚;他凶暴,我则仁慈;他诡诈,我则忠信——事事跟曹操相反,才能成功。现在为了小利,竟让我抛弃信义,将如何善后呢?"

庞统只好耐心解释说:"在战乱时代,一个人死死地坚持某一个原则,并不能安定天下。吞食弱小、兼并愚昧以及逆取顺守这些貌似不义的行为,如果不是有它特殊的道理,古人怎么会给予赞赏?如果感觉有伤道义,不妨事后封刘璋一个较大的采邑就是了。如果我们一味地坚持原则、讲求信义,而不顾迫在眉睫的实际情况,结果又会怎样呢?还不是要为别人所夺。"

刘备终于被说服了,就命令孔明、关羽等留守荆州,自己率步兵数万人,进入益州。

刘备进入益州境内后,大有回到家乡之感。当时刘璋亲率三万步骑兵,与刘备相会于涪县。此时,张松命令法正迅速通知刘备,要刘备在会面时发动袭击。

刘备不忍,他说:"事情怎么能如此仓促?"

庞统进言道:"如果能趁会面时一举将刘璋擒住,将军可以不用一兵一卒,就坐得一州,岂不更显仁德?"

刘备仍然不忍,说:"我们刚到一个陌生的地方,恩德和信义两缺,不宜冒此奇险。"众人只得罢言。

会面之后,刘璋推举刘备为大司马兼司隶校尉,刘备则推举刘璋为代理镇西将军,兼益州刺史。两军将士互相交往,在涪县欢宴长达一百天之久。

不仅如此,刘璋还增加刘备远征部队的兵员及装备,充分供应给养,使其北上攻击张鲁。又准许刘备统领西蜀名将杨怀、高沛率领的驻白水的两支军队。随后,刘璋返回成都,刘备则将远征军推进到葭萌,打算攻击张鲁。

这时,曹操率大军南征,孙权来函求援。刘备见益州事急,便回信说明情况,只令孔明、关羽等死战西线。

庞统想出一计，他让刘备专门给刘璋写了一封信，信中这样写道：孙权与我，唇齿相依。关羽的留守部队，十分薄弱。如今不往救援，曹操一定会夺取荆州，而荆州一失，曹操兵锋一转，势将侵犯你的益州边界，这样的灾难远远超过张鲁对你的威胁。与曹操比起来，张鲁不过是一个图谋自保的小贼罢了，不足挂虑。而曹操，你知道，则是一个企图将整个华夏都纳入他的版图的盗世巨贼。

讲明原因后，刘备向刘璋要求增加一万名士兵和相应的军需物资。庞统认为："这样一来，弄假成真，也由不得杨怀、高沛二人不降了。"

可是，刘璋将刘备的信传示诸将后，手下一致反对，刘璋恐生内乱，就只答应拨付了一部分士兵和物资。

于是，刘备认为终于找到了和刘璋翻脸的借口，故意激怒他的部下说："我们来益州讨伐强敌，殷勤劳苦，刘璋却如此吝啬，凭什么教我们的将领卖命送死？还不如回到荆州去。"

张松在成都等待刘备大军的到来，正如坐针毡，突然却听说刘备要回荆州，信以为真，大吃一惊，分别写信给刘备和法正，说大事即将在望，军至即成，怎么可以放弃？

不料，张松的这两封信被张松的哥哥张肃看到了。张肃是个胆小怕事之徒，生怕事发以后连累自己，便把张松稳在家中，自己立刻飞奔刘璋处，告了密。刘璋大怒，立即派人拿了张松，立刻斩首。可怜张松壮志未酬，却先被亲兄所害。

刘璋于是下令各关隘守将不准再与刘备交往。可是白水的杨怀、高沛在得到命令之前已经被刘备诛杀。

刘备吞并了他们的部队，据守涪城。又立即通知孔明与关羽，说即将攻打刘璋。而对抗曹操大军，只有依靠孙权了。

如此一来，刘、孙联合抗曹，就有名无实了。孙权见了刘备的信，也无可奈何，只得打起精神，要与曹操决一死战。

合肥之战

智囊贤臣相继去世

建安十六年，曹操平定关中后，解除了西顾之忧，便采取先发制人、以攻为守的策略，决定对孙权用兵。

出兵前，曹操要记室令史阮瑀代笔写信给孙权说明自己的主张，其内容很多，主要意思是：

> 前几年我在谯地新造舟船，操练水军，主要是要观察巢湖一带的形势，安辑江边的百姓。我的意图，您是清楚的。您以为我势单力乏，不能远征，想划江据守，贪图安逸吗？绝不是这样的。
>
> 您以为凭着水军作战，在长江扼守险要，使王师始终不能渡江，这也未必能做到。在千里的水面上作战，情况的变化是无穷的。
>
> 长江虽广，但东西战线很长，是难以守卫的。您如能内取

张子布，外击刘玄德，用行动来表示归附之意，我将长期委托您治理江南广大地方，给您以高官显爵。

这样，上可以免去朝廷对东方的担心，下可以使百姓得到平安，您可以享受荣华，我也得到好处，岂不是很好吗？

在这封信中，曹操一方面频频提及与孙权以往的友谊，指出"离绝以来，于今三年，无一日而忘前好"，欲以情打动孙权；另一方面，曹操又对孙权反复申明形势，晓以利害，希望从政治方面争取孙权，拆散孙、刘联盟。另外，曹操又以势示权，让其量力而行，重修前好。

曹操的这封信写得是刚柔并济，对孙权有一定的触动。但是，孙、刘联盟尚在巩固阶段，一时难以奏效。所以，孙权继续在濡须筑坞，与曹操争夺淮南。

在这种情况下，曹操便在建安十七年十月，亲率大军南征。不想，大军刚刚出发，他的智囊荀彧便自杀身亡了。荀彧的自杀，根源与曹操的矛盾。

为什么曹操和荀彧会产生不可调和的矛盾呢？根源是两人现在奋斗的目标出现分歧，原来荀彧之所以全力辅助曹操，是因为荀彧当初认为曹操能成大事，能匡扶汉室，而且曹操最初的口号也是以恢复汉室为己任的。所以，在消灭董卓、迎汉献帝回许都、消灭吕布、谋划官渡之战一举消灭最大军阀袁绍、后来消灭张绣直到平定北方，这一阶段他们的配合是相当默契的，曹操主外，荀彧主内。

然而，在汉室恢复有望之际，曹操的野心逐渐暴露出来，原来他只不过想利用荀彧，"挟天子以令诸侯"，最终废汉取而代之。因为曹操一直在外作战，这个矛盾在很长一段时间内并没有爆发出来。

建安十七年，曹操南征。出征前的一天，曹操率百官前往许都，向献帝报告南征计划。以长史董昭为首的众官员向汉献帝呈书，请求把曹操从丞相之位擢升为魏国公，并赐公爵名号，加九锡。

董昭等人的上书，当然是事先得到曹操支持的。曹操在示意董昭等人向皇帝要权，要"进爵国公，九锡备物"时，野心已经一览无遗。所以，荀彧坚决反对。

荀彧以从来没有过的严厉态度对曹操劝道："曹公你原本怀着理想，举义兵奉戴天子，为的是匡正朝廷，安宁国家，如今北方平定，天下尚待统一，更应秉忠贞之诚、守退让之实。西征归来，皇帝赐丞相，赞拜不名，入朝不趋，剑履上殿，已足以表彰丞相的伟业，比萧何也多出了一个'赞拜不名'，当此之际，更应谦逊。君子爱人，应砥砺他的德行，是万万不能采取这种行动的。"

曹操闻言，十分不快，但又一时说不出什么。稍后，他才狡辩说："这也并不是我的本意啊！你也知道，是董昭上书给献帝的。"

荀彧正色道："君子当远小人，这个道理丞相岂有不知？丞相又怎么会忘记，西征归来时与我许诺的那些'收敛节制'、'宫府相睦'之言？又怎能忘记你念念不忘，常在耳畔的赵俨之言？"

曹操见荀彧语气咄咄逼人，怫然不悦地说："我早已在铜雀台建成之时便自明心志，绝不篡汉。况且，你也知道我素以周公为榜样，要学他功成身退的至德。董昭上书，我也未曾答允！"

荀彧听了，沉默了许久，才叹息道："我跟随丞相多年，从来直言相进，丞相之所以对我垂青加宠，不就是为了我不敢在你面前虚伪作势，而丞相也从来没有对我说过什么虚伪的谎言。然而，今天丞相之言，我怎么看都感觉绝非由衷而发。"

说到这里，荀彧顿了一下，看曹操不吭声，就继续说："就以周公而论，他称王或不称王，都是在真正功成之后。今天下三分，刘备、孙权乃一时之雄，自然迟早会称帝，但以丞相一世之雄，又何必视区区一魏国公若至宝？丞相称帝或不称帝，只能在一统天下之后才是一个问题，现在就在这种问题上急功好利，弃多年来的理想而不顾，莫不是雄心渐失，私心渐起了……"

荀彧的这一席话惊得曹操一身冷汗。曹操深知荀彧代表了大多数士大夫的观点，自己想成为魏国公都这么难，要想称帝恐怕是今生无望了。

想到这里，曹操闷闷不乐，脸青一阵、红一阵、白一阵，双手也有些发抖。

荀彧见状，心头涌起一股悲怆之情，与曹操告别，回府中去了。

由于荀彧的反对，曹操再也不敢勉强执行加公之议。从此以后曹操对荀彧有了戒备之心，不再相信荀彧了，总觉得荀彧不再像从前一样对自己那么忠心。

曹操开始做噩梦。一次，在梦中，荀彧当着包括刘备、孙权、诸葛亮、鲁肃以及死去了的周瑜、袁绍等天下豪杰的面，如数家珍似的指出他的所有过错。

曹操大叫一声醒来，用双手抱住痛如针刺的脑袋，喃喃自语："不除荀彧，我如何能活？"

第二天，曹操就上书献帝刘协，要求放任荀彧赴谯县劳军。荀彧见曹操以正式行文请他去，便知曹操已有相害之意，不觉流涕长叹。但仍然带了儿子荀恽前往。

曹操待荀彧劳军事毕，找了一些借口将荀彧留住，实际上就是利用这个机会软禁了荀彧，不让他再回许都，并免除了他的尚书令之职，而以荀攸代之。荀彧从此失去了自由，虽然曹操给了留下他最大的理由——封他为侍中、光禄大夫，并参丞相军事。

荀彧见曹操如此，知道他的决心已定，自己时刻都有生命危险。因此，当他跟随曹操在谯县结束休整，前往濡须口时，便在中途托病不再前行，停在了寿春。

当然，曹操并不可能如此轻易地杀掉荀彧，因为荀彧的影响实在太大，而且曹操身边许多重要的谋士都是荀彧举荐的，如果荀彧被杀，那曹操将会失信于天下，曹操身边的这些重要人物就会产生异心，至少有保命的想法，那样，曹操要想称帝就会更困难。

但是，曹操不可能让荀彧一直活下去，如何除掉荀彧是曹操目前最迫切的愿望。曹操此时已经到了丧心病狂的地步，一日不除荀彧，一日难以安心。他到了濡须口做的第一件事，就是派特使专程到寿春，赠送食品给荀彧，以示看慰。可是当荀彧打开盛食品的盒子时，却发现空无一物。

曹操送盒子之类的东西给别人，绝非心血来潮的一时之举，当初他曾经送给太史慈一盒子当归，就是想让太史慈归附。现在送空盒子给荀彧，自然也有含意在其中。

对空食盒还有很多种猜测和说法：有人认为，空盒子的意思是曹操告诉荀彧，你忠于的对象只是一个空盒子，因为此时的汉朝已经有名无实；有人认为这是在警告荀彧，如果继续忠于朝廷，不支持我曹操，那你是自寻死路，我随时都会要你的命。

不管空盒子代表什么，荀彧认为自己已经没有活下去的理由。他以匡扶汉室、振兴汉室为己任，自然不会为曹操的野心卖命，但他又不想死在曹操的手里，所以，选择自杀或许才是最体面的结果。于是，荀彧在悲愤之中，服药自杀了。

荀彧的死讯传出，众人无不惋惜，都以为他的仁德，尚在管仲之上。曹操下令厚葬荀彧，谥号"敬侯"。

荀彧死后，邺城与许都的联系就由荀攸负责沟通。由于荀彧之死，朝廷重又对曹操深怀惧心。荀攸的任务，无疑是十分艰难的。

次年正月，曹军前锋在张辽、臧霸的指挥下，进逼濡须口。这时，天降大雨，水势上涨，孙权军队利用水上优势进逼曹军。

张辽见状想避开敌人兵锋，暂时后退，等大军到达后再向前，臧霸认为不合适，他说："曹公深明利弊，哪能不考虑我们的情况呢？"便与张辽坚守不动。

果然第二天，曹操率军就到了。当张辽向曹操报告了当时的情况后，曹操对臧霸坚持不后退的表现很满意，当即任命臧霸为扬武将军。

曹操在濡须口因为"赐死"了荀彧，心中悲痛、懊悔了几天，方才缓过气来，偏头痛也随之好转了。于是，曹操开始谋划进攻方案。

这天，荀攸仔细分析了与孙、刘的对抗局势，首先提出了一个进攻方案。他说：

我大军南来，正值刘备率主要兵力进入益州，欲取刘璋，而诸葛亮与关羽所率的荆州方面守军，兵力较弱，这正是我们可以利用的地方。

但孙权、鲁肃、吕蒙及孙瑜之辈，都是善谋之人。他们必定要在西线上屯集重兵，以补其空虚。目前探得，他们在西线上以智囊鲁肃为主帅，率潘璋、朱然、陆逊、董袭、顾雍、丁奉、周泰、黄盖、蒋钦等将所部数万人，与孔明、关羽于此会合，其强盛由此可见。

而东线，虽孙权亲自挂帅，吕蒙为辅，率甘宁、凌统、徐盛、韩当、陈武等将雄踞大本营，但凌统与甘宁有杀父之仇，二将一直不和，虽经孙权多次调解，但凌统仍耿耿于怀。

此又为我军可乘之机。因此，我建议先大张旗鼓，以我西线之军直扑鲁肃，但进入作战区域后却坚决不战，至少先不主动出击，把孙权的注意力引到西线来。

同时，我军大本营设在与孙权大本营遥相对应的地方，给孙权造成将长期与之对峙的假象，再突发奇兵，袭击其东、西线相交处的历阳，快速完成对孙权设在长江西岸的大本营的攻击……

曹操因荀彧的事情荒废了军务，来到濡须口后，才得到刘备将攻打益州的消息。

敌情变得似乎对自己有利了，但究竟怎样出奇制胜，却还没来得及细想。而现下，荀攸的一番话正说进了他的心坎里去，于是大喜道："如果众将对荀攸先生的策略没有别论，就立即行事！"

众将都说荀攸的计妙，也不敢多说什么了。

于是，曹操立即派曹仁率本部兵马及曹洪、徐晃、吕柔所部，仍然驻守西线，并在襄阳、樊城、江陵、夷陵一带布防，一面与李典、乐进、许褚驻扎在濡须口，营造大本营。

东吴方面，长史张昭在一年前赤壁大战后，建议孙权在历阳筑造仅次于大本营的大营，居中而与东、西两线相呼应。

孙权同意了，并以善战的历阳都督公孙阳任战事指挥官。公孙阳的部队以速度快闻名一时，因此，由他来担当这个居中策应的重任，是再恰当不过的。

不久，公孙阳接到了孙权的命令，要他密切注意形势，做好随时两头救援的准备，公孙阳慨然领命。

十二月底，孙权等见曹军大张旗鼓地屯兵西线，以为曹操首先要在此发难，急令鲁肃严防。

曹操却令张辽、程昱、于禁率受过水战训练的精兵于夜间急行至历阳。公孙阳一觉醒来，方才发现曹操军马已到，大为震惊。

公孙阳率兵奋战不敌，只得退到离岸几里地的营寨之中，严令坚守，只待援军到来。

张辽哪能待他喘息，与于禁、程昱围了营寨，从三个方向突破，故意留出一个缺口，让公孙阳逃跑。

公孙阳果然慌不择路，冲出缺口。早有张辽等候在前，只几个回合，就将公孙阳生擒了过来。然后，又以最快速度夺了孙权长江西岸大营中能够由船装载的辎重，不能运走的，立即放火烧毁。

这一次战斗，曹军杀伤吴军精锐快速部队五千余人，夺得军需物资无数，烧毁营寨一座，擒得大将一名，大获全胜。然后，立刻渡江返回。

再说孙权与鲁肃方面，他们正在焦急地等待着前方的消息，却忽然得知历阳告急，都大吃一惊，不得不佩服曹操的聪明才智。

鲁肃因恐曹操还有连环之计趁西线空虚而进攻，因此不敢援助历阳。孙权却是大怒欲狂，他留吕蒙坚守濡须口，带甘宁、韩当、陈武，指挥大军，急驰历阳，亲自解公孙阳之危。

可是，孙权走到半路，却见公孙阳的残军径直逃来，知道已经来不及救援了。问了详情后，不由得大叫一声"苦也"。

曹操首战告捷，三军士气，为之一振。曹操意欲在西线令曹仁等牵制鲁肃，自己则乘胜与孙权决一死战。当孙权率甘宁等驰援历阳时，更是急令李典、乐进与许褚大举进攻此时力量薄弱的濡须口守将吕蒙。

可是，吕蒙凭借他在濡须水口修筑的坚固码头和城寨以寡敌众，全力反抗，竟使强大的曹军没能占到一点便宜。

曹操无奈，只得鸣金收兵，再图良谋。

孙权半途之中驻马而怒，然后令甘宁率领韩当、陈武直往历阳，以填其空，防止曹军再度来犯，自己则率几个亲兵立刻赶回濡须口。

果然，吕蒙正率众与曹军顽强抵抗。凌统、徐盛与周泰等，无不身先士卒。曹军只好见机收兵。

当夜，孙权与吕蒙、凌统、徐盛、周泰和张昭一起，研究对策。

张昭说："以前，老臣曾错误地因曹操势大之故而劝明公投降曹操，力主反战。今曹操兵败后卷土重来，其势与上次相比，颇有不如。为什么我们就只能守，不能攻呢？比如，在西线令鲁肃北上渡江，未必不能击败曹仁。"

"但是，"孙权反对说，"就算我们过江袭击，攻破曹仁的防线，又怎么样呢？最终还是要退回长江以南。现在曹操雄踞江北以上，我军不可能背抵长江，与他抗衡。如果这样，那么，与曹操进行的每一次战斗，就都是背水一战，士兵如何能承受得了。"

吕蒙详细分析了当时的境况，他说："刘备正在攻取益州，一旦得手，也必定与我为敌，但有曹操之患，目前也不可能与他翻脸。因此，现在的情形应是我军力保不败，暂时也不要为急于击败曹操而丧失军力。"

张昭还要再说什么，却被孙权摆手止住，说："明天我即率大军与曹操决一死战，如果他不知难而退，我江东大军可不是好惹的！"

张昭陷入沉默之中。他心中暗想：难道上次我估计错了形势，这次又错了？可能我已未老先衰了吧？

第二天，孙权亲率七万大军迎敌，他以猛将甘宁为前都督，率兵三千进击，并要他乘夜袭击曹操的前营。甘宁出发前，孙权特地赏给他米酒和食物。

甘宁选精锐一百多人共食。吃毕，甘宁用银碗斟酒，自己先饮两碗，然后斟给他手下都督。

都督跪伏在地，不肯接酒。

甘宁拔刀，放置膝上，厉声喝道："你受主上所知遇，与甘宁相比怎样？我甘宁尚且不怕死，你为什么独独怕死？"

都督见甘宁神色严厉，马上站起施礼，恭敬地接过酒饮下。然后，斟酒给士兵，每人一银碗。

饮酒誓师后，到了二更时分，甘宁带领精锐百人衔枚出发，径直摸到曹营，发起突然攻击，冲进营寨，曹军被杀死数十人。等曹军在惊慌中镇静下来迎敌时，甘宁已经率部撤走。

甘宁回到营寨后，孙权认为这次夜袭曹营对提高自己的士气很有帮助，当即赏给甘宁一千匹绢，并赞扬说："曹孟德有张辽张文远，我有甘宁甘兴霸，足可以同他匹敌了。"

此后，曹操与孙权双方相持月余，你来我往，互相厮杀，曹军并没有占到便宜。

有一次，曹操部将孙观左脚被流矢射中，流血不止，仍然不下火线，勇猛作战。

曹操当时很受感动，对孙观说："将军伤势很重，还勇气十足，同敌人奋力作战，难道不应当为国家爱惜自己的身体吗？"

曹操当即提拔孙观为振武将军。可是，孙观因流血过多，伤势加重，不久死去。

又有一次，曹军一部分人在夜间乘船渡到一个沙洲上，被孙权发现，派重兵把沙洲包围起来，经过激战，曹军三千人被俘，还有很多人落水溺死。

曹操在这次受挫后，便坚守营垒，不敢轻易出击，等待战机的到来。孙军几次挑战，曹军都不理睬。

一天，孙权乘坐大船，去侦察曹军的营寨。曹操下令弓弩齐发，箭如飞蝗落到孙权的船上，船的一面着箭后，渐渐倾斜。

将要倾覆时，孙权泰然命令将船掉过头来，让船身的另一面受箭，箭均船平后，才从容退还。

过了不久，孙权又乘坐一只快船，在众将的保护下，从濡须口开到曹军营寨前。

曹军将领主张迎击，曹操冷静地说："这是孙权亲自前来观看我军的情况。"命令军中严加防备，但不准乱发弓弩。

曹操率众将在对岸的一个小山坡上引马观望，遥见东吴战船，各分队伍，依次排列，旗分五色，整齐鲜明，像一座城池浮于大江之上，而孙权的旗舰位于中央，左拥右簇，看上去进可攻、退可守，颇有不动如山的气势。

孙权率军巡视一番，从容退走，当中还奏起了军乐。曹操深感对方部署严密，无懈可击，不由得想起了刘表的两个儿子刘琮和刘琦，大发感叹地说：

生儿子就要像孙权孙仲谋这样的，刘表刘景升的儿子，只不过如同猪狗罢了！

曹操比孙权大二十七岁，所以用长辈的口气说话。

曹操从内心深处恍然感到要在近期内击败孙权几乎是一件不可能的事，尽管在局部上如昨天的历阳之战那样取得一定的胜利，但要换在大范围内一举取胜，则难上加难。

孙权大势如此，现在与他硬拼，很可能两败俱伤。当下，便下马登船，划到江心，与孙权对话。

孙权也驾船过来，抛锚定位，两船相隔有一箭之地。两军顿时静默，只有水声在耳。

孙权高声道："丞相坐镇中原，富贵已极，何故不在北地纳福、坐享其成，却贪心不足，还来侵犯江南？况且，丞相在江南既已有覆舟之鉴，今番不顾天意，仍图旧谋，岂不又将获罪于天？"

孙权的声音洪亮，在江面上远远传了开去。

曹操也提声答道："你是朝廷之臣，却封疆自立，不尊王室。今番又来，不为其他，专程拿你而已！"

孙权嘲笑说："你这样大言不惭，难道没有一点羞耻吗？普天之下，谁不知道你是挟天子以令诸侯，假公济私。我又怎敢不以汉室为尊，正是为此，才要讨伐你这种乱臣，以匡扶国家！"

曹操一时语塞，怒而令大军发船攻击。

孙权坐船立即起锚退回，左右早有战船于两侧划出，掩护旗舰。

一时，孙权战船上万箭齐发，曹操坐船也急退于后，让战船与对方的军舟拼杀。

激战了半个时辰，两军各有损伤，互相都没占到便宜，只得各自鸣金收兵。

之后十多天，双方要么就是类似的争斗，要么就是互相隔岸观望。曹操同孙权相持到二三月间，雨水转多。曹操明白，再拖下去对自己不利。

这时，也有人开始劝曹操退兵。曹操心中虽然已有意撤军，但想到自己下决心如此之大，浩浩荡荡地挥师南下，却未建奇功便要悄无声息地回师，心中总是不甘。

这时，曹操想起荀攸，便到荀攸的帐中询问。荀攸自从接任尚书令后，便郁闷不乐。不久，在奇袭历阳成功后没几天，便生起病来。

营医看了，说是劳心过度，并且有郁闷于心而心气不开。再过几日，病势转沉，便不再出帐，只在营中休养。

曹操因撤军事大，这才来找荀攸相商。只见荀攸躺在床上，脸色蜡黄，额冒虚汗，气息稀疏，眼见竟是不能活了，哪里还有平常那些神采飞扬、言词玲珑的景象？

曹操大惊，急令营医前来看视。

荀攸摇了摇头，喘息着说："人命在天，医生也是无力回天的。"

曹操见状，心中伤感，于是不再打算询问军事。

荀攸却说："丞相是否打算回师许都？这样做是正确的。从目前的形势看，丞相应先取张鲁，再图谋灭掉刘备。刘备志向高远，不能令他得势。孙权只有守意，无心扩张，灭了刘备再去图他，不会有什么困难。"

曹操上前握住荀攸的手说："孟德谨记先生之言。待先生病好后，即班师回朝。"

荀攸摇头道："我是已经不行了。只望丞相励精图治，保持年轻时就已抱定的理想，为皇帝统一天下，光复汉室。万勿听信小人的逸言，急小功，好微利，而忘却千秋万世的功德。若丞相他日能记住这几句话，荀攸死也不朽了！'人之将死，其言也善'，望丞相明察。"言罢，竟睁眼而气断，溘然长逝。

曹操心中惭愧而伤痛，想不到不足一月，二荀都弃世而去。他用手合上了荀攸死而不瞑的眼睛，步履缓慢地离开了荀攸的营帐。

当晚，消息传遍三军，众将士无不悲痛。曹操令华歆为其继任。第二天，曹操召集众将到营中，要按照荀攸的意思撤军。

正在这时，突然有许褚手下的近卫亲兵急急入帐，说孙权派使者送来一封急函。

曹操打住话头，令吴使晋见。吴使礼毕，呈上孙权的书函。

孙权给曹操写信说：

> 孤与丞相，彼此皆汉朝臣宰。丞相不思报国安民，乃妄动干戈，残虐生灵，岂仁人之所为哉？即日春水方生，公当速去。如其不然，复有赤壁之祸矣。公宜自思焉。

曹操看罢，正要生怒，忽见书函背后似有字迹。于是调转一面，只见孙权在背面又批两行字：

足下不死，孤不得安。

曹操把孙权信的内容告诉了诸将，并说："孙权说的是实话，不是欺骗我。"于是重赏来使，令其回报孙权，说南征大军即日班师回朝。来使大喜而去。

曹操当即令庐江太守朱光镇守皖城，西线由吕柔镇守江陵，即日班师回朝。

回到许都，曹操入宫晋见献帝，述说南征之事，并言及即将进攻汉中的计划。献帝予以赞同。

几天以后，献帝下诏，把全国十四州，合并为九州。原来的十四州是司州、豫州、冀州、兖州、徐州、青州、荆州、扬州、益州、梁州、雍州、并州、幽州、交州。合并之后，撤销了司州、凉州、幽州、并州和交州，所属郡县，划归邻州。这样做的目的，是使天下的位置合于上古的"禹贡九州"之说。

但当时有不少知识分子认为，献帝在天下大乱、国家分裂之时画此蓝图，只能更使人伤心而已。但曹操却认为，献帝的这个蓝图能鼓励他一统天下的决心，因此甚为高兴。

这样在许都待到了四月，曹操常常与汉献帝沟通，以不辜负死去的二荀的嘱咐，然后回到邺城。

不久，又有人重议加封曹操为魏国公之事。曹操先是不想接受，但反复思虑后，仍旧忍不住诱惑，接受了献帝的封赐，在"魏国"称公，加九锡。

随后，曹操在邺城开始建立魏国的社稷、宗庙，并按照汉初封王的制度，设置尚书、侍中、六卿。魏国拥有冀州十郡之地，置丞相、太尉、大将军等百官。

曹操已位列丞相，被赐"赞拜不名，入朝不趋，剑履上殿"，现在又加爵封为魏国公，建立采邑，加九锡，兼领冀州牧，一时权倾四海，震动九州，无人能与其攀比。

曹操名义上为汉臣，实际上已是皇帝。从此，汉献帝进一步沦为曹操的傀儡。曹操得封后欢喜异常，立即赶回邺城，要在铜雀台上大开空前盛大的宴席，令百官为自己庆贺。

虽然有许多人对曹操的加封持竭力反对的意见，但一想到荀彧的遭遇就无人敢言了。士大夫噤若寒蝉，曹操却喜形于色，率百官浩浩荡荡地登上高台。

如今的铜雀台已是另一番景象。曹植性爱风流，留恋光景，为使铜雀台千古流芳，便四处差人于各处收取奇花异果，栽植于高台上的空中花园。但见花园中姹紫嫣红，花团锦簇，五彩缤纷。

魏武帝曹操传

合肥之战

在定军山遭受兵败

建安二十年,在刘备夺取益州后,孙权要求其归还此前借去的荆州南郡。但刘备又岂肯将到手的荆州归还,便借口说道:"等我夺得凉州后,再把荆州还给你吧。"

孙权非常气愤,立即派吕蒙率军夺取了荆州的长沙、零陵、桂阳三郡。刘备在益州得到消息后,担心荆州有失,随即率军五万顺江东下,进驻公安,让关羽进驻益阳,打算与孙权一决雌雄。

就在这个时候,丞相主簿司马懿向曹操建议道:"刘备阴谋夺取了刘璋的基业,蜀人还没有真心归附他,趁他现在率军东下同孙权争夺荆州之际,我们不如派汉中大军夺取益州,如此一来,益州势必瓦解。时机就在眼前,还请曹公你赶紧行动。"

丞相主簿刘晔也同意司马懿的建议,对曹操说道:"刘备乃人中豪杰,雄心勃勃,只是运气不好。我们应立即决断,拿下益州,若稍有迟缓,等蜀地安定之后,刘备以精于治国的诸葛亮为相,以勇冠三军的关羽、张飞为大将，再据险防守，那时再想攻克益州就艰难了。今日不除刘备，他必将成为曹魏后患啊！"

但此时，曹操却不愿贸然出击，对二人说道："人最怕的就是不知足。现在我们都得到陇右地区了，难道还要去图谋蜀地吗？"

曹操言下之意倒不是说他真的满足了，只是此时，曹军刚拿下汉中，军心疲惫。如果贸然攻打益州，稍有差池，恐怕损失惨重。所以，曹操主张采取慎重态度，暂且按兵不动。

七天后，曹操派出的探子向曹操报告说："蜀中大乱，一天要发生几十次暴动，刘备不得不用杀人的手段才最终镇压下来。"

曹操听了，顿时感觉非常后悔，这才知道自己已经失去了大好机会。但是，他依然心有不甘，于是便问刘晔说："我们现在出兵还来得及吗？"

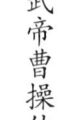

刘晔答道："局中已定，不可攻击。"曹操此时也只能后悔得捶胸顿足了。

后人大多认为，曹操如果抓住此次机会向益州出兵，那么完成一统天下的大业也就指日可待了，历史或许不会出现三国鼎立的局面。但实际上，这种说法也有失偏颇。

当时曹军转战千里，进入汉中的时候已经相当疲惫。蜀中险阻，易守难攻，况且蜀中暴乱，不足七天就被平定了，即便曹操听从司马懿等人的建议，当即挥师西进，七天之内未必能赶至蜀地。

况且，刘备早于一年前拿下了益州，政权已经大体稳定，虽有小股骚乱，也不足以动其根本。如果刘备倚仗天险，以逸待劳，曹军将会遭受巨大损失。

再说，孙权和刘备虽然已经闹翻，但孙权最忌惮的人始终是曹操，而不是刘备。曹操一旦出兵，孙权必定不会袖手旁观。且当时关羽在荆州虎视襄阳、樊城，刘备在益州凭险抵抗，孙权在淮南威胁合肥，曹操一行动便会多面受敌，陷入进退两难的境地。因此，曹操错失攻取益州的时机，未必就是一个失败的决策。

再说刘备，得知曹操有意进攻汉中的消息后，深恐益州有失，便主动向孙权求和，双方商定以湘水为界，平分荆州，湘水以东的长沙、江夏、桂阳三郡归属孙权，而湘水以西的南郡、零陵、武陵三郡则属刘备。达成和解后，双方恢复了联盟关系。

曹操占据汉中后，刘备非常不甘心，一直寻找机会想将汉中夺过来。此时张鲁还在巴中，没有归降曹操，于是刘备立即任命黄权为护军，带领诸将前去迎接张鲁。

当黄权抵达巴中的时候，张鲁已经北投曹操了。权衡利弊之后，黄权决定领兵攻打曹操所任命的巴东太守朴胡、巴西太守杜濩及巴郡太守任约，借机夺取对三巴地区的控制权，作为准备进一步攻打汉中的桥头堡。

曹操得悉刘备占据三巴后，立即派张郃率军南下，把三巴地区的百姓迁往汉中。张郃进军到宕渠、蒙头、荡石一带时，遭遇巴西太守张飞的伏击。

张飞依险而守，采用游击战术不断骚扰张郃。两军相持五十多天，张郃军团粮食殆尽，心急如焚，只得谋求机会，与张飞速战速决。

张飞深知张郃的急迫心情，率万余精兵由峡谷假意袭击曹军。当张郃率兵迎击的时候，张飞趁机从侧翼攻击，将张郃军队截成两段。

由于山路狭窄，张郃首尾不能相救，几乎全军覆没，数万人马只有数十人逃脱，伤亡惨重。

建安二十年十二月，曹操与刘备已在汉中对峙良久，曹操认为短期之内不会再有战事，便决定从南郑撤军，以夏侯渊为都护将军，率张郃、徐晃等镇守汉中。随后，曹操又采纳张既的建议，将汉中百姓迁移到中原。

建安二十二年，法正向刘备建议："曹操一举打败张鲁，平定汉中，却没有乘势攻取巴、蜀，反而留下夏侯渊、张郃驻守汉中，自己匆匆忙忙回去了，这不是因为他智慧不足，或者力量不够，而是因为后方必然有所忧虑。夏侯渊和张郃虽然骁勇，但是才能、谋略欠佳，如果此时发兵征讨，必定能够取胜。攻占汉中后，我们便可以趁机发展农业，等待北进的机会。这样一来，上可以消灭曹操，辅佐汉室；中可以夺取雍、凉二州，扩大地盘；下可以坚守险要，巩固势力。这是天赐良机，万万不能错过啊！"

刘备认为很有道理，于是采纳了法正的建议，率领赵云、黄忠、魏延诸将进军汉中。诸葛亮则驻守成都，负责补充兵员和供应军需。

一切安排妥当，刘备大军进抵阳平关。同时，派马超、张飞、吴兰等人率兵进入武都，驻军下辩，牵制曹军的力量，配合主力部队进攻汉中。夏侯渊率军抵御，汉中盆地剑拔弩张，战事一触即发。

曹操收到告急文书，立即派曹洪前去抗敌，但曹洪虽然骁勇，却贪财好色，曹操怕他误事，便令谋士辛毗和骑都尉曹休前往协助，并特地下了一道令：当初高祖刘邦贪财好色，张良、陈平负责匡正他的过失，现在辛毗、曹休的责任不轻啊！

临行时，曹操还特意嘱咐曹休道："你名义上是参军，但实际上是一军的主帅。"曹洪得知曹操的意图后，凡事都听从曹休的安排。

建安二十三年三月，曹洪准备出击吴兰，刘备派张飞屯兵固山，阻截曹军。收到消息后，曹军上下议论纷纷，曹休却说："如果敌军真的打算截断我军退路，应当秘密行动。但现在他们却事先大肆宣扬，说明他们这是醉翁之意不在酒。我们应当乘他们兵力还未集中之时，抓紧进击吴兰。一旦击破吴兰，张飞自然就撤军了。"

曹洪立即率军攻打吴兰，果然大获全胜，杀死吴兰的部将任夔等人。吴兰弃城逃走，正好碰见曹彰，两个人交战，没几个回合，曹彰一戟将吴兰刺于马下。

张飞、马超见势不妙，立即向汉中方向逃走。曹洪打胜仗后，大摆宴席庆贺。他让女伎穿着轻薄的纱衣当众击鼓取乐，被武都太守杨阜严词制止。

这时，刘备在阳平关，遭到夏侯渊、张郃、徐晃等人的顽强抵抗，战事毫无进展。

刘备也曾派部将陈式率军破坏马鸣阁栈道，企图截断曹军与外界之间的联系。可是，徐晃及时率军前去护卫，打败了陈式，守住了栈道，且致使不少蜀军摔下山谷。

曹操得知消息后，十分高兴，特地给徐晃以假节的权力。

曹操还传令嘉奖：

> 此栈道，是汉中之险要咽喉。刘备想断绝我军内外联系以取汉中，将军一举击败贼计，实在是太好了。

张郃镇守在巴、汉之间的广石，刘备率万余精兵分为十部，趁着夜晚向张郃发起猛攻。张郃率军奋勇还击，击退了刘备。刘备感觉兵力不足，无法夺取广石，于是发急信要求诸葛亮增兵。

诸葛亮向军中从事杨洪征求意见，杨洪回答说："汉中是益州的咽喉，如果没有汉中，蜀地也会失去。这是家门口的灾祸，自然是要发兵，还有什么犹豫的呢？"

诸葛亮很赞同杨洪的见解，立即发兵救援刘备，并且表荐杨洪为蜀郡太守。

与此同时，曹操见汉中战事胜负未卜，战事吃紧，便于这年七月亲率大军离开邺城，坐镇长安，密切关注汉中的战局。

建安二十四年正月，刘备与夏侯惇已在阳平关对峙数年，始终无法攻破，于是便改变策略，从阳平南渡沔水，即汉水，顺着山势慢慢推进，在定军山一带扎营。

定军山是汉中西南的门户，如果失守，汉中难保。夏侯渊率领诸将全力防守，在前沿阵地埋上削尖的树枝，围起鹿角，阻止敌军前进。刘备则乘夜将木栅烧掉，于是夏侯渊让张郃守护东南工事，自己率领少数兵力守护南面工事，修补被烧掉的木栅。

夏侯渊号称"中原第一名刀"，谁都不看在眼里。刘备看到了这一点，想故意激发他的傲气，于是派老将黄忠假攻张郃防守的东城。

夏侯渊闻讯立刻前去支援，黄忠见夏侯渊赶来便立即撤退，转而攻击夏侯渊的大本营南城。夏侯渊勃然大怒，派出所有兵力防守南城，而黄忠则马上撤退回定军山。

由于连续地急行军，黄忠的军团有些慌乱，夏侯渊见其慌乱，认为歼敌的时机已到，便率领少数部队出击，孤军前往定军山。

法正觉得出击夏侯渊的时机已到，马上建议刘备出兵。刘备便立即命令黄忠前去击杀夏侯渊。

黄忠接到命令之后立刻击鼓呐喊，率领士兵居高临下冲向曹军，发动了猛攻。

夏侯渊本身就是孤军深入，加上猝不及防，一番交战后，败得一塌糊涂，夏侯渊以及益州刺史赵颙被黄忠杀死。

夏侯渊随曹操征战数十年，两人之间可以说是情同手足。夏侯渊与曹操还有着复杂的姻亲关系，夏侯渊的妻子是曹操的姨妹，长子夏侯衡又娶了曹操弟弟海阳安侯的女儿。

魏武帝曹操传

夏侯渊作战时行动迅速，经常能出其不意发动突然袭击，因此军中有"典军校尉夏侯渊，三日五百，六日一千"的说法。在平定关西的系列战役中，夏侯渊屡建奇功，在关西一带颇有威望。但夏侯渊性格傲慢，以为自己武力过人，常常轻视敌人，有勇无谋。

曹操就经常告诫他说："将领应当有胆怯之时，不能凭自己的勇气一味蛮干。将领应当以勇为本，同时要善于运用智谋。如果只知逞强恃勇，不过是一个匹夫而已！"

夏侯渊表面上虽然表现出洗耳恭听的样子，但是并没真正把曹操的告诫放在心上。结果定军山一战，他果然因为恃勇轻敌的弱点而兵败身亡。

夏侯渊死后，其长子夏侯衡承袭了他的爵位，夏侯衡的几个弟弟夏侯霸、夏侯威、夏侯惠、夏侯和后来也都被封为列侯。

三子夏侯称，骁勇有父风，十六岁时，同夏侯渊一起外出打猎，驱马追逐猛虎，一箭即将其射倒。曹操听说这件事后，高兴地拉着夏侯称的手说："虎父无犬子，果然！"

主将被杀，曹军顿时陷入一片慌乱。在此危急关头，督军杜袭和司马郭淮立即出面稳定局势，决定由张郃暂代夏侯渊的职务。

郭淮号令诸军说："张将军是国家名将，刘备非常怕他。现在情况紧急，非张将军不能担当此重任！"

张郃也不是无能之辈，迅速部署好了防务，稳定了军心。

第二天，刘备打算抓住曹军混乱的时机，乘胜攻击。曹军诸将则认为己方兵力单薄，寡不敌众，想靠着河边列阵。

郭淮觉得这样是向敌人示弱，并不是好的办法。不如采取诱敌之策，离河岸稍远摆开阵势，引诱敌人过来，趁他们渡河途中开始攻击，必定可以大败敌人。

张郃听从了郭淮的意见摆开阵势，刘备见此阵势也生怕曹军在己方军队渡河时发动攻击，不敢贸然进军。

此后，曹军坚守阵地，丝毫不退，双方再次形成对峙局面。郭淮等人将情况如实报告给曹操，曹操深表赞同，立即派来使者授予张郃以假节的权力。

同时，曹操为避免汉中守军遭受更大的损失，决定亲自率军进攻汉中。定军山失利之后，曹操并不服气，有意贬低刘备说："我就知道刘备不可能有这样的谋略，肯定是别人为其出谋划策。"这在无意之间抬高了法正。

建安二十四年三月，曹操亲率大军从长安出发，经斜谷，抵达汉中。斜谷古时候被称为褒斜道，全长近五百里，是陕川之间的险道。

曹操为了安全起见，派兵沿斜谷据守险要，再逐步向南郑推进，起赴阳平关前线。见曹操率援军抵达，阳平关的守军顿时欢声雷动，士气大振。

此时，蜀军也因为接连的胜利而士气高昂，对曹操来援大军可以说不屑一顾。

刘备对部属说："即便曹操亲自前来，恐怕也无能为力了，汉川两地必将是我囊中之物！"

刘备深知，如今的情势对己方有利，所以根本不需与曹操大军正面对抗。于是刘备下令集中兵力防守险要，不与曹军正面硬拼。

曹操令曹真为征蜀护军，率徐晃等率先攻击刘备的部将高详。援军首战便获小捷，但此次胜利对整个战事没有任何推动作用。刘备坚守不出，曹操欲战不能，曹刘两军陷入了僵持状态。

曹军是孤军深入，因此最大的问题是军粮的运输补给，刘备企图从军粮方面下手，借此击溃曹操。

曹军运粮部队经过北山下之际，大将黄忠以为有机可乘，率军攻击。但此时，曹操早已料定刘备必打军粮主意，已经设下埋伏严阵以待，最终黄忠军遇到曹操禁卫军团伏击，陷入困境。

赵云得到消息后，立即率领少数骑兵前去接应，不想中途却遭遇伏击黄忠的大股曹军。蜀军士兵顿时慌张不已，赵云却毫无惧色，一马当先冲入敌阵，凭借一人之勇震慑曹军，随即带领士兵且战且退。

曹军乘胜追击至赵云营寨，营中守将张翼见曹军大举逼近，本想闭门拒守，赵云却下令大开营门，偃旗息鼓，亲自率领数骑立于营前。

曹军行至营前，却不敢进攻，唯恐赵云设下埋伏，犹豫片刻后赶紧退走。这时赵云下令擂鼓呐喊，虚张声势，万箭齐发，射向曹军。曹军更认定起云早有埋伏，惊骇无比，逃跑中自相践踏，死伤者不计其数。

第二天，刘备亲临赵云营寨视察战场，赞叹道："子龙浑身都是胆啊！"

曹军本来可以一举攻破赵云大营，然而却因疑虑而遭遇惨败，全军上下一片惨淡。

此时已到五月间，汉中雨季来临，粮食匮乏，曹军日渐困窘，陷入了进退两难的境地。

此时，曹操十分矛盾：一方面，他知道进取的艰险，且曹军已经没有能力进行长期坚守；但另一方面，他又舍不得放弃汉中之地。

一天，值班将领来问曹操，使用什么口令作为暗号，曹操随口答道："鸡肋。"

军队中通常会使用一些只有自己人才知道的暗号来进行身份识别，而为了安全起见，所用暗号往往会定期进行更改。

各将领对"鸡肋"这个口令感到十分费解，主簿杨修听完口令之后，却立即开始整理行装。

大家都很惊诧，问杨修："丞相还没有下令撤退，杨主簿你怎么就开始收拾行装了呀？"

杨修笑道："所谓鸡肋者，食之无肉，弃之可惜。这汉中对丞相来说，就好像是鸡肋一样，为一块鸡肋，没必要付出这么大的代价。丞相很快就会撤兵了。"

众人听了杨修的话之后，也纷纷开始收拾行囊准备撤退。曹操得知这件事后勃然大怒，以扰乱军心的罪名把杨修处斩了。

正如杨修所说，曹操确实有撤退之心。但是军纪严明，主帅还没发话，杨修便私自散布撤退消息，确实有扰乱军心之嫌。曹军本来士气就不高，如今再出这样的差错，后果将不堪设想。

杨修确实聪明，通过一词便能猜到曹操的心意。但杨修同时也不聪明，作为臣子，怎么能够擅自揣度主上的心思呢？更何况，你的主上还是向来多疑的曹操，猜不中他的心思或许尚好，猜得中他的心思，那便危险了。

随后，曹操下令撤军，将汉中拱手让给刘备。刘备占据汉中后，立即挥军进逼汉中西北的下辩，又相继派遣刘封、孟达以及李平等攻取汉中东部房陵、上庸等地，进一步扩张其在汉中的势力。

那时候，下辩是武都郡的治所，地处偏远，曹操担心刘备攻取下辩之后，武都再难坚守，于是便派曹真前往掩护守将曹洪等撤离武都，收缩防地至陈仓。

曹操还打算将大量百姓迁徙到北方，但又担心汉中的百姓顾恋乡土，不肯迁徙，便向张既询问意见。

张既建议道:"我们可以躲避敌人为由,劝说百姓到北方产粮区居住,然后再发布命令,凡是愿意率先迁徙的百姓,朝廷都给予照顾和奖赏。如此一来,百姓们也就不会不愿意迁徙了。"

曹操很赞同张既的建议,将移民问题交给了张既和武都太守杨阜全权处理,由汉中迁出的百姓先后达到五万多户,其中包括一部分氐人。

汉末以来,战乱和瘟疫使得东汉人口急剧减少,拥有人口多少成了战争胜败的一个关键。拥有的人口多,便能获得更多的劳动力来开垦土地,增加生产,从而增强经济实力,同时也能够扩充军需。

虽然失去了汉中土地,但曹操撤军、移民同时并举,从汉中获得了众多人口,也算是一种胜利。对于刘备来说,虽然得到了汉中,却没有得到人口,使得日后蜀汉国力的壮大遭遇了长期的困境。

七月,刘备在沔阳自称汉中王,并立长子刘禅为太子,以许靖为太傅,法正为尚书令,关羽为前将军,黄忠为后将军,马超为左将军,张飞为右将军。

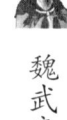
魏武帝曹操传

牙门将军魏延被提拔为镇远将军、汉中太守,负责镇守汉中。至此,刘备除占有荆州西部三郡外,还占尽巴、蜀、汉中之地,实力与之前不可同日而语。

当年,当阳一战刘备濒临灭亡,十年后却是如日中天,实现了诸葛亮当年在"隆中对"中所定下的"出秦川东指"的目标,成为三足鼎立中的一方霸主。

汉中得而复失,对于曹操来说是一大损失,但同时,这也是势态发展的必然所致。赤壁之战后,三国鼎立的局面已经初步形成。从综合实力来看,曹操方军力最强,但刘备与孙权的结盟,却使得局面发生了逆转,曹军顿时处于劣势,只能采取防御的方针来保全自己。

曹操要歼灭巴蜀,必取汉中,但同时为了防守,却难以得陇望蜀,两头兼顾。汉中地处偏远,后方补给线过长,且山路崎岖,不便于运输,防守汉中反而可能使曹操陷入完全被动的局面。

此外,汉中地区地形险峻,曹操的士兵大多来自平原,故而不擅长山地作战，难以与蜀军相抗衡。

想当初曹操在阳平关时，就曾因山路险峻难以作战而感叹道："我南征北战三十年，若在此葬送敌手，那会是怎样的情形啊？"而当曹操从斜谷进军到汉中时，又不无感慨地说道："南郑简直就是天狱，斜谷道不过只是一个长五百里的石穴罢了。"因此，从长远战略考虑，曹操不愿在地形险恶的汉中与刘备长期周旋下去。

曹操此时已经是一个六十五岁高龄的老人，壮士暮年，心有余而力不足，也只能放弃如同鸡肋的汉中之地了！

后方大本营失守

建安二十四年七月,曹操没有取得汉中之地,之后去了斜谷,进军益州的长远计划也彻底失败了。但一波未平,一波又起,率军驻襄、樊一线监视东吴军队,与荆州关羽对峙的曹仁派人向曹操告急。

原来,长期驻扎荆州的关羽听说刘备在汉中击败曹操,也想趁机攻入襄、樊两城,把矛头指向长安、洛阳,威胁曹操的后方大本营。

关羽进驻荆州是在赤壁之战后的事,那时,孙、刘联军火烧曹操大批战舰,曹操从华容道退回北方。而孙、刘两家却围绕荆州这块土地展开了时紧时松的外交活动。

鉴于此,曹操也派细作、说客离间孙、刘关系。曹、孙、刘一场敌我不分、变幻莫测、扑朔迷离的战斗就此展开。

邺城魏王府,曹操头上包着一块洁白的绢帕,与诸将开会。他的偏头痛最近疼得厉害,但是襄、樊告急,他不亲自处理这样的军国大事,谁也不敢妄作主张。

曹操强打精神召集所有谋士、将领商议抵抗关羽的对策。刘晔、贾诩、司马懿、满宠、董昭、于禁、庞德等文官武将云集一堂，纷纷发表自己对时局的看法。

司马懿现在已经升迁为丞相府参谋，成为曹操的亲信之一，他向曹操提出"离间之计"。

曹操沙哑着嗓子说："仲达之意，莫非是想离间孙、刘关系？"

司马懿应道："禀告大王，正是此意。倘派一巧舌如簧的使者，向孙权揭露刘备的野心，或在'道义'这两个字上做文章，揭穿刘备的阴谋小人的伎俩，激怒了孙权，刘备陷入孤立，关羽就不敢如此嚣张！"

满宠第一次参与曹操召开的军事会议，心情有些激动，又有点忐忑不安，心里虽想发表自己的看法，但又害怕出口失言惹得众人耻笑，嘴翕动了几次，仍吞回了已到嘴边齿间的话。

曹操锐利的眼睛捕捉到他欲言还休的神情，就鼓励他说："满伯宁请大胆发言，集思广益，是我议事历来主张的原则。"

满宠见曹操话语温和，又充满信任与鼓励之情，就说："愚下认为，关羽虽然勇武慑人，精通兵法、韬略，但樊城坚固，只需坚守，再派一支部队支援襄阳，他腹背受敌，两面作战，战斗力自然削弱。如果大王联络孙权，合力击他，不仅襄、樊之危可解，夺取荆州也是指日可待的事。"

满宠说完，偷眼观曹操神色，见他聚精会神，显然在认真听自己的建议，忐忑不安的心情就烟消云散了。

曹操也在考虑派兵增援襄、樊之事，但在谁率军远征的问题上一直犹豫不决。他注视着右边站立的武将，目光停在老将军于禁身上。这位随他南征北战，以智勇双全闻名华夏的老战友，现在已经须眉全白了，但白发红颜的于禁仍是气宇轩昂，背不驼，眼不花，眉宇间可以见到昔日的英武之气。

"于禁将军！"曹操唤了他一声。

于禁微微躬躬身，抱拳在胸，响亮地回答到："末将在。"

"我想委派你去襄阳援助曹仁，可愿担当重任？"曹操问他。

于禁答道："大王调遣，纵是上刀山下火海，于禁也无半点推辞之意，愿率军驰援曹仁将军。只不过需要大王再委派一员上将，协助我作战。"

曹操问道："谁愿助于将军此行征战？"

这时，一位虬髯满腮的虎将站出来，大声说："末将愿往！"曹操一看是大将庞德，心里颇为高兴，头痛也减轻不少。

曹操提高声音，中气十足地说："好！一智一勇！我希望你们两人协调配合，击败关羽。大功告成之日，我亲自为两位斟酒庆贺！"

安排了领军人选之后，众人又讨论了一下排兵布阵的细节，最后，会议在愉快的气氛中结束。

当众谋士、将领回去时，曹操把于禁单独留下来，他想对于禁一个人说些最重要的话。

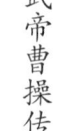

曹操要于禁和他一起到后花园中长谈。曹操走在前面，于禁紧紧跟着。穿过一条长廊，在转角时，曹操突然一个趔趄，差一点跌倒。

于禁慌忙扶住他，小心翼翼地搀扶着他的胳膊，曹操推开他的手，略带愠怒地说："不要搀扶，我自己还行！"

于禁脸上有些尴尬之色，讪讪地不知怎么办。曹操意识到自己的失态，赶忙对于禁说："头痛时，有点眩晕，不过是小病，将军不要挂怀。"

于禁借阶下台，说道："大王小病不可大意，你日处万机，易劳神，还望多休息。"

曹操嘴里含糊一声，虚掩过去。

两人来到花园中心一凉亭下，一张檀木方桌放置之中，四把雕花椅子围住桌子，显得古朴凝重。亭子里恭立着两个貌美如花的俏婢，各执一把团扇。

方桌上一瓷碟盛满了切开的新鲜、红嫩的西瓜。还有两个香炉，燃着薄荷叶子，散发出淡淡的药香味。花园里的桂树上还有知了在鸣唱，亭子不远处一塘荷花开得正艳，几只绿黄颜色的青蛙轻灵地从这片荷叶跃到那片荷叶之上。

于禁见到赏心悦目的景色，心情不似刚才那一刻沉重了。

两人落座后，俏婢把团扇对准他俩的后背，有节奏地挥动。曹操递一片西瓜给于禁，说道："请吃一片，冰镇的。"

于禁接过一片，咬了一口，一片冰凉的瓜瓤就滑入了肠中，沁人心脾的美感油然而生。

曹操没吃西瓜，他让两个俏婢回去，只和于禁单独相对。于禁见曹操将两个心腹俏婢也打发走了，就停止吃西瓜，自忖起来：魏王莫非有重大机密告诉我？

于禁念头未转完，就听见曹操先启口了："于将军，我与你相识已三十余年，在我与袁绍、吕布、刘备、孙权等人的上百次战斗中，你都参加了，我创的基业有你的血汗，我感激你。但是在赤壁之战后，由于水军不敌孙权，导致兵败，退回北方，我与你商议过训练水军的计划。训练水军的目的，你最清楚不过，主要是为征服孙权而备，玄武湖、讲武城，是你主持的。北方七大军团也交给了你，全是我信任你的缘故。这七大军团是我南下完成统一大业的左股肱，夏侯渊汉中军团是我西征的右股肱。但是，我万万没想到，强大的夏侯渊军团很快被刘备击破，西川大地拱手让与敌人。"

说至此处，曹操声音有些呜咽，但他随即又清了清喉咙，继续说道："夏侯渊骄兵必败，我早就料到，只是没有亡羊补牢罢了。他的失败，使我陷入进取益州无望的境地。不瞒将军，我为此痛心而哭涕，不是为失了汉中而惋惜，而是统一大业严重受挫而失望。你知道我平生的愿望是统一天下，救民于纷纷战火之中，以免生灵涂炭。然而……然而……"

曹操眼睛红了，两股浊泪沿颊而下，沾在胡须上。于禁慌了，他不知所措，他是第一次见到曹操如此痛苦，他也突然明白曹操之所以单独与他叙谈的原因。

于禁回忆起年轻时追随曹操的光景来。那时的曹操才华横溢，英武果断，礼待下士，豪气干云。他还记得曹操对英雄所作的激动人心的评价：英雄，就是胸中包罗宇宙万机，吞吐八方之志，纵横四海者。当时于禁就是在这种强烈影响下，和曹操等在汉末乱世中征讨对手、逐鹿中原的。

曹操的啜泣打断了于禁的浮想联翩，他被曹操的伤感而泣震动不已。曹操用绢帕抹去老泪，沉声又说："于将军，我之所以如此，或许是自己衰老无力了吧？"

于禁柔声劝道："大王，天下至大英雄，非您莫属。您至今还尊献帝不废他而代之。而刘备之辈却抢先称王称帝，只想做半壁江山的领主，鼠目之辈，眼光寸远。况我们还有七支大军团刀锋未试，蓄锐之军，定能所向披靡。"

曹操心情趋于平和了。他听于禁称七大军团未试锋芒，口气颇为自大，立刻警诫于禁道："于将军，夏侯渊因骄傲自大而损兵折将，你怎么也如他一样轻敌？七大军团是我最后一点南下的血本，一直存而不用，统领于你麾下，可要谨慎用兵啊！"

于禁自知失言，见曹操如此紧张，就保证道："大王放心，于禁绝不像夏侯将军那样骄傲自满，这次南征，不胜不返！"

曹操听了他这样说后，稍微放下心来，但他还是反复叮嘱于禁行军打仗事宜。直至天黑，曹操才送他出府。

于禁走了之后，曹操刚想休息，亲兵报董衡求见，曹操召之进来，问他何事。

董衡说："于将军率军南征，期在必胜，但是庞德为副将恐怕不妥。庞德故主马超早已投奔刘备，刘备封他为'五虎上将'之一；庞柔是庞德的兄长，也在蜀中为官。前不久听说庞柔来信叫庞德背离大王，投奔刘备。今派他南下，他若投奔关羽，这不是泼油救火吗？"

曹操沉思片刻，随后说道："庞德投奔我屡立战功，忠义可嘉。今你说他会生叛逆之心，我不相信。倘他真生叛逆之心，其兄来信的内容怎么会让众人知道呢？正是众人知其兄之信，我才知他光明磊落，不会叛我而去。"

当曹操对董衡说的这番话传到庞德耳中时，庞德感动得涕泪四横，于是，召几个木匠来，伐巨树做了一口沉重的棺材。几日后，他请好朋友、亲戚赴席，把棺材陈列到大厅中。

众亲友见到这口朱红漆的棺材，不禁大愕。

庞德解释说："这棺材将和我一起到战场。"

有人说："将军出征，抬不得这不吉利的东西！"

庞德举杯豪饮，对亲友们说："魏王以泰山一样重的恩德待我，我誓要以死相报。克日将拔军南征，与关羽决战樊城，我若不能取他的首级，那么就让他削掉我的脑袋。即使未被他杀掉，如兵败的话，我也要自杀。所以抱必死之信心，准备这口棺材，以殓我的尸首。"

众亲友闻说，嗟叹不已。庞德的妻子更是由低声啜泣到号啕大哭。

庞德听到恩爱妻子这叫人肠断肝裂的哭声，英雄气概更化为悲壮。他提气叱责自己的妻子道："大丈夫知恩必报。如今魏王不听小人谗言，信任于我，我只能以血肉之躯相报。你妇人目光短浅，还乱我心神，休得再哭！"

庞德尽管底气十足，但声音也有些颤抖道："好好调教虎儿，以承父志！"其妻哭哭啼啼答应着，庞德不再理睬她，举杯劝邀众人饮酒。

第二天早晨，于禁、庞德校场点兵。七大军团旗帜鲜明，人强马壮，整齐地排列在点将台下。曹操亲自到点将台检阅。其时，秋风飒飒，拂着曹操的花白胡须。

曹操深情地注视着这支精锐部队，他端起一碗酒，向空中一洒，台下千军万马一声喝彩，声震霄汉。欢腾的壮观场面，令曹操热血沸腾，他仿佛又回到了青年时代。

三声清脆的锣响，这是部队开拔的号令。霎时，牛角呜呜，战鼓隆隆，十几万大军宛如一条巨大无比的长龙，向远处的地平线蜿蜒而去。

点将台上，于禁、庞德与曹操告别，曹操握着于禁的手，充满信任的目光包含着殷切的期待。

建安二十四年七月,刘备汉中称王,以许清为太傅,法正为尚书令,关羽为前将军,张飞为右将军,马超为左将军,赵云为翊军将军,征伐汉中地区功劳最大的黄忠为后将军,地位高于其他四将。关羽、张飞、马超、赵云、黄忠五人,时称"五虎上将"。

刘备在成都封官施爵时,荆州的关羽正率军攻打襄、樊,刘备为了以爵位激励关羽攻城拔寨,委派益州前部司马费诗前往荆州授关羽印绶。费诗负刘备的亲笔信与印绶,顺江而下,沿途经险滩恶浪、飞栈峭壁,风尘仆仆来到荆州。

关羽闻听刘备侍官来荆州,将印绶交与自己,于是,出城三里迎接。

费诗坐驿车中,远远地见荆州城外一彪军马整齐排列着,上面写有"关"字的帅旗迎风招展,知道关羽亲自出城来迎接自己来了,心里不禁高兴起来,旅途的劳累一扫而光。将走近关羽的军队,费诗就下了车,手持一卷信纸,向迎来的关羽拱手施礼。

费诗几年没与关羽谋面了,此刻乍见,仍觉关羽威仪不减当年。关羽迎接费诗进了城门,辟一馆雅舍为其居住。夜晚关羽摆筵为费诗洗尘。

主客兴会,其情渐浓,饮至酣处,费诗拿出刘备写给关羽的信,关羽就着红烛之光阅读。

先前脸上还是微笑自若,当读至"孤封汝为前将军,张飞为右将军,马超为左将军,赵云为翊军将军,黄忠为后将军"之时,不禁捋起美髯,卧蚕眉紧锁。

阅完后,关羽向费诗问道:"费司马,汉中王封我为前将军,黄忠为后将军,这是为何?"因为后将军是所有将军中地位最高的爵位,所以关羽不服。

费诗道:"黄忠在汉中屡立战功,宝刀不老,汉中王就封他为后将军了。"

魏武帝曹操传

关羽怒道:"翼德是我结拜的兄弟,勇猛善战,他是令敌人丧胆的虎将,马孟起世代名将之后,赵子龙护幼主,劳苦功高,他们三位与我平起平坐,我无意见。黄忠是何许人,竟与我等同列?大丈夫终不与老兵为伍!"

关羽说完,兀自发怒,不肯受印绶。费诗万万没有想到关羽会如此窄量,他素知关羽重义,一诺千金,现在听他的口吻真是盛名难副。于是他笑着说:"将军为争爵位,竟不受印,实在辜负汉中王的期望。从前萧何和曹参与汉高祖一同举大旗反暴秦,得到高祖的重用、信任,地位极高。而韩信、陈平来降高祖,地位反高过他俩,从未闻萧何与曹参为之怨恨过。何况将军与汉中王亲如骨肉,祸福与共,非外人所比。而汉中王要建立王业,难道只用属于自己同派别的亲信吗?我劝将军不要计较官位之高低,爵位之多少。我只是一介使者,衔命而来,你不接受印绶,我带回去复命而已,但将军这种粗率之举,可能让汉中王左右为难,请慎重地三思吧!"

费诗言语有理却也暗含讥讽,关羽有怒也不好发作,他听到如不接受印绶会使刘备左右为难时,就说:"好吧,多谢费司马剖解其中利害,关某愿意接印。"

说完,来到费诗前。费诗把金印紫绶奉上,关羽双手举至眉间,恭恭敬敬地接了过来。夜晚,主客皆酒酣而退,各自安歇了。

第二天,关羽的养子关平从他包围樊城的营寨归来,告诉近日的军情。

关平对关羽说:"父亲,曹操的大将于禁、庞德率十几万大军来解樊城之围,据说离樊城只有一天的路程了。"

关羽捋须一笑:"呵呵,曹营无将矣,派一老犬与关某决战。正好费司马来了,请他与我到前线去,亲睹我杀曹兵取樊城。"说罢,就令亲兵备好快马。

关羽到费诗暂居馆中,邀他一同前去,留下糜芳守荆州城池。费诗与关羽一行骑马驰在去樊城的大道上,只两个时辰,就到了樊城外的营中。关羽与费诗视察了营中军情,又派流星探马侦察曹军的情况。

深夜三更了,关羽帐中还燃着两支巨烛。明亮的灯光中,关羽正襟危坐书案后,他翻着《春秋》,神色平静而稳重。不一会儿,帐外不远处一阵急促的马蹄声传来,关羽抬头望向帐外,两个探马已来到帐外。

"启禀将军,于禁前锋已离樊城三十余里。"汗流浃背的探马简短地报告了军情后,喘息不停。

关羽心中一惊:来得真快!随即他吩咐道:"你二人辛苦奔劳,想必已饿极,后营备有水酒,自去吃罢。"

两探马退去,关羽唤养子关平道:"明日率一百精兵,去看于禁扎营何处。"

天破晓后,关羽与关平率一队精兵,望于禁军来的方向迎去。

于禁军于昨日夜晚全部赶到离樊城以北仅十里的地方驻扎下来。由于长途奔驰,大军已疲劳不堪,不敢乘夜冲击关羽驻扎在樊城外的几万大军,只派弓弩手把来援大军已到的消息射进樊城。曹仁得到信后,向守军宣布,樊城内的军民无不喜气洋洋,宛如过大年一样。

魏武帝曹操传

关羽和关平登上樊城以北的一个高地观察于禁扎寨的地形。山峰上,关羽与一队负刀而立的军士沐浴着朝霞,阔大刀面闪耀着光芒。关羽把手搭在额上,挡住太阳的光线,俯瞰山下的地形。

关羽看到了樊城北边一个阔大无水的山谷中,于禁的营帐一串连着一串,如同山麓下成片的蘑菇,像蚂蚁般的曹兵来来往往走动着,山谷里千百口灶正熬着稀粥,炊烟袅袅,一片繁忙景象。

关羽问身边士兵道:"曹兵扎寨的地方叫什么名字?"

其中一人答道:"罾口川。"

关羽听罢,仰天长笑,笑声在空洞的山谷、深涧里回荡。笑过之后,他见众人皆以迷惑、好奇的眼光看着他,于是说道:"听说曹操曾派于禁训练水师,然而今天看他扎营布阵,才知他一点也不懂水性。于禁空有智名,老而愚钝了!"

关平及众人依然不解其中深意,就又问是否有计可破曹军了。关羽意气风发而又挺神秘地说:"军机不可泄露!"说完就掉转马头,下山去了。

于禁与曹仁取得联系后,派庞德去挑战关羽。关羽却闭寨不出,只令弓箭手怒射曹兵而已。一连几日,庞德不能取胜,反伤了不少士兵。

而当庞德退兵罾口川后,关羽就令一部分军队夜间移营到樊城与川口之间,他的意图是想压住罾口川的士兵拔寨他移,这便于他日后的军事行动。

八月中旬,天气恶劣起来,秋雨骤降,一连几日,均不停止。关羽令人从荆州拖来不计其数的小艇、木筏,准备水上作战的武器。

当关羽为自己打造了一只坚固的小船后,试着在水中划行时,关平好奇地问他:"我们正与于禁在陆上对抗、冲杀,父亲却准备大量船只,不知何故?"

关羽笑答道:"平儿可记得我平时给你讲的兵法?陆战,择其易守难攻之地而居;水战,定其风向水势而栖。今于禁驻军罾口川,空负水师统帅之名;他只会陆战而已,以为罾口川是易守难攻之处。"

关平恍然大悟:"父亲莫非采取水淹之计?"

关羽自信地笑道:"正是水淹之计。罾口川距襄江之水不远,如掘开襄江,导水去罾川口,于禁便成瓮中之鳖,我伸手可擒。最近几天秋雨连绵,襄江之水必然泛涨。我已派人堵住襄江的各个出口,待水蓄满之后,掘开堤岸,乘高就船,放水一淹,大功可成矣。"

却说于禁驻军于川口,山洪泄来,少数营寨积满了雨水。他有些不安了,于是把庞德找来商议迁营之事,庞德到后,天已晚了。

于禁忧愁地对他说:"我军仓促间驻扎于此,主要是峡谷两边是山鸟不至、猿猴不攀的峭壁,峡谷口又是一夫当关、万夫莫开的有利地形。但没有想到这里地势低平,更没想到秋雨连绵,以致水灾困人。我长年训练水师,知这地形最易被敌人水攻。今日请将军来,是商议移营之事。"

庞德说:"我几日向关羽搦战,他都闭寨不出;又听小兵说关羽这几天正在准备战筏，不知何故？"

于禁听罢大吃一惊，道："此言当真？"

庞德认真地说道："的确如此！"

于禁立即吩咐庞德："请将军即刻率军去襄江堤上观察水势动静，我们明日就移军高阜。"

庞德衔命而去，于禁马上传令："收拾行装，明日拂晓移营。"

七支军队的将士们均忙了起来，于禁亲自督促，以免军士懈怠。

深夜五更，庞德率的一队兵马在泥泞中艰难行走着，渐渐近了襄江，忽然，有士兵惊呼道："洪水决堤了！"

庞德借火把之光，果然看见两里之外的襄江缺了一个几百步宽的大口，洪水如一处巨大的瀑布，"隆隆"地向平川洼地怒卷而去。

庞德临变不惊，下令道："绕道火速登岸！"

魏武帝曹操传

士兵们避开洪水的指向，迂回几里，到了襄江岸缺口处。这时，关羽的士兵还在挖堤，庞德冲上来一阵砍杀，一部分荆州兵乘上早就备好的快艇逃命，一部分或死于庞德士兵之手，或跌入洪水中。

庞德占了堤坝，但没有麻袋装土堵堤，眼巴巴地看着千军万马似的洪水冲向远处的罾口川，庞德想回去援救于禁，无奈来路均是汪洋一片，哪里还有退路？

天将破晓，忙碌了一夜的罾口川曹兵刚刚停下来想休息片刻，忽然，营门口的士兵惊呼连连："洪水来啦！洪水来啦！"

于禁与亲兵赶快奔出营帐，向营门翘首而望，"隆隆"的洪水如一座座小山，劈头盖脸涌了进来，川口立刻积满了一丈多深的水，十几万大军顷刻之间冲得七零八落，呼救的绝望声听之令人心碎。

于禁在十几个亲兵的护卫下，爬上了一块离水面一尺多高的岩石，避这飞来的水灾之祸。

于禁看到挣扎水中的不习水性的军士心中痛如刀绞。一个时辰后，除少数士兵攀着战马和木头还活着外，十几万大军就消灭得干干净净了。

洪水之灾没完，关羽的荆州军驾船驶舟，开进了这罾口川。船上的荆州兵用长枪、尖刀刺杀着侥幸浮在水面的曹兵。于禁见状，捶胸顿足悲愤万状，仰天大叫："魏王！于禁有负重托！十几万大军顷刻覆没，真是羞耻呵！我无颜苟活，只好以死请罪了！"

于禁说完，拔出佩剑就想刎颈自杀。一个校尉死死拽住他的手，哭叫道："将军不可自杀！将军还有悲悯之心的话，请向关羽投降，以拯救尚在水中挣扎的士兵吧！"

于禁丢了宝剑，泪水涟涟地看着水中幸存的几万生命，万念飞转之后，颓然坐于岩石之上，有气无力对亲兵说："好吧。"

这时关羽的心腹将领周仓驾舟来到这里，于禁的士兵把投降之意告诉了他，周仓遂以舟接下于禁，缚了双手，押解归去。

不一会儿，荆州军得到关羽的命令：停止屠杀，营救曹兵！幸存的曹兵被押解到关羽营里。

关羽在清点战果时，听说庞德和一队士兵困在襄江堤上，遂决定一网打尽，率周仓、关平与大队士兵，驾舟逆水而行，来到庞德受困处。

关羽见庞德在堤岸上如困兽一样急得团团转，提气向他喊道："岸上大将可是庞德？"

庞德应声答道："正是庞某！"

关羽又道："你主将于禁已成我阶下囚，七支军队死伤剩三万余，仍是我樊笼之徒。你孤掌难鸣，还是学于禁样，降了我吧！"

庞德用刀指向关羽道："废话少说！我庞德早在出征之前，已向魏王立下军令，誓斩你首级献于他。"

关羽呵呵大笑："庞德，你兄及故主，均在蜀中为大将，你投降汉中王，骨肉团聚，何为不美？"庞德已不耐烦，早就想冲下河与关羽决一死战，只恨自己不会游泳，终不敢下水。

听关羽左一个投降，右一个投降，遂破口大骂："竖子！什么叫投降？魏王带甲兵百万，拥沃壤千里，威震天下，乃一世雄主！你主刘备乃庸才昏主，岂能匹敌于魏王？我受魏王厚恩，将以一死报答于他！"

关羽听庞德骂自己是"竖子",勃然大怒:"我因你兄才给你情面,难道我的大刀还有情面吗?"说完,令上兵驾船进攻庞德。

庞德与众曹兵拈弓搭箭,射向关羽水军。庞德箭法精妙,箭不虚发,关羽近不得身。关羽也教士兵用箭射向庞德,双方对射了一个下午,渐渐地天快黑了,庞德的箭射尽。

关羽不失时机,率军逼进堤岸,庞德毫无胆怯之状,奋不顾身地用大刀斩杀登岸的关羽士兵。但他的士兵抵挡不住多于自己数倍的荆州水军,一个个被杀、被擒,最后只剩下庞德一个人孤身奋战了。

庞德在混战中见关羽就在附近的船上指挥着战斗,偷空杀了两个驾舟靠岸的关羽水军,腾身上舟,摇楫划橹,奋力冲向关羽的战筏。将要靠近之时,周仓用长枪搠穿他的小舟,水漫进舟,顷刻沉没。出身西凉雍州的庞德,呛了水无力浮游,被关羽擒获,押解到了他的营寨。

当关羽将士把庞德押来后,庞德立而不跪,关羽劝他投降说:"你兄在汉中,我想让你做将帅,为什么不早点投降呢?"

庞德大骂说:"说什么投降?!魏王带兵百万,威震天下。你们的主公刘备,只不过是个庸才,怎么能和魏王匹敌呢?我宁肯做国家的鬼,也不愿做你们的将军。"关羽只好下令把庞德杀了。

曹操得知于禁投降、庞德宁死不屈的消息,感叹地说:"我信任于禁三十年,怎么也没想到面临危险时,他的表现还不如庞德!"于是曹操封庞德的两个儿子为列侯。

关羽擒于禁、斩庞德之后,乘胜围攻樊城,樊城里里外外都是水,城墙被洪水冲击,也坏了好几处,形势很危急。曹仁手下的将士都害怕了。

有人对曹仁说:"现在这种危险局面,不是我们的力量所能克服的。趁关羽还没有合围,赶快乘小船在夜里逃走,虽然丢了城池,还可以保全性命。"

曹仁也觉得守下去没有希望,于是同满宠商量。

满宠说:"山洪急速倾泻的情况,是不会持续很久的。听说关羽已经派部下领兵推进到了郏县城下,许都以南地区的老百姓惶惶不安,人

魏武帝曹操传

心浮动。关羽现在不敢再向前推进的原因,就是怕我们这支军队,截断他的后路。现在如果我们逃走,黄河以南的地区,恐怕就不再归国家所有了。请将军再坚持一下吧。"

曹仁听后,感觉满宠说得有道理,就鼓励将士们坚持守下去。

关羽在围攻樊城的同时,又派了一支军队,去围攻与樊城一水之隔的襄阳。曹操的大将吕常被困于城内,曹操所置的荆州刺史胡修、南乡太守傅方,都投降了关羽。

联合孙权擒杀关羽

曹操得知襄、樊前线战事紧急，从长安移驻洛阳，以便就近指挥保卫襄、樊的战斗。这时候，陆浑的平民孙狼，率领老百姓杀了县里的官员，响应关羽，其他地方也有人响应。

关羽的声威震动了整个中原。曹操考虑许都离作战前线太近，打算把都城迁到黄河以北，以躲避关羽的兵锋。

当曹操把迁都的想法提出来同属下商量时，司马懿乘机劝曹操说："于禁等人是被洪水淹没的，并不是攻占的过失。他们的失败对于国家没有致命的打击。刘备与孙权两家，外表亲密而内里疏远。关羽得志，孙权必定不高兴。我们可以派人去劝说孙权，让他偷袭关羽的后方，答应事成之后把江南的地方封给他，樊城之围自然就解除了。"

曹操听了之后，认为司马懿的建议很好，一面派镇守宛城的平寇将军徐晃领兵前去支援曹仁，另一面派使者去见孙权。

司马懿对孙、刘关系的分析是正确的，是符合客观实际的。孙、刘以湘水为界平分荆州之后，孙权在表面上维护孙、刘联盟关系，实际上他仍想把荆州全部据为己有。

在这个问题上，吕蒙的主张很合孙权的心意。吕蒙是孙权的爱将，他对孙权秘密献策说："让征虏将军孙皎守卫南郡，潘璋驻扎白帝，蒋钦率机动水军一万人在江上巡游。由我率军前去占据襄阳。这样，我们何必忧虑曹操呢？又何必要依赖关羽呢？刘备、关羽君臣，靠欺诈的手腕，反复无常，不可以把他们当作心腹看待。如今关羽之所以不向东发展，是因为您的英明，我们这班人尚在。现在不趁我们力量强盛时谋取荆州，一旦我们这班人倒下，再想施用武力，那就不可能了！"

孙权听后，表示赞成。

在二人商讨是否可以先夺取曹操占据的徐州时，吕蒙说："曹操派往徐州的守卫部队，不值一提，我们只要派兵去，自然可以取胜。然而徐州地处陆路要冲，是骑兵驰骋的地方。我们今天得到徐州，曹操随后必定来争，即使用七八万军队守卫，也难以保证安全。不如夺取关羽所据之地，全部控制长江，形势对我们更为有利。"

建安二十二年十月，鲁肃去世，孙权以吕蒙代替鲁肃镇守陆口，与关羽为邻，吕蒙便寻找机会夺取荆州。

襄、樊战役打响后，吕蒙认为时机来了。他针对关羽骄傲自负的弱点，进行了安排，先写密信给孙权，建议说："关羽进攻襄、樊，在公安、南郡留下不少部队，肯定是担心我在后方袭取他们。我经常有病，可以治病为由把我和一部分兵力调回建业。关羽听到这个消息，必定把后方的军队调往襄、樊前线。然后我们的大军沿江西上，昼夜兼程，袭其空虚，南郡就可以拿下来了。"

孙权以为吕蒙的计策很好，当即照办。

吕蒙回到建业后，孙权问他："谁可以代替你呀？"

吕蒙回答说："陆逊思虑深远，有才气，可以担当重任。他没有大的名气，不为关羽所畏惧，没有人比他更合适了。如果任用陆逊，应当让他表面上隐藏真实意图，暗中察看有利的形势，这样才能攻克关羽。"

于是，孙权任命陆逊为偏将军，代替吕蒙守陆口。陆逊到达陆口后就给关羽写了一封信，赞扬关羽在襄、樊取得的胜利，态度非常谦恭友好，希望得到关羽的善待和教诲。

关羽读过陆逊的这封信，满心喜悦，消除了对孙权方面的戒备心理，将留守后方的军队多数调往前线。

正在这时，曹操的使者来拜见孙权，向孙权转达了曹操的意见。孙权正担心攻取荆州时得不到曹军的配合，便给曹操回信，表示愿意为曹操效力，信中说：

魏武帝曹操传

> 不久我将派兵西上，偷袭荆州。江陵、公安两个要地接连，关羽如果失掉这二城，必定会自己逃走。樊城贵军被围困，不用救援就会自行解除。希望您保守这一机密，不要泄露，以免让关羽有所防备。

曹操看完这一密信后，非常高兴。在曹操使者往返期间，救援曹仁的徐晃，领兵进抵摩陂。

考虑到徐晃所率领的多为新兵，难以和关羽军队正面交锋，曹操又派将军徐商、吕建领军前去与徐晃会合，并传令徐晃说："等到我军兵马会合后再一起进攻。"

关羽听说曹操大将徐晃已离开宛城前来救援曹仁，大水又一天天退下去，大小船只的用处越来越小，便亲自督战，加紧攻城。曹仁率军奋力抵抗，关羽没有取得成功，只得将樊城紧紧围困起来。

这时关羽的兵马增多，其中有一些是于禁的投降部众，粮食供应越来越困难，留守后方的糜芳和士仁将后勤工作做得不够好。

关羽责备他们说："要是再不用心把粮食及时运到前线，我回来非惩治你们不可。"这引起糜芳、士仁的不满。

当时孙权在湘水边上设置关口，叫湘关，在这里储藏着不少粮食。

关羽的军队就把湘关米抢了去。

徐晃与徐商、吕建会合后，向屯驻在偃城的关羽军队进击。关羽军见曹军来势很猛，就烧掉营寨逃跑了。

徐晃领兵继续前进，在离关羽大营不远的地方停下来。这时曹操另派的援军还没有赶到，关羽对曹仁的包围又非常牢固，徐晃见自己的兵力不足以解除围困，便暂时采取了坚守不战的策略。

诸将不知徐晃的用意，都催促徐晃赶快进兵，以解救曹仁。参与曹仁军事的赵俨出来解释说："敌人对樊城的包围，非常牢固，洪水还没有完全退下去，我们的兵力还不够多，且曹仁被围在城内，不能与我们互通消息，协调行动。现在发动进攻只能遭受损失，如今最好的办法是让先头部队接近包围圈，设法通知曹仁，让他知道外边有援兵，以激励将士。估计援军不超过十天就会到达，这期间城内还是守得住的。然后城内城外一起发动进攻，肯定可以把敌人打败。如果因为没有及时发动进攻，主公怪罪下来，我愿替大家承担责任。"

诸将听了都很高兴，于是大家挖掘地道，用箭把信射到城中，城内城外就这样互通了消息。

曹操收到孙权使者带来的密信后，与属下商议是否为孙权偷袭荆州一事保密，不少人认为应该替孙权保密，而董昭则持不同意见说："军事上崇尚权变，期望能把事情处理合宜。现在我们应当表面上答应为孙权保密，而暗中可以把信的内容泄露出去。关羽听到孙权军队西上时，可能亲自撤军回救，樊城之围就能迅速解除。并可使孙权、关羽两相争斗，我们坐收渔人之利。如果真的秘而不宣，让孙权得志，这不是上策。此外，被包围的我军将士，不知道已经有救，担心粮食不足，很是恐惧，万一因情况危急萌生其他意向，后果将是很严重的。再说，关羽为人争强好胜，自恃江陵、公安两座城池防守坚固，必然不会轻易撤退。因此，把此事透露出去，对我们是有利的。"

曹操认为董昭的这个意见很好，当即派人到徐晃处，命令徐晃把孙权信中偷袭荆州的内容抄录下来，用箭分别射到樊城和关羽营中。

城中曹军得知这一消息，顿时士气大增。关羽得知这一消息，心里犹豫起来：坚持攻城吧，担心孙权撕毁联盟，偷袭后方；立即撤军吧，又怀疑是曹操搞的鬼，将会前功尽弃。他只好焦急地等待着江陵方面的真实情报。

曹操一面派人到前线将孙权偷袭荆州之事透露出去，另一面准备亲自从洛阳去襄樊救援曹仁，属下也多认为他应该速行，以免樊城失守。可是侍中桓阶有不同的看法。

桓阶说："现在曹仁他们身处重围当中，而能够无二心地把城池死守下来，是因为大王掌握重兵在后方做他们的靠山。身处万死之地，必有死争之心；内怀死争之心，外有强兵之救，何必担心他们失败而要亲自前往呢？"

曹操觉得桓阶的话有道理，统兵进至摩陂便停留下来。同时又派殷署、朱盖等十二营前去支援徐晃。

各路援军会合之后，徐晃趁关羽举棋不定的时机，进兵攻击关羽军。关羽领兵抵抗，被曹军打败。

当关羽退入设有十重鹿角的营寨时，徐晃乘胜冲入敌营，斩杀很多敌人，其中包括投降关羽的荆州刺史胡修、南乡太守傅方。关羽损失惨重，只好撤了樊城之围。

曹操得知这一胜利的消息，立即下令嘉奖徐晃说：

> 敌人围绕营垒挖了壕沟，竖立了十层鹿角，可是将军与敌人交战获得全胜，而且能够突进敌营，斩杀和俘虏了很多敌人。我用兵三十多年，也听说过许多古代善于用兵的人，根本就没有这样长驱直入敌人营寨的。况且樊城、襄阳被围的严重情况超过被燕人围困的莒和即墨，将军的功劳超过了孙武和司马穰苴。

莒和即墨都是春秋时齐国的城邑。燕国大将乐毅攻齐，连下七十余城、在围攻莒和即墨时，齐将田单率众坚守，始终未被攻下。

孙武和司马穰苴都是春秋时期的军事家。孙武被吴王任为将军，先后打败过楚、齐、晋等国，使吴一时称霸于诸侯，著有《孙子兵法》。司马穰苴为齐将，打败过燕、晋军队，收复失地，也深通兵法。曹操把徐晃与孙武、司马穰苴相比，是对他的战功给予了高度评价。

与此同时，孙权也正在实施其偷袭荆州的计划。他率军沿江西上，以吕蒙为前部。

吕蒙率军到达寻阳后，把战船全部伪装成商船，让精兵藏在船舱里，让少数人穿着当时只有商人才穿的白衣服，在船上走动。

船队昼夜兼行，直趋南郡。沿江关羽设的岗哨守军不多，且被扮成商人的吴兵迷惑，一个个都先后被收拾掉。

吕蒙率军先来到公安，当留守公安的将士发觉敌军时，吕蒙已经兵临城下。吕蒙让虞翻给士仁写信，陈述利害，劝他投降，士仁见大势已去，又对关羽不满，便开城出降。

接着吕蒙又带着士仁一起去江陵见糜芳，糜芳原来想抵抗，见士仁已经投降，他也就听从劝告，开城把吕蒙迎了进来。

关羽围攻襄、樊失利，又得到了后方被偷袭的确切情报，便立即全线撤兵，回救南郡。

樊城守将看见关羽撤军，不少人主张追击关羽，参军赵俨提出不同意见："孙权利用关羽进兵襄、樊的时机，偷袭关羽的后方。但又担心我们赶关羽回救江陵时，发兵进攻他们，所以才来信表示友好，说些愿意为消灭关羽效力的话，想从中渔利。现在关羽已经败走，应当保存他，让他去打孙权，我们不要参与。如果对关羽穷追不舍，就会引起孙权的疑心，使他改变对关羽的态度，这对我们是不利的，魏王肯定也会十分担心这个问题的。"

曹仁认为赵俨的话有道理，便没有下令去追击关羽。曹操得知关羽败军的消息，果然紧急派人送来不许追击关羽的命令。

吕蒙占据江陵后，把于禁从大牢中放出来，把府库的财宝封起来，以等待孙权来处置。

关羽及其将领们的家属都在江陵，吕蒙对他们进行抚慰，并加以保护，还下令军中不得侵扰百姓，抢夺财物者一律处死。

一天，一个和吕蒙是同乡的士兵，拿了百姓的一顶斗笠，被他挥泪斩首。吕蒙还采取一些笼络人心的做法，使城中的秩序很快恢复。

关羽撤兵时，派人到上庸要刘封和孟达来救，刘封和孟达以上庸新定为由，拒绝支援。

关羽在南撤途中，给吕蒙写信，谴责他违背盟约的行为。

吕蒙对使者厚加款待，让使者在江陵自由走访，到各家探问家属，还准许各家属写信同前方将士联系，由使者带回。

当使者回到关羽营中，将士们从信中得知自己家里受到照顾，都很平安的情况后，便失去斗志。关羽营中逃兵逃将的现象不断出现，全军上下人心大乱。

吕蒙占据江陵后，孙权也来到江陵。他派陆逊领兵向西攻取了宜都郡，占据了秭归、夷道等要地。属于刘备荆州其他地区的将吏也都归附孙权。

孙权以吕蒙为南郡太守，陆逊为宜都太守。陆逊以抚边将军率兵驻守夷陵，扼守西陵峡口，以防御刘备东下。

关羽不甘心失败，带着日益减少的人马准备南下收复江陵，半路上遭到孙权军队的截击，将士又逃走不少。

关羽自知势孤，只得退守麦城。孙权又派兵把这座小城围起来，一面派人进城劝说关羽投降，另一面派朱然和潘璋领兵截断关羽的逃路。

这年十二月，关羽带领亲信骑兵突围，到达漳乡被潘璋部将马忠擒获，关羽及其养子关平一起被杀害。

徐晃大败关羽后，曹操在摩陂举行庆功大会。徐晃率军前往，曹操亲自到七里之外迎接。

席间，曹操亲自给徐晃敬酒，并称赞他说："保全樊城、襄阳，都是将军的功劳啊！"

曹操还厚赐桓阶，任他为尚书。

接着，曹操在摩陂巡视各营，不少营中的士兵离开营阵观望。当他来到徐晃营中时，见军营整齐，秩序井然，将士们坚守岗位，无一人乱走乱动。

曹操夸奖徐晃说："徐将军真可谓有周亚夫的遗风啊！"

周亚夫为西汉时著名将领，他治军严谨，汉文帝到他的细柳营劳军，称赞他为"真将军"。

孙权在公安也召开庆功大会，居首功的吕蒙因病，谢绝出席。孙权说："擒杀关羽，收得荆州，靠的是吕蒙的谋略呀！现在大功告成，庆贺赏赐还未进行，怎么能不来呢？"于是派官员去迎接。

吕蒙只好带病出席。庆功大会开过之后，他便一病不起，还没有来得及接受正式封赏，就死去了，时年四十二岁。

关羽被杀不久，孙权派人把他的首级送给曹操，以表示对曹操的归附之意，同时也是为了引起刘备对曹操的不满。为了表彰孙权的功劳，曹操以其为骠骑将军，领荆州牧，封南昌侯。

曹操多聪明，他当然明白孙权的用意。他收到关羽的人头后，马上下令照关羽的身材雕刻一个木头身子，穿上寿衣，和人头连在一起，以诸侯之礼安葬在洛阳城南。

曹操所统辖的荆州地区，经过侯音等反叛和襄、樊的反复攻守战，人口大量减少。曹操考虑这一地区属于或逼近前线，打算把剩余的人口向北迁移。司马懿谏阻说：

> 荆楚地区的局势还不稳定，容易发生变乱。况且关羽新败，那些曾经归附他的人都躲藏起来，正在抱着观望的态度。如果我们把原来听从我们的民众赶走，就会伤害他们的感情，而且会使那些逃亡躲藏起来的民众，不敢再回来安居了。

曹操采纳了司马懿的意见，没有进行移民，还采取了一些安抚民众的措施。结果原来归附的民众安下心来生产,那些躲藏观望的民众也都陆续回到了家园。这一地区的社会秩序逐渐稳定下来。

曹操联合孙权击杀关羽,是曹、孙、刘三方矛盾发展变化的结果,也是曹操、孙权互相利用以期达到自己目的的结果。

曹操利用孙权、刘备"外亲内疏",孙权急于夺取刘备所占荆州地区的企图,诱使孙权发兵消灭了关羽,解除了襄、樊之围,保卫了襄、樊这一战略要地;孙权利用关羽威震中原,曹操急于解除襄、樊之围的心理,得到了曹操的默许,夺得了刘备控制的荆州地区,把自己的势力扩张到三峡以东。曹操、孙权都是这场战争的受益者。

关羽高傲自负,轻敌受骗。他中了吕蒙和陆逊的圈套,丢失了荆州,自己也落了个身首异处的下场。刘备和诸葛亮在与孙权以湘水为界平分荆州,达成和议之后,过分看重和相信双方联盟友好的一纸协议,对孙权方面,丧失了警惕,以为尽可以放开手脚全力对付曹操了,从而在孙权派兵偷袭荆州时陷于被动,使诸葛亮在"隆中对"中提出的从荆州、益州东西两路北伐的设想破了产。可见,刘备一方成为这场战争的受害者,也就不是偶然的了。

孙权占据荆州之后,三方的疆域便大体固定下来,三国鼎立的局面也最终形成了。

壮士暮年

曹操喜爱坟典和六艺之学,在统一北方的混战中,非常注意对图书的保护和收集。建安五年,他击败袁绍后,下令"尽收其辎重图书珍宝"。

获封魏公后,曹操设置了掌管典籍的官吏,广收在战乱中散佚的东汉官府和民间藏书,藏在内外三阁和秘书省。还请蔡邕之女蔡文姬讲其藏书之事。他重视国家的文化建设,逐步建立了魏国的国家藏书。

魏武帝曹操传

想方设法寻找人才

曹操在创业初期，主要采取招降纳叛的手段网罗人才。每攻占一个地方，每打败一个敌人，他总会得到一些人才。

"挟天子令诸侯"以后，除继续招降纳叛外，曹操还注重要属下推荐人才，以朝廷名义征召一些人才，四方有识之士有的则主动前来投奔，形成了人才济济的局面。

赤壁之战后，随着曹操统治地区的进一步扩大和政治地位的进一步巩固，为了发展统治地区的政治经济，治理好国家，进而统一全国，曹操凭借手中的权力，公开树起了"唯才是举"的旗帜，先后下了三次求贤令，进一步选用和提拔人才。

建安十五年春，曹操发布《求贤令》说：

自古以来开国和中兴的君主，哪有不是得到贤能的人和他共同治理天下的呢？而当他们得到贤能之人时，又往往不出里巷，难道这是侥幸碰到的吗？是当政的人去访求得来的罢了。

"孟公绰做大贵族的家臣是好的，但却当不了滕、薛这样小国的行政长官。"假如非得是廉洁的人才可以任用，那么齐桓公怎么能称霸于世呢？

当今天下有没有像姜尚那样身穿粗衣怀有真才在渭水岸边钓鱼的呢？又有没有像陈平那样被指斥为盗嫂受金而没有遇到魏无知推荐的呢？

你们应该帮助我发现和选拔那些地位低下的被埋没的人才。只要有才能就可以推举，使我能够任用他们。

管仲是春秋时期的大政治家。年轻时曾同鲍叔牙合伙经商，分财利时，管仲欺骗鲍叔牙自己多拿，被认为是不廉洁，后来辅助齐公子纠，曾谋杀齐桓公小白。齐桓公不嫌管仲有不廉之名，也不计较他曾谋害过自己，任用他为卿相，终于成为春秋时第一个霸主。

姜子牙早年不得志，在渭水边钓鱼，周文王访到了他，请他辅佐自己。文王死后，他帮助武王灭商，完成兴周大业。

陈平家境贫寒，先辅佐项羽，后由魏无知推荐到刘邦手下做官，有人进谗言，说他曾和嫂子私通，又受过贿赂。刘邦责备魏无知，魏无知回答说："当今楚汉相争，最需要人才，陈平是有奇谋的人，对国家很有用，'盗嫂受金'又有什么值得疑虑的呢？"

曹操举这几个事例，是要求僚属们帮助他发现、寻找那些出身低微或德行虽不够廉洁却有才能的人，加以任用，明确提出了"唯才是举"的用人方针。

曹操这种弃德唯才的用人导向，并不合理，不免被批评为奸雄作风，可能是曹操为其自身出身卑微作的抗议，但在不足之中仍有其可取之处。毕竟从政是造福百姓的事业，没有才能空谈道德是不行的。

建安十九年十二月，曹操又下了《敕有司取士勿废偏短令》求贤，其中说：

> 有德行的人未必能有所作为，有作为的人未必能有德行。不能说陈平品德好，也不能说苏秦守信用。但陈平协助汉高祖奠定了西汉帝业，苏秦能救助弱小的燕国。
>
> 由此说来，有才能的人即使有短处，怎么能够弃而不用呢？主管选拔官吏的部门好好考虑这个道理，那么有才能的人就不会被埋没和遗漏，官府也就没有旷废的事了。

在这第二道求贤令中，曹操除再次提到了陈平之外，又举了苏秦的例子。苏秦是战国时期纵横家，曾游说燕、赵、韩、魏、齐、楚六国联合抗秦，后来齐、燕间闹对立，苏秦又劝说齐王归还燕国十城，齐人说他反复无信。

在这里，曹操又一次说明了人才品德有偏短，也不能废弃不用的道理。他决心继续选拔有真才实学的人，来壮大本集团的力量，扩大统治基础。

建安二十二年八月，曹操又下了第三道求贤令，即《举贤勿拘品行令》，令文说：

> 从前伊挚、傅说出身微贱，管仲曾是齐桓公的仇敌，都因重用他们，而使国家兴盛。萧何、曹参原先是县吏，韩信、陈平曾经蒙受不光彩的名声，有被人讥笑的耻辱，但他们终能辅佐王业，名传后世。
>
> 吴起贪图做将军，杀了妻子，取得鲁君的信任，又曾散尽家财谋求官位，母亲死了也不回家。然而吴起在魏国为将，秦国便不敢向东侵犯魏国；在楚国任相，韩、赵、魏三国就不敢向南侵犯楚国。

现在天下难道没有品德极高的人还埋没在民间？还有那些在行伍中勇敢果决，不顾生命同敌人奋力死战的人；或者担任下级官吏，而有超人的才能和优秀的素质的人；或者胜任将军、郡守，却背上不好名声，行为被人耻笑的人；或者不仁不孝而有治国用兵之术的人，你们要把自己所知道的，都推荐上来，不要有所遗漏。

　　在第三道求贤令中，曹操除第三次提到陈平，再次提到管仲外，又列举了历史上其他几位出身低微或品行不端却才能突出，建立大的功业的人物，强调"唯才是举"的用人方针。

　　伊挚，即伊尹，奴隶出身，辅佐商汤灭了夏桀。傅说也是奴隶出身，被商王武丁举用为相，治理国家。

　　萧何、曹参出身低微，后来因辅佐刘邦有功，都位至丞相。韩信年轻时家境贫寒，曾向漂母讨饭，还忍受胯下之辱，后来成了刘邦的大将。

　　吴起是战国时的兵家代表人物，卫国人。在晋国时，齐国攻鲁，鲁君因其妻是齐国人，不敢任他为将。于是他杀了妻子，当了大将，打退了齐国的进攻。

　　他年轻时为外出做官，花光了家财，被人讥笑。他发誓不位至卿相，绝不还乡。不久母亲死去，他果然没有回家。后来在魏国、楚国为将相，建立了功业。

　　在这里，曹操又一次要求有关部门及各级官吏，把那些埋没在民间，置身于基层的文武人才，或者背着不好名声却有治国领兵才能的人，统统推举出来，以便扩大人才的来源，适应各方面对人才的需要。

　　曹操三下求贤令的基本精神是"唯才是举"，就是只要有才能即便在德行方面有某些缺欠，也要加以任用，这种以才能为主要标准的选官方针，对汉代传统的选官方针是一个大的冲击，是具有一定积极意义的。

汉代的选官方针主要是注重德行，注重儒家经典，注重封建道德，注重出身门第，把忠孝仁义等作为选官的重要标准，对才能方面是比较忽视的。

这样一个选官标准，往往不可能把有治国平天下和真才实学的人选拔上来，治理好国家和军队，更谈不上在乱世之中拨乱反正了。

曹操打破了选官的旧传统，抛弃了选官的旧标准，大胆地提出了只要有"治国用兵"之术，就是有"不仁不孝"行为的人，也要选用的方针，确立了以才能为根本的选官制度，以适应拨乱反正的需要。

应该指出，曹操的"唯才是举"，并不是不要德行，不要政治，如果德才兼备那当然更好，只是在现实中德才兼备的人不多，不能由于过分看重德行，把有才能的人弃而不用。

曹操曾赞许毕谌说："毕谌是一个孝顺父母的人，难道会不忠于君主吗？这正是我所要访求的人啊！"

曹操还夸奖邢颙说："笃于旧君，有一致之节。"

在第三道求贤令中，曹操还把"至德"之人放在了首位。这些都表明，曹操是要德行的，要忠孝仁义的，只是对有才能的人，不能求全责备而已。

另外，曹操不看重德行，主要是指在乱世，而且也只是指在德行的某些次要方面有偏短，并不是指在根本上的不忠。如果在政治上有不忠于自己、不利于自己统治的人，他是要排斥的，即或是已经重用的人，也要加以清除。

要选好用好官吏，必须设立管选举的机构。我国历史上从隋唐开始，在中央政府设立吏、户、礼、工、刑、兵六部，其中为首的吏部就是管选举的机构。

东汉时期虽然没有设立六部，但在中央设有三公曹、吏曹、民曹、主客曹、二千石曹，其中的吏曹就是管选举的机构，魏晋以后由吏曹逐渐变为吏部。

曹操时期，管选举的机构是在相府内设立的东曹、西曹。东曹主管二千石以下政府及军队中官员的任免事宜，西曹主管丞相府内官员的任免事宜。负责具体工作的官员称掾属。

曹操"唯才是举"用人方针的执行，在很大程度上靠的就是这个东、西曹的掾属。因此，他特别注重东、西曹掾属的选用。

第一个被曹操选中的掾属是崔琰。崔琰博通经学，行为端方，秉性耿直。他先跟随袁绍，因为托病不出来辅佐袁尚、袁谭，被关进监狱。

曹操占据冀州后，任命崔琰为别驾从事，高兴地对崔琰说："我昨天考察冀州的户籍，估计可得三十万兵众，真算得上是一个大州啊！"

崔琰听后，没有迎合曹操，反而不高兴地批评说："如今天下分崩离析，袁氏兄弟亲骨肉也自相残杀不止，冀州的老百姓尸骨还暴露在原野上。王师来到这里，我没有听到您以仁义之声为先导，慰问百姓，解救遭受涂炭的人，却在这里计算着能扩充多少甲兵，把这事放在前边，这难道是冀州的百姓所盼望于明公的吗？"

在座的人听了，大惊失色，都低下了头，担心曹操会发怒。可是曹操听了，却格外地冷静，他收敛起得意的面容，严肃地向崔琰表示了谢意和歉意。

曹操出征并州时，留下崔琰在邺城给世子曹丕当老师。崔琰见曹丕把心思放在打猎上，反复上书劝谏，批评曹丕忘记了国家社稷的重要，言真情切，使曹丕回心转意。

曹丕对崔琰说："今后如果再有类似的事情发生，还承蒙您再加教诲。"

崔琰是个德才兼备的人，他不仅清廉正直，而且善于知人。

早年他同司马朗交好，那时司马朗的弟弟司马懿还年轻，崔琰就对司马朗说："您的弟弟，聪慧明智，刚健果断，恐怕是您所赶不上的。"司马朗不以为然，但崔琰却坚持自己的看法。

崔琰的堂弟崔林，年轻时没什么名望，连亲族也多轻视他，可是崔琰却常说："这就是所谓大器晚成的人，他终究会有大成就的。"

涿郡人孙礼、卢毓刚开始进入军府时，崔琰又对他们品评说："孙礼疏朗豁达，刚毅简练，办事果断；卢毓清廉机警，明于事理，百折不挠，都是做三公的人才。"

后来事实证明，崔琰的这些看法都是不错的。

曹操看中了崔琰的德行和才能，安排他担任东、西曹掾属。开始授职东曹时，曹操发布教令说：

> 您有伯夷那样的节操，史鱼那样的刚直。贪心的人敬慕您的大名，而会变得清廉；壮士尊崇您的节义，则会更加勤勉。像您这样，真可以做时代的表率了。所以我派您担任东曹掾的职务，您去履行职责吧！

伯夷是商朝末年孤竹国君的长子，孤竹君死后，伯夷与其弟叔齐互相让国、弃国逃走。

孟子称赞说："伯夷，圣之清者也。"

史鱼是春秋时卫国的大夫，临死时对其儿子说："我数言蘧伯玉之贤，而不能进；弥子瑕不肖，而不能退。为人臣不能进贤而退不肖，死不当治丧正堂，殡我于室足矣。"

史鱼死后，他的儿子按他的遗嘱办理丧事。卫君得知情况后，立即擢用了蘧伯玉，黜退了弥子瑕。

孔子称赞说："直哉，史鱼！"

曹操认为，崔琰的清廉、耿直可以与伯夷、史鱼相比，这是对他的高度赞扬，也是鼓励和期望。

曹操做了魏王后，提拔崔琰为尚书，全面负责中央的选举工作。崔琰在管选举的十多年间，没有辜负曹操的期望，他品评人物，选贤任能，使"文武群才，多所明拔"，成绩是突出的。

大名鼎鼎的司马懿，就是由崔琰推荐给曹操的。后来，司马懿担任了东曹属，参与负责选官工作。

毛玠是曹操重用的另一个管选举的官员。毛玠很有政治才能，他很早就向曹操提出了"奉天子以令不臣，修耕植以蓄军资"的建议，被曹操采纳。

毛玠清廉公正，是一个德才兼备的官员，曹操很赏识他，也把他安排在东曹掾的职位上。毛玠认真履行职责，办事公正，不徇私情，连曹操的儿子托他办事都不行。

有一次，曹丕去求见毛玠，想请他任用自己的一个亲属。可是，毛玠认为不合适，他回答说："因为老臣我能守职尽责，才很幸运地得以免除祸戾，现在您所说的这个人，不在应升迁的次第上，所以我不敢奉命。"

后来，曹操让群臣议论删省曹署的事情，由于毛玠主管选举官吏之事，得罪了一些人，有人便利用这个省并机构的时机，向曹操建议将东曹省并。

曹操了解到情况之后，下令说："旭日从东方升起，明月从东方盛满，凡是有人说方向，也都是从东说起，为什么要省东曹呢？"于是决定保留东曹，而把西曹省并了，毛玠的职位也照旧保留。

曹操为魏王之后，以毛玠为尚书仆射，仍然主管选举工作。毛玠同崔琰一样，选用了不少具有真才实学而又清廉正直的人。

有一段时间，毛玠还与崔琰一起主管选举。那些平时虽然名声显赫，但品行不端，或浮华不实，或骄傲不谦逊，或拉帮结伙的人，都不加以录用和提拔。

毛玠特别强调为官清廉，提倡节俭。他身居高位，却常常穿布衣，吃普遍饭菜。官吏政绩平平而私财富者，他一律不予提拔，甚至免去他们的官职。于是天下的士人和官吏没有不以廉洁、节俭自相激励的。

有的官员回家省亲，故意穿戴破旧，就是显贵的大臣，车舆和服饰也不敢超过礼法的规定。有的官员甚至自带简单的饭菜到官所。把各级官吏管理到这样一个程度，与东汉末年的崇尚奢侈，形成了鲜明对比。

曹操见此情况，感慨地说："用人能够做到这种地步，使天下的人都自己管理好自己，我还有什么事可做的呢？"看来，曹操对毛玠是很满意的。

不过，由于片面过分地强调了廉洁、节俭，使一些官吏故意穿着旧的衣服，坐着差的车子，以博得好的声誉。这是在导向上忽略了才能和政绩的结果。

对此，丞相掾属和洽向曹操建议：

选拔天下人才，是看他是否真有本事，他的职位和他的才干能是否相当，不能只用一个节俭来评判一个官员是否称职。现在朝廷议论官吏，只要是穿新衣、坐好车的，就说他不清廉；反之，不修边幅、衣服破旧的，就说他廉洁。以致有人故意弄脏自己的衣服，藏起自己的车子和服饰。立教观俗，贵在得当，不能偏激，才能长久坚持下去。再这么下去，必定带来弊端，不利于人才的选拔。

曹操认为和洽说得有理，便注意进行纠正。他一再发布的求贤令，强调德才兼备，在不能兼备时，有才能的人即或在品行上有偏短，也可以任用，就是意在纠正这一偏向。

丁斐曾任校尉之职，深得曹操信重。可是丁斐爱占小便宜，建安末年在跟曹操南征孙权时，因为自己家的牛瘦弱，便私自换了官家的牛，有人告发了他，被免官。

后来，曹操因为丁斐有才能，对手下人说："东曹掾毛玠多次跟我说，要我重重地处罚丁斐。我并不是不知道丁斐有污点，但我有了丁裴，就像人家有善于捕捉老鼠的猫爱偷东西一样，偷东西虽然会造成一些小的损失，但可以使我家中贮存的物品完好无损。"

于是曹操恢复了丁斐的官职，信重他和原来一样。这件事也体现了曹操在认真贯彻他的"唯才是举"的用人方针。

除了崔琰和毛玠外，曹操还任徐奕、何夔、刑颙、丁仪、桓阶等人担任过选举工作，都取得了不凡的成绩。

坚决反对铺张浪费

曹操不仅重视教化，重视人才，而且关心人民生活，革除陋习，树立良好的社会风尚。为了革除时弊，曹操确实下了一番苦心。

当时冀州豪强统治者，骄奢淫逸，有钱有势的人家，婚丧嫁娶，大肆铺张，官宦人家还按等级营造砖石结构的墓室，死后还穿上金缕玉衣，陪葬很多金银珠宝，不仅是极大的浪费，同时也加重了人民的负担，污染了社会风气。

建安十年，曹操下令：

> 令民不得复私仇，禁厚葬，皆一之于法。

曹操生前为自己选择的墓地是不占耕地的高岗薄脊之地。在封建社会的丧葬制度中，丧葬的规格是依据死者生前的权力、地位确定的。有不少帝王将相、达官贵人的葬礼，不仅建造耗资巨大，而且还有大批陪葬之物。这些陪葬之物，小则金银珠宝及死者生前四时食用之物，大则还要活人陪葬。

据考古发掘和甲骨文资料记载，商代奴隶主贵族经常用大批奴隶殉葬或祭祀。殷墟发现的王陵，墓室周围均有大量的殉身奴隶，发现的人殉最多的一墓竟达上千人。

到秦始皇的时候，不仅后宫无子的妃嫔，就连全部工匠皆被封闭在墓中陪葬，特别是透过秦陵兵马俑及大量文物的发掘，可以看出当时葬礼之厚，风靡上下。

这种丧葬制度由来已久，而且愈演愈烈。曹操身处封建社会的中期，能够以天下为己任，不遵古，不循礼，移风易俗，破旧立新，这不仅在当时是难能可贵的，就是在今天仍有借鉴之处。

曹操生前一向主张俭朴，衣被常旧。他自己曾说："吾衣被皆十岁也，岁岁解浣补纳之耳。"

曹操从自身做起，要求："后宫衣不锦绣，侍御履不二采，帷帐屏风坏则补纳，茵褥取温无有缘饰。""采食粟饭，无鱼肉。"

曹操"常以语妻妾，顾我万年之后，汝曹皆当出嫁，欲令传道我心，使他人皆知之"。

在曹操的影响下，部将、子侄也都非常节俭。司马朗为兖州刺史，常"粗衣恶食，俭以率下"。据说，曹操宠爱的儿子曹植的妻子就是因为不遵"后宫衣不锦绣"的戒规，才被赐死的。

由于曹操以身作则，不仅冀州社会风气很快得到改变，而且整个建安时期，社会上形成了一种俭朴的风气。东汉末年的一股奢侈歪风，到曹操执政的年代基本上扭转过来了。

身处一千七百多年前，官至丞相，位居魏王的曹操，能以身作则，主张俭朴、薄葬，反对铺张浪费，实在值得人们称道。

建安十年，在征讨高干、占领并州后，听说太原、上党、西河、雁门四郡的人们为了纪念介子推，在冬至后的一百五十天内，不烧火、吃冷食。

这一习俗，在历史上沿袭至久，唐玄宗时还曾发布敕令，要求士庶人等，寒食上墓。

与之相反，曹操认为："北方沍寒之地，老少羸弱，将有不堪之患。"他特地下令：人不得寒食，有违禁寒食者，"家长半岁刑，主吏百日刑，令长夺一月俸"。

曹操深知国以民为本，他所下的禁寒食令，不仅体恤了民情，还注意到了民生的疾苦，也不失为移风易俗之举。

曹操在平定冀州之后，看到冀州的社会风气极其败坏，便决心整治风俗。建安十年九月，颁布了《整齐风俗令》。"令"文说：

> 阿党比周，先圣所疾也。闻冀州俗，父子异部，更相毁誉。昔直不疑无兄，世人谓之盗嫂；第五伯鱼三娶孤女，谓之挝妇翁；王凤擅权，谷永比之申伯；王商忠义，张匡谓之左道：此皆以白为黑，欺天罔君者也。吾欲整齐风俗，四者不除，吾以为羞。

曹操以为，结党营私是古代圣贤所痛恨的。他分别从四个方面举例说明了世人善于颠倒黑白，因此，要"整齐风俗"。他认为，这些问题不解决，是引为羞耻的。

为了彻底改变风气，要任用有治国用兵之术的人。曹操特命毛玠典选举事，毛玠忠实地执行曹操"任人唯贤"的用人标准，明确地提出要"拔贞实，斥华伪，进逊行，抑阿党"。

曹操为了改变东汉以来的士风，建立起一个强有力的中央集权的专制政府，也杀了一些人，如边让、孔融，都是当代的大名士，然而这些人多恃其才气，轻侮曹操，不杀这些人，不利于曹操中央集权的加强和社会风气的改变。

以此可以看出，曹操立志革除社会弊端，并把能否树立良好的社会风尚与自己的荣辱联系在一起。

壮士暮年

重金迎接才女归汉

建安时期有一位著名的女文学家,她就是蔡琰。蔡琰,字文姬,陈留圉县人,是东汉末年名儒、曹操的老朋友蔡邕的女儿。

蔡琰博学多才,精通音律,长于诗歌。蔡邕从小就注重培养蔡文姬的文学和音乐才能。

董卓被王允用计杀死后,蔡邕想起董卓对自己不错,叹息了一声,王允见他同情董卓,立即把他抓了起来,蔡邕表示认错,愿意以刑余之身去完成《后汉记》这部史书的撰补工作。

朝廷许多大臣也都替蔡邕说情,王允仍不同意,甚至说,当初汉武帝没有杀司马迁是件憾事,让司马迁写成《史记》那样的"谤书",流传于后世。结果蔡邕死于狱中。

蔡文姬的遭遇很坎坷,她先嫁给河东人卫仲道,可惜不久卫仲道死去。她年轻守寡,又没有儿女,就回到了母家。

蔡文姬的父亲死后,关中地区发生凉州军阀李傕、郭汜的混战。李傕、郭汜、张济等出兵关东，大肆抢掠，陈留、颍川一带的老百姓到处逃难。

蔡文姬跟着难民逃亡，被凉州军中的胡兵掳去，后来又被流放到南匈奴，与南匈奴左贤王结合，生下两个儿子，她只好留在了南匈奴。

建安十二年，曹操派使者带着大量贵重礼物到南匈奴，想把蔡文姬赎回来。

蔡文姬听说曹操派使者来赎她回家乡，心情很是激动，可是左贤王舍不得把心爱的蔡文姬放走，但又惧怕曹操的威势，只好答应让蔡文姬回中原去，但不准二子同行。

蔡文姬能回中原的故乡，当然很高兴，但她要离开亲生儿子，又感到十分悲痛，最后她还是毅然地回到中原。

蔡文姬随使者回到邺城后，曹操见她孤苦伶仃，又把她嫁给她的同郡人、屯田都尉董祀，为她重新组建了一个家庭。

不久，董祀犯了法，被抓了起来，当处死罪。蔡文姬不顾一切，跑到曹操那里去求情。

当时，曹操正在府中大宴宾客，公卿名士齐集一堂。曹操听说蔡文姬求见，知道在座的不少人都跟蔡邕相识，便对众宾客说："蔡邕蔡伯喈的女儿在外面要见我，请她进来让大家见见面好了。"

蔡文姬来到堂上，披头散发，脸色苍白，身体瘦弱，光着双脚，众宾客见了莫不感到惊讶。

蔡文姬跪在曹操面前，叩头请罪，言辞酸哀，大家深受感动。

曹操听完她的申诉，点了点头说："你的申诉有一定情理，我也很同情你的遭遇，可是判罪的文书已经批下去了，这有什么办法呢？"

蔡文姬见曹操态度有了转变，便哀求说："明公厩马万匹，虎士成林，何必可惜一匹快马而不派使者救一条将死的人命呢？"

曹操听了，深为感动，立即写了赦免令，派人飞马追回文书，赦免了董祀的死罪。

当时天气很冷，曹操见蔡文姬穿得单薄，就送给她一条头巾和一双鞋袜，叫她穿戴起来。

曹操很重视蔡邕原来的藏书，便问蔡文姬："听说夫人家中过去有不少藏书，已经损失一些，现在还保存多少？您还能把那些书的内容回忆起来吗？"

蔡文姬回答说："我父亲生前，留给我的书有四千多卷，但是几经遭难，散失得一卷也没有留下来。现在我能够记诵的，只有四百多篇。"

曹操深为这批书籍的散失感到可惜，听蔡文姬还能背出那么多，就高兴地说："好，好，我马上就派十个吏员到夫人家中帮助您把背诵出来的内容都抄记下来，传诸后世，您看怎么样？"

蔡文姬回答说："《礼记》上说，'男女有别，礼不授亲。'还是请明公给我纸笔，让我自己在家中来抄写吧，一定写好奉上。"曹操同意了。

不久，董祀免罪回到家里，蔡文姬便安下心来回忆、抄写一些文献的内容。

过了一段时间，蔡文姬果然把她记住的几百篇文献都抄写下来，送给曹操。曹操看了十分满意。

蔡文姬是我国古代一位博学多才且聪明过人的女才人，也是建安时期的著名女诗人。她的代表作是《悲愤诗》。

《悲愤诗》共一百零八句，五百四十字，是我国文学史上第一篇女子创作的五言长篇叙事诗。

这首诗叙述了作者自己的悲惨经历，句句凝聚着诗人的辛酸血泪，处处注入着强烈的思想感情，把叙事和抒情紧紧交织在一起。

该诗从董卓凉州军的残暴及蔡文姬被凉州军的乱兵所掳写起，然后写被匈奴兵掳走后的处境，揭露了凉州军和匈奴兵的残酷，反映了被掳者的悲惨遭遇。

接着，写了蔡文姬在匈奴地区的思乡之情。如："感时念父母，哀叹无终已。"当写到曹操赎她回汉，母子惜别的情景时，用"见此崩五内,恍惚生狂痴。号泣手抚摩,当发复回疑"的字句,把同亲生骨肉别离时的痛苦心情、矛盾心理活现在纸上。

诗篇接着描绘了她回到家乡后所见到的荒凉景象和孤独无靠的生活情景。如:"既至家人尽,又复无中外。城郭为山林,庭宇生荆艾。……出门无人声,豺狼号且吠。"

最后写自己再嫁董祀,终于有了一个归宿,"托命于新人,竭心自勖励",但又感到自身"鄙贱",怕遭到遗弃的心情。

《悲愤诗》是一首具有强烈感人力量的抒情诗,有很高的艺术水平。这首诗通过对自己惨痛遭遇的回顾,反映了东汉末年动乱的社会面貌和广大人民在动乱中流离失所、家破人亡的悲惨命运,成为建安文坛上一篇现实主义佳作。

另外,蔡文姬还写过《胡笳十八拍》抒情诗。这首诗的风格与《悲愤诗》不同,因而有不少人认为是后人伪托,或者不完全是蔡文姬的原作。这首诗情调激昂,以浪漫主义的手法,对自己的不幸命运进行了有力的控诉。如诗中的第八拍是这样写的:

魏武帝曹操传

> 为天有眼兮,何不见我独漂流?
> 为神有灵兮,何事处我天南海北头?
> 我不负天兮,天何配我殊匹?
> 我不负神兮,神何殛我越荒州?

蔡文姬的诗体现了真挚的感情,哀怨时如泣如诉,愤懑时汹涌澎湃。这种风格对后世也产生了深远影响。

曹操把蔡文姬赎回来,在保存古代典籍文献上做了一件好事,并且使蔡文姬有机会成为我国诗歌发展史上第一位杰出的女诗人,因此后人把"文姬归汉"传为美谈。

壮士暮年

如愿以偿登上王位

建安十九年三月,献帝改授曹操只有诸侯王才能佩用的金玺、赤绂、远游冠,曹操还没有称王就已经享受到王的待遇了。

早在建安十八年,献帝聘娶了曹操的三个女儿曹宪、曹节、曹华为贵人。伏皇后死后的两个月,也就是建安二十年正月,在曹操授意下,献帝将他的女儿曹节晋升为皇后。

这样,曹操把献帝进一步控制起来。这年九月,献帝又授予曹操分封列侯和任命太守、国相的权力。

建安二十一年夏五月,群臣表奏献帝,颂魏公曹操功德,极天际地,伊、周莫及,宜进爵为王。献帝即令钟繇草诏,册立曹操为魏王。诏书中这样写道:

今进君爵为魏王,使使持节行御史大夫、宗正刘艾奉策玺玄土之社,苴以白茅,金虎符第一至第五,竹使符第一至十。

君其正王位，以丞相领冀州牧如故。其上魏公玺绶符册。敬服朕命，简恤尔众，克绥庶绩，以扬我祖宗之休命。

曹操假意上书三辞。曹操推辞献帝的册封，只不过是做样子给文武百官看，显示自己忠于汉室的决心，以退为进。曹操在多次辞让后，献帝下诏不许他再辞让。

曹操大喜，入许都接受了加封。这样，曹操顺利称"魏王"，邑三万户，位在诸侯王上，奏事不称臣，受诏不拜，以天子冕旒、车服、旌旗、礼乐郊祀天地，出入得称警跸，宗庙、祖、腊皆如汉制，国都邺城。王子皆为列侯。

曹操称魏王后，一个原来由崔琰举荐的叫杨训的人，上表称颂曹操的功业。一些人瞧不起杨训，说他为人虚伪，迎合权势，并认为崔琰举荐不当。

崔琰便从杨训那里将表文底稿取来，看过后给杨训写信说："省表，事佳耳！时乎时乎，会当有变时。"这句话的意思是：我已经阅览了您的表章，只是曹王的事迹太好罢了！时代呀，该会有变化的时候。

崔琰这封信的本意，是讥讽对此信发表议论的人，说他们好谴责别人，而不寻求情理。但由于崔琰在这里玩弄辞藻，含意不清，有人便去向曹操告密，说崔琰这封信是傲视当世，怨谤曹操。

曹操看过信后，大怒说："谚言'生女耳'，'耳'非佳语，'会当有变时'，意指不逊。"意思是："俗话说'生女罢了'，'罢了'不是个好话。'该会有变化的时候'，意思很不恭顺"。

曹操下令对崔琰处以髡刑，就是剃去头发的刑罚，送他去服苦役。并派人去察看，发现崔琰言辞、面色并没有屈服的表现。

那个告密者又去对曹操说，崔琰在服刑中，仍结交宾客，说话时抖动胡须，直瞪着眼睛，对服刑之事很不服气。

曹操便下令说："崔琰虽然被判刑，但他却仍然会见宾客，门庭若市。他对宾客卷起像蛇一样的须髯，直着眼睛看，好像在迁怒谁。"于是，曹操下令处死崔琰。崔琰没想到曹操会这样对待他，得知曹操给他留下自杀的时间后，立即自杀。

崔琰死后，尚书仆射毛玠认为崔琰无辜，心中不快。有人又到曹操那里说："毛玠出去见到黥面服刑的反叛者，这些人的妻子被没为官奴，毛玠就说：'使得老天久不下雨的原因就在于此。'"

曹操听了大怒，立即下令把毛玠收捕入狱。

当时任大理的钟繇在审理毛玠时，说："汉律规定要把罪人的妻子没为奴婢，并且要黥面。汉律所施行的恶墨之刑，是见存于古典的。这事哪能有负神明的意向，而应当招致旱灾呢？现在事情已经暴露，你可不得隐瞒欺骗，你要属实地把当时的情况交代出来。"

毛玠回答说："这是别人对我的诽谤和陷害，因为我过去长期从事机要人事工作，秉公依法行事，得罪了一些人，除此之外没有别的原因。我没说过这样的话，也没有说这话的时间和当事人。告发我说了这样的话，得有可靠的证据。我请求同告发人进行对质。"

钟繇没有答应毛玠的要求。侍中桓阶、和洽因此也为毛玠说情，要求核实情况。

曹操下令说："现在检举人说毛玠不但诽谤我，而且还对崔琰的死表示不满。这就破坏了君臣间的恩义，狂妄地为死去的朋友怨叹，这是不能容忍的。"

和洽面见曹操说："如果真像检举人说的那样，毛玠罪恶深重，天理难容。臣不敢曲意为毛玠辩白以破坏君臣之伦。但我认为毛玠出自群吏，特别受大王恩宠。他刚直不阿，忠心为公，为群臣所惧，以情理推断，他不会做出这种事来。但人心莫测，别人无法保证他没做过此事，还是应当进行审查核实，以使曲直分明。"

曹操听后辩解说："我之所以不调查这件事，是想两相保全毛玠和检举人。"

和洽坚持说："毛玠如果真的说了诽谤的话，就应当在大街上斩首示众；如果毛玠没有说过这样的话，检举者诬陷大臣以误主听，也应该严肃处理。如果不进行审核，臣私下里实在不安。"

曹操回答说："就要有战事，哪能听了别人的话就来核实一番呢？"还是拒绝了和洽的请求。

后来曹操没有治毛玠的罪，只是将他罢了官。所谓"两相保全"其实只是保全了告密者。

从曹操先后处死荀彧、崔琰，罢黜毛玠这几件事来看，只要有人敢于阻碍曹操通向称王称帝的道路，哪怕表示一点不满，也不行。不管你原来出过多大力，立过多大功，他都要给予严厉惩治。

这年七月，南匈奴呼厨泉单于入朝来拜贺魏王曹操，曹操留呼厨泉于邺城，另派匈奴右贤王去卑回去兼理南匈奴。

曹操待匈奴单于如列侯，允许其子孙承袭封号。并将南匈奴分为左、右、前、后、中五部，各立匈奴头领为帅，还派汉人为司马，对他们进行监督。

匈奴臣服曹操，使他的声威远播。建安二十二年四月，献帝命曹操设置只有天子才可以使用的旌旗，出入时像皇帝那样，左右严密警戒，不准行人通行。

六月，献帝命曹操像天子那样头戴悬垂有十二根玉串的礼帽，乘坐特制的金银车，套六马，这样更把曹操提高到接近皇帝的地位。曹操在通向帝王的道路上，差不多已经走到了终点。

任何人在建功立业、称王称帝之后，都必然面临确立继承人的问题。建立丰功伟业的秦始皇因为扶苏和胡亥之争而亡国；袁绍、刘表也因立嗣的问题而头疼不已。

曹操在称王之后，也面临着确立继承人的问题。鉴于历史的教训，曹操对立嗣问题十分重视，经过一番深思熟虑之后，才最终确定。

曹操共有二十五个儿子，结发妻子丁氏并无子嗣。长子曹昂为刘夫人所生，刘夫人早亡，因此由丁夫人抚养。曹丕、曹彰、曹植、曹熊为卞夫人所生。而年纪较小的曹冲、曹据等为环夫人所生。其余则由其他众多妻妾所生。

按照惯例,曹操的继承人理应是长子曹昂,但是,早年曹昂被张绣叛军所杀。因此,继承人的顺序便应按曹丕、曹彰、曹植的顺序排列。

古时的立嗣制度,讲究先嫡后庶,先长后幼,但是曹操对此并不怎么重视,他本人看重的是儿子的德行和才能。为此,他长期培养诸子,以观察、物色自己的继承人。

曹操对诸子的要求十分高。因为当时曹操旨在扫平群雄统一全国,因此,他要求诸子习文习武,成为文武兼备的人才。对于那些喜好文学不喜欢习武的儿子,曹操则强制要求他们苦练武艺,还下令将"百辟刀"交给他们。曹丕、曹植都收到了曹操的"百辟刀",可见曹操对于儿子的培养可谓用心良苦。

曹彰自小便喜欢骑马射箭,且臂力过人,武艺高强,据说能徒手与猛兽搏斗,因此深得曹操喜欢。

但曹彰不爱读书,曹操时常对他说:"你喜好骑马射箭是好的,但不读书来仰慕圣道,将来只能做一个武夫而已!"

虽然曹操一直督促曹彰研读《诗经》《尚书》等著作,但是曹彰始终不好此道,他常和左右说:"大丈夫就应当成为卫青、霍去病般的大将,率领十万骑兵驰骋沙漠,驱逐戎狄,建功立业。"

曹操让几个儿子谈论自己的志向时,曹彰曾经骄傲地说自己想要当将军。曹操问他:"那你如何做将军呢?"

曹彰回答说:"身披盔甲手持锐器,面临危险而不顾,身先士卒,赏罚分明。"曹操见曹彰如此酷爱习武,便不再勉强他。

曹冲是曹操最喜爱的儿子之一,曹操曾一度有意培养他成为自己的继承人。

曹冲非常聪明,五六岁的时候就表现出了过人的才智。建安六年左右,孙权派人送给曹操一头大象,曹操带着小儿子曹冲和文武百官前去观赏,大家都很惊诧,此前他们从未见过大象这种动物。

见大象如此庞大,曹操突发奇想,对众人说道:"有没有人能称一称，这庞然大物究竟有多重啊？"

众人你看看我，我看看你，谁也没有办法，毕竟去哪里找这么巨大的秤啊，即使找到了，恐怕也没有人能提起吧。

就在这时，曹冲走了出来，对曹操说道："父亲，请让我试一试。"百官都不相信，区区一个小毛孩能够解决这个难题，全都在一旁等着看好戏。

曹操答应了曹冲，也在一旁饶有兴致地看着曹冲。曹冲将众人带到了河边，令人准备一只大船和许多石头，然后将大象牵到船上，大象非常重，船往水中沉了一些。

曹冲用笔在吃水线的地方画下记号，随即又让人将大象牵下船，往船上搬石头，装载到船下沉至与大象同样的吃水线时，曹冲对曹操说道："父亲，请让人称一称这些石头，这些石头的重量便是大象的重量。"

曹操大喜，对众人笑道："你们这些名士谋臣，却不如一个小孩子聪明啊！"

曹冲不仅聪慧，并且为人十分仁厚。有一次，曹操的马鞍放在仓库里面被老鼠咬坏了，负责管理仓库的官吏很害怕，认为曹操必定会重罚他们。

曹冲知道此事后，对这些官吏说："不用担心，你们三天以后再去请罪吧。随后，曹冲将自己的衣服弄破，假装是老鼠咬坏的，然后装出一副难过的样子。

曹操见状后便问道："你怎么了？有什么心事吗？"

曹冲说道："人家都说，老鼠咬破了衣服，是不祥的征兆。我的衣服被咬破了，所以我的心中十分懊恼啊！"

曹操大笑，安慰儿子说："这种胡说八道的事情怎么能相信呢？不就是一件衣服吗，根本不需要担心。"

三天以后，看管仓库的官吏前来向曹操请罪，曹操这才明白了曹冲的用意，未追究官吏的罪责。

曹冲可以说是曹操最满意的儿子，只可惜曹冲在十三岁时，得了一场重病，不幸去世。

曹操十分伤心，当曹丕来劝慰时，曹操说道："曹冲去世是我的不幸，却是你们的幸运。"

言下之意，如果曹冲不死，将会是最佳的继承人人选。曹冲去世之后，曹操在一段时间内，又开始倾向于培养曹植为继承人。

曹植自幼聪颖，才华过人，十几岁的时候便能诵读诗文，下笔成章。当年邺城刚建成铜雀台的时候，曹操让所有儿子登台作赋，曹植挥笔一蹴而成，文采斐然，让曹操大为惊叹。

建安十九年七月，曹操领兵南征孙权，安排曹植镇守邺城。临行前，曹操告诫道："我以前任顿丘令，年龄二十三岁。回想当年所作所为，没有什么可遗憾的。现在你也二十三了，要努力自勉啊！"

曹操的目的是借这个机会锻炼曹植，对他进行考验，希望他能独当一面。

同样，曹操也重视对曹丕的培养，曹丕年纪比曹植大五岁，从小善于骑马射箭，也擅长诗文，可谓是能文能武之人。

曹操在立嗣问题上十分谨慎，虽然他倾向于曹植，也更喜爱曹植，但是他却给了曹丕、曹植同样的机会。另外，曹植生性放荡，不注意言行，也时常招惹曹操不满。

同时，曹操的一些老臣纷纷劝谏立长不立幼，因此，曹操在选择继承人的问题上左右权衡。正因如此，才导致了兄弟之间矛盾不断、争斗不休。

曹丕和曹植为了得到曹操的赏识和器重，钩心斗角，尔虞我诈，甚至相互攻击、陷害。兄弟之间为了继承权的问题貌似团结友爱，实则暗潮汹涌。在他们周围，各有一批人为其效力。

杨修、丁仪和杨俊是曹植的拥护者，而吴质、陈群、司马懿则为曹丕的心腹。而一些老臣如贾诩、毛玠等，因为曹丕为长，所以更倾向于曹丕。

丁仪是曹操老朋友的儿子，非常有才华，曹操曾经想把女儿嫁给丁仪，却遭到了曹丕的反对，曹丕对曹操说："这丁仪一只眼睛瞎了，怎么能配得上我妹妹呢？"于是曹操将此事作罢。

不久之后，丁仪觐见曹操，曹操与他谈古论今后，非常佩服，他赞叹道："丁仪确实是个人才啊！哪怕两只眼睛都瞎了，也足以般配我的女儿！"

丁仪得知曹丕曾经反对曹操将女儿嫁给自己的事情后，一直记恨曹丕，于是投入了曹植的阵营，成了曹植的忠实支持者。

杨修长期在曹操身边办事，对曹操的心意非常了解，他知道曹操非常喜欢曹植，因此投入了曹植的阵营。

所谓朝中有人好办事，曹植深知，结交曹操身边的杨修，必然对自己大有帮助。于是两人结下了友好关系。

由于丁仪兄弟与杨修常常在曹操身边为曹植说好话，加之曹植确实极有才华，因此曹操越发倾向于曹植，甚至多次有意要立他为世子。建安二十一年，曹操晋爵为魏王，曹丕与曹植之间的争夺更加激烈。

曹丕在曹操的众多儿子中并不算十分出色，他文不及曹植，武不及曹彰，因此一直对两个弟弟颇有忌惮。他唯一讨好父亲、赢得父亲喜欢的方式，便是在父亲面前装个乖儿子。

一次，曹操即将领兵出征，百官及其诸子都来为他送行，临别之前，曹植高声朗读了为曹操写下的文章，辞藻华美，慷慨激昂，得到了众人的一致赞赏。

这个时候曹丕急了，曹丕的亲信吴质悄悄在他耳畔说道："公子，你只要哭就行了。"

曹丕顿时心领神会，在曹操即将动身之前，泪流满面，抓着曹操的手不舍得放开。

曹丕这一哭，百官都被感动了，曹操自己也掉下了眼泪，而曹植那篇辞藻华丽的辞赋早被丢到了九霄云外。

曹植为人率性，从不粉饰自己，行为放荡不羁，喜好饮酒，常常喝得酩酊大醉，让曹操甚为不满。

曹操为培养曹植，曾让素有盛名的邢颙对他进行教导。邢颙对曹植非常严厉，曹植因此十分不喜欢他，反而亲近成天与自己饮酒作乐、吟诗作对的"建安七子"之一的刘桢，让曹操大失所望。

有一次，曹丕听说曹植的亲信丁仪、丁廙兄弟为拥立曹植为嗣而积极活动。曹丕想找吴质商议对策，但这时吴质已经被任命为朝歌县令，属于外官。按照规定，曹丕不得与外官私自见面。当时，吴质还在邺城，于是，曹丕便让众人用木箱将吴质暗中拉入府中。

这件事情，却被曹植的亲信杨修得知，并将此事告知曹操。曹丕一时慌了手脚，吴质却非常镇定，并且心生一计，对曹丕说道："明天公子再命人拉木箱入府，并在里头装满棉帛，到时候丞相必然会派人来查看，杨修就快要受罪了！"

曹丕按照吴质所说行事，果然有人前来查验，结果查无所获，曹操从此对杨修产生了疑心。

还有一次，曹操想要考查曹植与曹丕的才能，于是便交给他们一个任务，让他们从两处不同的城门出城办事，事先则秘密授令看门人不准放行。

曹丕到城门口，守门人不让其出城，他便灰溜溜地回去了。而曹植因为事先从杨修处已经得知，这次任务是一次考验，于是遵从杨修之言，将守门人斩杀，果断出城。杨修本是想让曹操认为曹植做事果敢有决断，但没想到，却适得其反，结曹操留下了曹植好杀的印象。

最终，曹植犯下了一个致命的错误，令曹操对曹植彻底失望。建安二十二年，曹植酒醉之后，私自乘坐车驾在帝王专用的驰道上奔驰，并由皇宫的门长驱直入，一直驶向金门。

曹植此举严重违犯禁令，让曹操甚为恼怒，并失望地说道："我本以为子建是我的儿子里最能成就大事的人，但我错了。"

同时，在确立嗣子的过程中，曹操还注意听取一些大臣的意见，尤其是不在曹丕、曹植身边当谋士的有识之士的意见。他曾经询问过杨俊、贾诩、崔琰、毛玠等人的意见。

杨俊比较倾向于曹植,但是,贾诩、崔琰、毛玠等人却倾向于曹丕。曹操在征求贾诩意见时,贾诩装作没听见久久未做回答。

曹操对贾诩说:"我在询问你的意见,你怎么不回答呢?"

贾诩说:"我刚刚在思索一件事情,所以没顾上立即回答。"

曹操不解地问:"你在思索什么?"

贾诩回答说:"我在思索袁绍、刘表他们父子的事情。"

贾诩意在告诫曹操,袁绍、刘表不立长子为嗣的后果,意在劝谏曹操立曹丕为嗣。曹操立刻便明白了贾诩的深意,于是哈哈大笑。

崔琰在曹操用信函秘密向他征求意见时,回信并不封口,表示公开自己的意见。崔琰表示:

> 我听说《春秋》中的古义,立太子要立长子,加上五官中郎将曹丕仁孝聪明,应该让他继承正统。这是我至死坚持的。

曹植是崔琰哥哥的女婿,而崔琰能够做到不徇私情,让曹操很欣慰,也加深了他立长不立幼的想法。

毛玠也劝谏曹操立曹丕为嗣,他对曹操说:"袁绍不分嫡庶,弄得宗室覆灭,悲惨收场。太子的废立,关系国家大事,这不是我所应当听闻的。"

同时,邢颙、桓阶等人也支持曹操立曹丕为嗣。最后,在众人的劝谏下,曹操终于下定决心立曹丕为嗣。建安二十二年十月,曹操下令正式立曹丕为魏王世子。

曹丕被立为太子后,竟得意忘形地一下子搂住丞相长史辛毗的脖子说:"辛君您知道我心里是多么高兴吗?"

辛毗回家后把这一情况告诉了女儿辛宪英,辛宪英蔑视曹丕说:"太子是接替君王宗庙社稷的人,接替君王,不可以没有忧戚之感;入主国家,不可以没有惶惧之情。当了太子应该忧戚和惶惧,却反而高兴，这哪能得以长久呢？魏国将不会昌盛吧！"

曹丕为王太子后，曹操希望曹植不要由此消沉下去，于建安二十四年，当关羽围攻襄、樊时，以曹植为南中郎将，兼征虏将军，去前线援救曹仁。可是曹植这时喝得酩酊大醉，不能接受任命。曹操对曹植很是失望。

同年秋，曹操担心很有才能、聪明过人的杨修再为曹植出谋划策，挑拨与曹丕之间的关系，特别担心自己死后做出不利于维护曹丕统治地位的事情来，便借故杀了杨修。

杨修出身于"四世三公"的弘农杨氏家庭，其父杨彪任太尉之职，在社会上很有名望。为了缓解与杨彪的矛盾，曹操送给杨彪很多礼物，并给他写信说：

> 我与您共同匡扶汉室，您不遗弃我，以贤能的儿子辅助我。如今周边地区还未平定，军队征伐之事重大。我制定的军令，主簿应当遵守，可是您的儿子，仗着父亲的显赫权势，常常不与我一条心，想纠正他的过失，他颇怀怨恨。对他宽容些，他又转向放纵。如果再宽赦他，将牵连您的一家，所以下令把他处死。想到您父子之情，我也感到悲伤，但这样做未必不是件幸运的事情。

在这里曹操为自己杀杨修推脱责任，说杨修之死是罪有应得，并且还说这是为杨彪一家的利益考虑的，杨彪只好给曹操回信表示感激，但对儿子的死仍然十分"悲惧"。

一生坚持不称帝

曹操立曹丕为王太子不久，建安二十三年正月，在许都发生了拥汉势力的反曹叛乱。为首者是京兆人金祎、少府耿纪、司直韦晃、太医令吉本和吉本的儿子吉邈、吉穆等。

金祎是汉武帝时大臣金日䃅之后，耿纪是光武帝大将耿弇之后。两家世代都是汉朝忠臣，他们见魏要代汉，便与吉本等人联合起来，想除掉曹操。他们准备先占据许都，然后挟天子再攻邺城，并联合南边的关羽为后援。

当时领兵留守许都的是曹操的心腹、丞相府长史王必。金祎先派人到王必营中做内应，然后由吉邈兄弟等率部众一千多人在夜间烧掉王必军门。王必受到内外的突然攻击，慌忙应战，肩部受伤后逃走。

天亮后，王必联合颍川典农中郎将严匡，一齐攻打叛军。吉邈兄弟和吉本等人被杀。接着耿纪、韦晃等人被逮捕，当提审他们要处死他们时，耿纪直呼曹操的名字，愤恨地说："恨我自己没拿定好主意，被这帮小儿给误事了!"韦晃则拼命用头额击地,以致死去。

过了几天,王必因伤死去。曹操得知忠心耿耿的王必这样离开了他,又是痛惜又是愤怒。立即把当时在许都的官员召集到邺城。

曹操命令在王必军门被烧时参加救火的人站在左边,没有参加救火的人站在右边。不少人以为参加救火的必定无罪,便站到了左边。

哪知曹操宣布说:"没参加救火的人没有帮助叛乱,参加救火的人都是趁火打劫,帮助叛贼。"结果把站在左边的人全部杀了。

建安二十四年七月,曹操立曹丕生母卞氏为王后,下令说:"夫人卞氏,抚养子女,有做母亲的德行。现在晋封她为王后,太子、诸侯兄弟以及陪同的群卿前往祝贺,国内判死罪的减刑一等。"这样,一个普通歌伎出身的卞氏,终于母以子贵,登上了王后的宝座。

这年九月,在邺城又发生了魏讽阴谋反曹事件。魏讽在邺城很有名声,被魏王相国钟繇任为西曹掾。

魏讽想趁曹操与刘备争汉中,撤到长安,尚未返回邺城的时机,暗中联络不少人,其中包括长乐卫尉武官陈祎,准备发动武装叛乱,占据邺城。不料,陈祎害怕了,中途向曹丕告了密。

曹丕立即领兵镇压,魏讽被杀,牵连被杀的人有数千之多。魏讽阴谋反曹事件被镇压后,相国钟繇因荐人有误,被撤职,中尉杨俊因失职也被降职。

曹操得知情况后,感叹说:"魏讽所以敢于图谋反叛,是因为我的臣下没有能够遏制奸逆、防止谋反的人。哪里能有像西汉时任司隶校尉诸葛丰那样的人,让他来代替杨俊呢?"

桓阶听后,向曹操推荐了徐奕。徐奕,字季才,刚正忠贞,曹操过去就很器重他。在迁他为留府长史时,对他说:"您的忠贞亮节,是没人超过的,就是稍微太严格了一点。能够用柔弱来克制刚强,这是我对您的希望。"

后来徐奕为尚书,典掌选举也很称职。于是曹操接受了桓阶的建议,以徐奕为中尉,并亲自下手令说:"以前楚国有子玉,晋文公因为他而侧席而坐。汲黯在朝廷之上，淮南王刘安因为他而谋反的阴谋受挫。《诗经》上称赞的'邦之司直'，说的就是您这样的人吧！"

子玉为春秋时楚国大将，城濮之战时，晋文公很害怕他，后来子玉被晋军打败，在楚王的逼迫下自杀。晋文公得知子玉死的消息后，高兴地说："从此再没有人同我作对了！"

汲黯是汉武帝时的大臣，为人刚直，不畏权贵。刘安阴谋叛乱，因惧怕汲黯而不敢轻举妄动，最后畏罪自杀。

"邦之司直"是国内主持直道，敢于检举不法的人。曹操将徐奕与子玉、汲黯相比，是对他的肯定和鼓励。

黄门侍郎刘廙的弟弟刘伟参与了反曹阴谋活动，刘廙当受"连坐"。侍中陈群向曹操为刘廙说情，曹操回答说："刘廙是个名臣，我也打算赦免他。"便没有杀刘廙。

曹操父子镇压了这两次反叛之后，曹操代汉称帝的内部条件已经具备，但他还是没有把皇帝的名号戴在自己头上。

这年冬，曹操拉拢孙权杀关羽，保卫了襄、樊，孙权上书曹操，称说顺应天命，希望曹操当皇帝，自己愿意称臣。

曹操把信给臣下看后，说："孙权这小子，想把我放在炉火上烤啊！"曹操的意思是，他如果代汉称帝，必然要引起各方面的反对，就好像在火炉上被烤一样，再说孙权让他当皇帝也不是出于真心。

群臣听后都劝曹操称帝。前将军夏侯惇强调说："天下都知道，汉朝的气数已经尽了，一个新的朝代正在兴起。自古以来，能够为民除害，使百姓归附的，就应该成为人民的主人。现在殿下戎马征讨三十多年，功德著于黎民百姓，为天下所依归。既应天命，又顺民心，当皇帝还有什么可犹疑的呢？"

侍中陈群接着说："现在的汉制，只剩下一个皇帝的名号，没有一寸土地，一个百姓，气数早已竭尽了。所以早在桓帝、灵帝时期一些宣传迷信预言的人都说'汉行气尽，黄家当兴'，殿下应期，十分天下而有其九，群生注望，远近臣服。应该畏天知命，没什么值得谦让的！"

曹操听完群臣的发言，对大家说："'施于有政，是亦为政'。若天命在吾，吾为周文王矣。"

"施于有政，是以为政"出自《论语·为政》。曹操引用这句话的意思是：对政治施加影响，也就是参与了政治。只要掌握了政治实权，何必一定要皇帝这个虚名呢？

曹操在这里明确表示，即使当皇帝的时机已经成熟，自己也不当皇帝，而要做周文王，就是像周文王给周武王创造条件那样，让自己的儿子去当皇帝。

曹操本来是"不信天命"的，当他收降、改编了青州黄巾军之后，曹操或多或少受到了黄老思想的影响。

"黄家当兴"原来是黄巾起义的口号。到了这个时候，曹操一方竟把"黄家当兴"也当成曹操做皇帝的根据。为了让儿子能够做皇帝，曹操最后还是利用了"天命"，不过他所利用的是"黄家当兴"罢了。

留下基业为儿孙

建安二十五年正月,曹操还军洛阳,一病不起。临终之前,曹操唯独召回了儿子曹彰。但曹彰还没抵达洛阳,曹操就已撒手人寰,终年六十六岁,谥号武王。

曹操临死前留下《遗令》,根据遗嘱内容,于二月廿一丁卯日被安葬于邺城西郊的高陵。

曹操年轻时,精于骑射,苦练武艺,同时也酷爱蹴鞠,因此身体十分强壮。到了晚年时期,曹操还经常带兵打仗,并且注意练习气功,学习养生之道,身体力行,因此取得了良好效果。

但是,曹操自年轻时期就有偏头疼的毛病,并且久治不愈。后来,曹操听说华佗医术精湛,便派人将其请来治病。

据《三国志·陈登传》记载:华佗是当时非常有名望的医师,曾为广陵太守陈登治过病。当时陈登面色发红,身体不适,遍寻名医都医治无果,后寻到华佗才得以治愈。后华佗嘱咐陈登,若是复发,一定要找他讨要药方。

三年后，陈登再次犯病，但当时华佗外出采药，陈登一时寻不到他，这才不幸英年早逝。而在周泰受重伤时，华佗将其医好，所以有人向曹操推荐华佗时就说："江东那个治好周泰的神医您知道不？"

据《三国志》记载，华佗为曹操医治偏头疼取得了一定的效果，曹操每次发病，华佗都为其施针，为其止住疼痛。但是治标不治本，这病总是去不了根。于是，曹操便让华佗做他的侍医。

所谓医者仁心，更何况是华佗这样的神医，他以悬壶济世为己任，自然不愿专门服侍权贵。于是，华佗借故向曹操请假回乡，一去不回。曹操多次派人去找他，他都以妻子生病为由，拒绝接受曹操的召见。

后来，曹操派人前往察看，竟发现他的妻子是在装病，一怒之下将他抓捕入狱，并下令狱吏在狱中直接将华佗处死。

华佗死前仍不忘济世救民，将自己毕生绝学《青囊经》取出，希望狱吏能将它留传下去。可惜，狱吏因惧怕曹操而不敢接受，华佗悲愤交加，将医书投入火中焚毁。

后来，曹操的偏头疼几次发作，诸多医师束手无策，病情日益加重，但是他依然毫无悔意，并且对左右说："华佗能治疗我的病痛，但是却不能根治，并且以此为要挟，即使我不杀他，这病痛也很难治愈。"直到后来，曹操最喜爱的儿子曹冲身患重病而死，曹操才悔恨地说："今日我才后悔杀了华佗，致使我儿病死。"

建安二十二年正月，曹操在取得荆州后，也已经身心俱疲，回到洛阳之后，也无心再回邺城。不久，他的偏头疼再次发作，加上劳累过度，不堪重负，终于病倒，很快去世。

曹操临死前留下三份遗嘱，分别是《终令》《遗令》《内戒令》。在曹操的遗嘱中，他为自己选择了邺县西面贫瘠之地作为寿陵，同时主张节俭，反对厚葬，更嘱咐文武百官脱掉孝服，各军将士和各地官吏各尽职守。

曹操虽然出身权贵之家，一生更是获得无限荣耀，但是他一生不讲究吃穿，提倡节俭，即使丧葬也是如此，这是难能可贵的。

在我国历史上，曹操可谓是一位传奇人物。一生叱咤风云，在死后却背负着无数骂名，由于小说《三国演义》和戏曲的渲染，曹操在人们心中的形象往往是一个奸诈、阴险、谋权篡位的奸雄。实际上，这歪曲了曹操在历史上的真实面目。

不可否认，曹操在性格、品德上有很多欠缺之处。当时的生存环境使其养成了放荡不羁、诡诈多疑、残忍自私的性格，如他曾为报父仇夺取徐州，滥杀无数无辜百姓。

但是《三国演义》和戏曲中的演绎确实有诸多夸张之处。正如《三国志》作者陈寿评论曹操说：

> 汉末，天下大乱，雄豪并起，而袁绍虎视四州，强盛莫敌。太祖运筹演谋，鞭挞宇内，擥申、商之法术，该韩、白之奇策，官方授材，各因其器，矫情任算，不念旧恶，终能总御皇机，克成洪业者，惟其明略最优也。抑可谓非常之人，超世之杰矣。

陈寿肯定了曹操的谋略和军事才能，任人唯贤和广阔胸怀，尽管不算全面，但也符合历史。

大文豪鲁迅先生也曾经说过："其实，曹操是一个很有本事的人，至少是一个英雄。"

曹操从登上政治舞台到病逝洛阳，共经历了四十七年，足以体现曹操卓越的政治见识和非凡的军事才能。曹操出身宦官之家，却走上了反对宦官专权的道路。

曹操捷足先登，取得了"挟天子以令诸侯"的优势，却始终不肯僭越称帝。曹操整顿吏治、抑制豪强、减轻赋税，使社会得以安定。他讨平群雄，消除割据势力，实现了北方的统一，从而促进了经济复苏，百姓安定。

曹操在北方全力发展农业生产，因地制宜兴办屯田、兴修水利，为军队解决了粮食匮乏的问题，也促进了农业生产的恢复和发展。

曹操求贤若渴，用人唯才，打破世族门第观念，起用了王修、司马芝、杨沛、吕虔、满宠、贾逵等地方官吏，并大力打击不法豪强，对政治清明、加强中央集权统治起到了很大作用。

曹操也是一位出色的军事家，在战略战术上，他灵活多变；军队法制上，赏罚分明。正因为如此，曹操才能在兼并战争中立于不败之地。他自幼钻研兵法，博览群书，熟读孙武、吴起等前代军事家的著作，并将自己的战争经验加以论述集结成册，著成《兵书接要》；开创整理注释《孙子》十三篇的先河，著成《孙子略解》。

曹操在文学上也有很高的成就，是建安文坛上的领袖，与其子曹植、曹丕并称"三曹"。尤其是诗歌方面成就显著，其《短歌行》《苦寒行》《步出夏门行》等都是不朽之作。"老骥伏枥，志在千里。烈士暮年，壮心不已""山不厌高，海不厌深。周公吐哺，天下归心"等诗句更是脍炙人口。同时，曹操还注意网罗文学人才，使建安文学呈现崭新的面貌。

正所谓时势造英雄。东汉末年，刘氏汉室的统治已经腐朽到极点，给百姓带来了无数的灾难，无论是豪强地主，还是平民百姓都揭竿而起，从而也涌现出一批出色的人物。

作为东汉末年军阀割据时代的收官者，和三国鼎立时代的开启者，曹操理所当然是这个时代的骄子，但是，他也是把持朝政、肆意弄权的权臣和奸雄，因此，他可谓是我国历史上最有争议的人物。

曹操被后人冠以乱臣贼子，但是他的所作所为对那个时代来说，却是顺应时势、大势所趋，更是推进了社会发展的历史进程。

东汉末年，诸多豺狼虎豹都忙于称帝、称王，诸如袁绍、袁术之辈，但是，当时最有实力、最有机会的曹操却一直对献帝称臣，直至去世都不敢越雷池半步。

当时，尽管曹操将东汉末年的汉献帝当成一个傀儡操纵于股掌之中，但是却一直没有将其彻底废除，自己取而代之。

曹操结束了东汉末期诸侯割据的混乱局面，实现了北方的统一，但是他却未能改朝换代、登基称帝。后人不禁产生疑问：是他不敢逾越，还是有其难言之隐？

曹操之所以不称帝，主要原因是考虑自己年纪老了，而且身体有病，不能久存于人世。如果称帝，就违背了原来自己绝无代汉自立的宣言，对自己的声誉造成不利的影响，同时也给敌对势力攻击自己提供了口实。

另外，曹操是个务实的人，只要自己掌握实权，不久以后，让自己的儿子去当皇帝，这才是最有利于自己和子孙的。应该说，曹操以周公自许，是非常明智的。

曹操不当皇帝，还因为有前车之鉴。当初曹操初登政坛，冀州刺史王芬、许攸等人便想废黜灵帝，自立为王，还想拉曹操入伙。但是，这些人的筹谋还未实施便夭折，最后众人死的死、逃的逃，谋朝篡位成了一场闹剧。

汉灵帝死后，董卓擅权，士族大臣、豪强诸侯纷纷群起而攻之，不到三年董卓便死在吕布手中。随后，袁术、袁绍兄弟都有自立为帝的野心，袁术更是倚仗传国玉玺而称帝。但是，各豪强军阀都有称霸野心，势必不甘心旁人骑在自己头上。最终袁氏兄弟众叛亲离，他们的称帝之路也成了一场黄粱美梦。

曹操亲眼看见这些妄图称帝而失败的事例，他深知如果自己贸然行动，必将成为众矢之的。曹操深知，汉末天下大乱，群雄蜂起，挟天子以令诸侯，要比称帝讨伐，更加名正言顺、顺天应人。正因为如此，曹操才能够在短时间内平定群雄、统一北方。

曹操如果废帝自立，诸侯便会联合起来对抗他，即使能用武力消灭割据势力，也很难让百姓和士族阶层服从。先不说孔融、崔琰等人，即使是他手下最得力的谋士荀彧、荀攸叔侄，都反对他称王，更何况登上皇帝位呢？

所以说，曹操的做法是非常明智的。曹操坚持不称帝实际上是为曹丕统一全国、开创霸业做准备。果然，曹丕在曹操死后不久，便取代汉朝，自立为帝，国号魏，追尊曹操为武皇帝，庙号太祖。这便是曹操与袁术之辈的天壤之别。

魏武帝曹操大事年表

汉桓帝永寿元年（公元155年）一岁

曹操生于沛国谯县一个官宦家庭中。

汉灵帝熹平三年（公元174年），二十岁

举孝廉为郎，任洛阳北部尉，执法不避豪强。

中平五年（公元188年）三十四岁

汉灵帝在西园建立新军，任命曹操为典军校尉。曹操到洛阳上任。

中平六年（公元189年）三十五岁

董卓篡权，九月，曹操弃官东归。十二月，在陈留起兵讨董卓。

汉献帝初平二年（公元191年）三十七岁

关东军阀大混战开始。曹操甩开袁绍，率军进入东郡，领东郡太守，镇压白绕率领的黑山黄巾军。

建安九年（公元196年）四十三岁

二月，曹操镇压汝南、颍川黄巾军，占领了豫州。七月，献帝回到洛阳。九月，曹操迎献帝迁都许县。

建安三年（公元197年）四十三岁

正月，曹操征张绣。袁术在寿春称帝。九月，曹操击败袁术，袁术退往淮南。十一月，曹操二征张绣。

建安三年（公元198年）四十四岁

三月，曹操三征张绣。五月，破张绣、刘表联军。九月，曹操进攻窜踞徐州的军阀吕布。十二月，擒杀吕布。占领徐州。

建安四年（公元199年）四十五岁

袁绍打败了幽州军阀公孙瓒，据有冀、青、幽、并四州，准备调遣精兵十万进攻许都。曹操率二万兵力北上，准备抗击袁绍。

建安五年（公元200年）四十六岁

正月，曹操粉碎董承政变阴谋。二月，袁绍进兵黎阳。四月，曹操接连在白马、延津打败袁军。八月，两军在官渡相峙。十月，曹操大破袁军。

建安九年（公元204年）五十岁

八月，曹操攻入邺城。九月，任冀州牧，颁布《抑兼并令》。

建安十平（公元205年）五十一岁

正月，曹操破南皮，斩袁谭。袁熙、袁尚逃奔辽西乌桓。曹操平定冀、青、幽三州。九月，颁布《整齐风俗令》。

建安十一年（公元206年）五十二岁

曹操进军并州，平定高干叛乱。

建安十二年（公元207年）五十三岁

曹操北征乌桓，统一北方。

建安十三年（公元208年）五十四岁

六月，曹操任丞相。七月，南征刘表。八月，处决孔融。九月，刘表病死，表子刘琮投降。刘备南奔，在当阳被曹操击败，南走夏口。十一月，曹操与孙、刘联军战于赤壁，兵败北归。

建安十四年（公元209年）五十五岁

七月，曹操进军合肥，置杨州郡县长吏，大规模屯田淮南。

建安十五年（公元210年）五十六岁

春，曹操下《求贤令》。十二月，颁布《让县自明本志令》。

建安十六年（公元211年）五十七岁

正月，镇压太原商曜起义。七月到九月，曹操大破马超、韩遂等军，平定关中。

建安十七年（公元212年）五十八岁

十月，曹操征孙权。

建安十八年（公元213年）五十九岁

正月，曹操进军濡须口，攻破孙权江西营。五月，献帝封曹操为魏公。

建安二十一年（公元216年）六十二岁

五月，曹操晋爵为魏王。十月，治兵征孙权。

建安二十二年（公元217年）六十三岁

二月，曹操进军濡须口，孙权退走。八月，颁布《举贤勿拘品行令》。十月，刘备进兵汉中，曹操派曹洪迎击。

建安二十三年（公元218年）六十四岁

正月，粉碎吉本在许都发动的武装叛乱。四月，派儿子曹彰抗击代郡、上谷乌桓贵族的侵扰。七月，西征刘备。

建安三十四年（公元219年）六十五岁

三月，曹操自长安到汉中与刘备对峙。五月，自汉中撤兵。八月，关羽自江陵围攻襄、樊。九月，曹丕在邺城粉碎魏讽政变。十月，曹操自长安到洛阳，又到摩陂前线指挥襄、樊战役。

建安三十五年（公元220年）六十六岁

正月，曹操还洛阳，病逝。十月，曹丕代汉称帝，国号魏，追尊曹操为魏武帝。